HISTOIRE
UNIVERSELLE
DE
DIODORE DE SICILE.

HISTOIRE
UNIVERSELLE
DE
DIODORE DE SICILE.
TRADUITE EN FRANÇOIS

Par Monsieur l'Abbé TERRASSON, *de l'Académie Françoise.*

TOME SECOND.

A PARIS,
Chez DE BURE l'aîné, Quay des Augustins, du côté du Pont S. Michel, à Saint Paul.

M. DCC. XXXVII.
Avec Approbation & Privilege du Roy.

TABLE
DES SOMMAIRES
POUR LE SECOND VOLUME.

LIVRE QUATRIE'ME.

Art. I. *Avant-propos.* page 1
II. *Histoire de Bacchus suivant les traditions Greques. Quelques-uns admettent plusieurs Bacchus.*
4
Bacchus fils de Semelé. 5
Bacchus fils de Proserpine. 8
L'Auteur reprend l'histoire de Bacchus fils de Semelé. 9
III. *Du dieu Priape & d'Hermaphrodite.* 13
IV. *Des Muses.* 15
V. *Histoire ou vie d'Hercule.* 18
Son extraction, sa naissance. Il étrangle deux serpens dans son berceau.
20
Exploits de son adolescence. 23.

TABLE.

Premier travail. Le Lion de Némée. 26

Second travail. L'Hydre de Lerne. 27

Troisiéme travail. Le Sanglier d'Erymanthe. ibid.

Occasion du combat des Centaures. 28

Quatriéme travail. La Biche aux cornes d'or. 31

Cinquiéme travail. Les Oiseaux du lac Stymphalide. ibid.

Sixiéme travail. L'Etable d'Augée. 32

Septiéme travail. Le Minotaure. ibid.

Institution des Jeux Olympiques. 33

Hercule combat les Géans. 35

Il tue l'Aigle de Prométhée. ibid.

Huitiéme travail. Les Cavales de Dioméde. 36

Neuviéme travail. Le Baudrier de l'Amazone Hippolyte. 36, 37

Dixiéme travail. Les Vaches de Geryon. 38, 39

Voyage d'Afrique & d'Espagne. 40

Digression au sujet des Colomnes d'Hercule. 42, 43

VI. *Continuation de la Vie & des Voyages d'Hercule placée par l'Auteur entre le détail ou l'énumération de ses travaux. Il va chez les Celtes ou dans les Gaules.* 44

Il passe en Italie. 45

TABLE.

Il parcourt les Côtes de l'Italie. 49
Hercule traverse le bras de mer qui sépare l'Italie de la Sicile, pour entrer dans cette Isle. 52
Onziéme travail. Le Chien Cerbére. 57
Douziéme & dernier travail d'Hercule. Les Pommes d'or des Hespérides. 59
VII. *Atlas & les Hespérides.* 60
Guerre incidente des Amazones d'Asie. 62
VIII. *Les Thespiades fils d'Hercule conduits par Iolaüs son neveu.* 64
IX. *Suite de l'Histoire d'Hercule.* 68
La Reine Omphale. 70
Il punit Laomédon. 71
Son amour pour Augée dont il eut pour fils Telephe. 75, 76
Digression au sujet de Méleagre. 78
X. *Suite & fin de la d'Hercule.* 80
Déjanire sa seconde femme, cause innocente de sa mort. 85
XI. *De Jason & des Argonautes.* 89
Hercule accompagnant les Argonautes délivre Hesione fille de Laomédon exposée à un monstre marin. 93
Les Argonautes vengent les enfans de Phinée Roi de Thrace de l'injustice de leur pere. 95
Digression sur la Colchide patrie de Medée. 98

a iiij

TABLE.

XII. *Histoire de la Toison d'or.* 102

XIII. *Suite de l'Histoire des Argonautes.* 105

XIV. *Prestiges de Medée en faveur des Argonautes contre Pelias.* 110

XV. *Institution des jeux Olympiques par Hercule, lorsqu'il étoit à la tête des Argonautes.* 116

XVI. *Suite de l'histoire de Jason & de Medée.* 118

XVII. *Conclusion de l'Histoire des Argonautes.* 123

XVIII. *Histoire des Heraclides.* 125

XIX. *Histoire de Thesée.* 129

Digression sur l'origine des Rois de Créte. 132

XX. *Continuation de l'histoire de Thesée.* 135

XXI. *Enlevemens faits ou tentez par par Thesée & par Pirithoüs.* 138, 139

XXII. *Histoire des sept Chefs devant Thébes.* 140

XXIII. *Second siége de Thébes par les Epigones, ou fils des sept Chefs.* 145

XXIV. *Origine des Æoliens.* 148

XXV. *Des Ancêtres de Nestor.* 150

XXVI. *Des Lapithes & des Centaures.* 153

TABLE.

XXVII. D'Æsculape & de ses descen-
dans. 156
XXVIII. Des filles d'Asope & des fils
d'Æacus. 157
XXIX. D'Oenomaus, de Pelops & de
Tantale. 159
XXX. Origine des Rois de la Troade.
163
XXXI. De Dædale. 164
Histoire de Pasiphaé & du Minotaure.
Le Labyrinthe, ouvrage de Dædale.
167
XXXII. Voyage de Minos en Sicile où
il meurt à la poursuite de Dædale.
Les troupes qu'il y avoit menées y
bâtissent une Ville & un Temple cé-
lebre. 171
XXXIII. Histoire d'Aristæe. 175
XXXIV. D'Eryx, & du Temple de
Venus Erycine. 178
XXXV. De Daphnis. 181
XXXVI. D'Orion & de ses ouvrages
en Sicile. 182

TABLE.

LIVRE CINQUIEME.

Art. I. *Avant-propos.* 186
II. *Description de la Sicile.* 188
III. *Traditions Mythologiques sur les Déesses qui ont habité la Sicile.* 191
IV. *Fêtes établies dans la Sicile en l'honneur de Cérès & de Proserpine.* 194
V. *Des Sicaniens premiers habitans de la Sicile.* 196
VI. *Des Isles Æolides, aujourd'hui Lipari & Isles voisines.* 198
VII. *L'Isle de Lipari la plus célébre des Æolides.* 204
VIII. *L'Isle des Os, pourquoi ainsi nommée.* 205
IX. *Des trois Isles, Melite, Gaulos & Cercine. Aujourd'hui Malthe, Gozze & Comine, ou Cuming.* 207
X. *De l'Isle Æthalie.* 208
XI. *De l'Isle de Cyrne, aujourd'hui Corse.* 209
XII. *Isle de Sardaigne.* 211
XIII. *De l'Isle de Pityuse, aujourd'hui Ivica.* 214
XIV. *Des Isles Gymnesies ou Baleares, aujourd'hui Majorque & Minorque.* 215

TABLE.

XV. *D'une grande Isle de l'Océan. L'Auteur ne donne point de nom à cette Isle : mais on voit que c'est l'Isle Atlantide de Platon.* 218

Cadix. 220

XVI. *L'Angleterre.* 221

XVII. *De l'Ambre des pays du Nord.* 225

XVIII. *Digression sur l'origine des Celtes ou Gaulois.* 226

XIX. *Des mines des Gaules.* 231

XX. *Mœurs & coutumes des Gaulois par rapport à la guerre.* 232

Mœurs & coutumes des Gaulois entr'eux & en tems de paix. 238

XXI. *Distinction des Celtes & des Gaulois confondus par les Romains.* 240

XXII. *Des Celtibériens ou Espagnols mêlez aux Celtes.* 242

XXIII. *Des Cimbres.* 245

XXIV. *Des Pyrenées.* 248

XXV. *Travail des mines d'Espagne.* 250

XXVI. *Des Liguriens.* 255

XXVII. *Des Tyrrheniens ou Toscans.* 258

XXVIII. *De l'Arabie & des Isles de la mer qui est à son Midy.* 260

XXIX. *Description particuliére de l'Isle*

TABLE.

Panchaïe. 263
Le temple de Jupiter Triphylien, & ses Prêtres. 265
Mœurs & Coutumes de toute l'Isle. 267
XXX. *De l'Isle de Samothrace & de sa distinction avec l'Isle de Samos.* 271
XXXI. *De l'Isle de Naxos, aujourd'hui Naxie.* 276
XXXII. *De l'Isle de Syme.* 280
XXXIII. *Des Isles Calydne & Nisyre.* 281
XXXIV. *De l'Isle de Rhode.* 282
XXXV. *Digression sur les Heliades.* 286
XXXVI. *Suite de l'Histoire de Rhode.* 288
XXXVII. *De la Chersonése de la Carie.* 292
XXXVIII. *Histoire du temple d'Hemithée dans la Carie.* 294
XXXIX. *De l'Isle de Créte, aujourd'hui Candie.* 297
XL. *Histoire des Titans.* 300
XLI. *Dispute entre les différens peuples de la terre sur les premiers qui ont eu l'usage du bled.* 305, 306.
XLII. *De Neptune, de Pluton & principalement de Jupiter.* 307
XLIII. *Naissance de Minerve. Nôces de Jupiter & de Junon. Enfans de*

TABLE.

l'un & de l'autre : & premiérement
des Déeſſes. 312, 313
XLIV. Des Dieux fils de Jupiter &
de Junon. 315
XLV. Autres enfans de Jupiter. Bacchus & deux Hercules. 318
Britomartis ou Dictynne. 320
Plutus. 321
XLVI. Voyages des Dieux en divers
endroits de la Terre. 322
XLVII. Des Héros, & premiérement
de Minos. 323
Rhadamanthe. 324
XLVIII. L'Iſle de Créte habitée dans la
ſuite des tems par différens peuples. 326
XLIX. De l'Iſle de Leſbos. 328
L. De l'Iſle de Ténédos. 332
LI. Des Cyclades. 334

FRAGMENS DES LIVRES
perdus entre le cinquiéme Livre
de Diodore & le onziéme.

Premier Fragment tiré d'Euſébe ſur la
diſtinction faite par les payens entre
les Dieux éternels, & les Héros mis
à cauſe de leurs bienfaits au rang
des Dieux. 337

TABLE.

Second Fragment tiré de la Chronologie du Syncelle sur les Rois de Corinthe. 342

Remarque sur ce Fragment. 334

Troisiéme Fragment tiré aussi du Syncelle sur la premiére origine des Romains. 346

Quatriéme Fragment tiré encore du Syncelle sur les Rois de Macédoine. Avertissement. 348

Liste des Rois de Macédoine. 351

Remarque sur ce Fragment. 353

Fragmens de Diodore tirez du recueil de Fulvius Ursinus. Avertissement. 355

Premier Fragment. 357

Second Fragment. 359

Extraits de Diodore faits par l'Empereur Constantin Porphyrogenete. Avertissement. 360

Commencement & suite de ces Extraits. 362

Fragment de Diodore contenant la dispute de Cléonnis & d'Aristoméne pour obtenir le prix de la valeur. Avertissement. 397

Version Françoise & littérale de ce Fragment par M. Boivin. 399

Remarque sur le tems de cette dispute

TABLE,
avec une méthode pour le cacul des Olympiades. 405

Fin de la Table du Tome II.

ERRATA.

Page 33. *ligne* rraverſe, *liſez* traverſé.
 Pag. 71. *à la marge* Loamedon, *liſ.* Laomédon.
Pag. 73. *lig.* 26. *& ailleurs* Eliens, *liſ.* Eléens.
Pag. 121. *lig.* 20. Hippotus, *liſ.* Hippotès.
Pag. 159. *à la marge* Oenomæus. *liſ.* Oenomaus.
Pag. 168. *lig.* 25. Cocalaus, *liſ.* Cocalus.
Pag. 178. *à la marge* Erix, *liſ.* Eryx.
Pag. 181. *lig.* 3. Quand, *liſ.* Quant.
Pag. 197. *lig.* 1. Iberyens, *liſ.* Iberiens.
Pag. 212. *lig.* 8. Iſle, *liſ.* Iſle.
Pag. 230. *dans la note lig. dern.* Art. 22. *liſ.* Art. 21.
Pag. 294. *lig.* 3. du Deucalion, *liſ.* de Deucalion.
Pag. 296. *lig.* 10. Pathenie, *liſ.* Parthenie.
Pag. 300. *penult.* Gnoſſiens, *liſ.* Cnoſſiens.
Pag. 301. *lig.* 5. Titæé, *liſ.* Titæe.

HISTOIRE UNIVERSELLE DE DIODORE DE SICILE.

LIVRE QUATRIÉME.

E SÇAI qu'il est ordinaire à ceux qui écrivent l'Histoire des tems fabuleux d'omettre un grand nombre de faits: Car il est difficile de les tirer tous des ténèbres de l'antiquité. Il y a même beaucoup de Lecteurs qui méprisent cette partie de l'Histoire dont le détail ne peut être fixé par aucune Chronologie. La peine de l'Historien est en-

I. AVANT-PROPOS.

core augmentée par le grand nombre de Demi-dieux, de Héros, & d'hommes illustres dont les noms & les actions se présentent à lui en foule & sans ordre. Mais ce qu'il y a de plus embarassant, est que ceux qui ont écrit sur la Mythologie ne s'accordent nullement entr'eux. De-là vient que les plus célébres des Historiens modernes n'ont point touché à l'Histoire des premiers tems & s'en sont tenus à celle des derniers siécles. Ephore de Cumes disciple d'Isocrate ayant entrepris d'écrire les faits les plus connus de l'Histoire, omet entiérement tout ce qui tient à la Mythologie, & son ouvrage ne commence qu'au retour des Héraclides. Callisthéne (1) & Théopompe, qui étoient contemporains, n'ont aussi rapporté aucune des anciennes fables. Pour moi j'ai suivi une route contraire ; & j'ai cru qu'il convenoit à cet ouvrage d'y rassembler toutes les re-

(1) Callisthéne un de ceux qui suivirent Alexandre dans ses conquêtes. Outre la relation qu'il en avoit faite, il avoit écrit une histoire suivie de la Gréce. Il étoit même Astronome & Géographe. Il est beaucoup fait mention de lui dans les Auteurs qui ont parlé d'Alexandre à qui il déplut, & qui le fit mourir. Sur Théopompe. *Voyez* ci-devant Liv. 1. Sect. 1. Art. 23.

LIVRE IV.

lations qui nous restent de l'antiquité. Car il s'est fait un très-grand nombre de choses mémorables par les Demi-dieux, par les Héros & par les autres grands hommes qui vivoient dans les premiers âges. La postérité a institué en l'honneur des uns des sacrifices divins, & a décerné aux autres des sacrifices héroïques, en reconnoissance des bienfaits que les hommes avoient reçûs d'eux ; & l'Histoire doit conserver à jamais les louanges qui leur sont dûes. Nous avons rapporté dans les trois premiers Livres de cet ouvrage ce que les peuples Etrangers racontent de leurs Dieux, de la situation de leurs pays, des bêtes sauvages & des autres animaux qui y naissent ; en un mot toutes les choses remarquables qu'ils en disent ou qu'on y voit. Nous écrirons dans celui-ci ce que les Grecs ont conservé des premiers tems, & nous y parlerons des demi-Dieux & des Héros qui se sont rendus fameux dans la guerre par leurs exploits, ou dans la paix par les choses utiles & nécessaires dont ils ont été les inventeurs. Nous commencerons par Bacchus tant à cause de sa grande ancienneté, qu'à cause des services importans qu'il a rendus au genre humain. Nous avons déja dit que plusieurs nations Barbares se vantoient d'avoir donné la naissance à ce Dieu. Les Egyptiens prétendent que leur Osiris est le Bacchus des Grecs, que c'est lui qui a parcouru toute la terre, qui a enseigné aux hommes à planter la vigne & à faire du vin ; enfin que c'est en reconnoissance de ce bienfait que d'un commun consentement on l'a mis au rang des Immortels. Les Indiens veulent aussi que ce soit chez eux que ce Dieu a pris naissance, qu'il a étudié avec soin tout ce qui concerne la vigne, & qu'il a découvert aux hommes l'usage du vin. Comme nous en avons parlé en d'autres endroits suivant les opinions des Barbares, nous en parlerons ici suivant les traditions Grecques.

II. Histoire de Bacchus suivant les traditions grecques. Quelques-uns admettent plusieurs Bacchus.

AGENOR Roi de Phénicie ayant envoyé son fils Cadmus à la recherche d'Europe, il lui défendit de revenir en Phénicie sans ramener avec lui cette Princesse. Cadmus ayant parcouru bien des pays sans la trouver, & forcé de renoncer à sa patrie, arriva enfin en Bœotie, où il bâtit la Ville de Thébes par l'ordre d'un

LIVRE IV.

Oracle. Ayant établi là sa résidence il épousa Harmonie fille de Venus; & il en eut Semelé, Ino, Autonoé, Agapé & Polydore. Semelé qui étoit très-belle fut aimée de Jupiter, & elle lui accorda ses faveurs. Mais comme Jupiter l'alloit voir en secret, elle crut qu'il la méprisoit; & elle le pria avec instance de venir à elle avec toute la Majesté qui l'accompagnoit lorsqu'il s'approchoit de Junon. Jupiter étant donc venu la trouver armé du Tonnerre & de la foudre; Semelé qui étoit grosse ne put soutenir cet éclat: elle avorta & fut elle-même réduite en cendres. Jupiter prit aussi-tôt l'enfant & le donna à Mercure avec ordre de le transporter dans l'antre de Nyse qui est entre la Phénicie & le Nil. Il le fit nourrir par les Nymphes, & leur recommanda de prendre un extrême soin de son éducation. Bacchus ayant ainsi été élevé à Nyse fut appellé Dionysius d'un nom composé de celui de Nyse & de celui de Jupiter que les Grecs appellent Dios. Cette origine est appuyée du témoignage d'Homere déja cité sur ce sujet (1). Bacchus plus avancé en âge

Bacchus fils de Semelé.

---

(1) L'Auteur répéte ici les deux derniers Vers de

inventa l'usage du vin & enseigna aux hommes la manière de planter la vigne. Il parcourut presque toute la terre ; & ayant policé plusieurs Nations, on lui a rendu par tout de grands honneurs. Il inventa aussi la biére qui est une boisson composée d'orge, & presqu'aussi bonne que le vin : Il en gratifia les peuples qui habitent des contrées peu propres à la culture des vignes. Son armée qui étoit composée non-seulement d'hommes, mais aussi de femmes, lui servoit à punir les méchans & les impies, du nombre desquels furent Penthée (1) & Lycurgue. Voulant répandre ses bienfaits sur sa patrie ; il rendit libre tout le pays de Bœotie, & il y bâtit une Ville qui fut appellée Eleuthere, (2) parce qu'elle ne recevoit des loix que d'elle-même. Il employa trois ans entiers à son expédition des Indes, au bout desquels il revint en Bœotie chargé de riches dépouilles. On dit que monté sur un éléphant Indien,

de l'endroit de l'hymne d'Homére qu'il a rapporté vers la fin du Livre précédent, art. 34.

(1) Ces deux noms sont transportez ici de 20 lignes plus bas où j'ai supprimé la phrase entiére qui n'est qu'une répétition de celle-ci.

(2) C'est-à-dire libre.

il fut le premier qui reçut l'honneur du triomphe. Les Bœotiens, les Thraces, & les autres peuples Grecs ont inſtitué en mémoire de cette expédition les fêtes qu'on appelle Triétérides, parce qu'elles reviennent tous les trois ans ; & ils prétendent qu'alors Bacchus ſe manifeſte aux hommes. Dans la plûpart des Villes Grecques les femmes célébrent auſſi les Bacchanales tous les trois ans ; & c'eſt la régle que les jeunes filles portent alors des thyrſes dans leurs mains, & qu'épriſes d'une eſpéce de fureur elles chantent des cantiques en l'honneur de Bacchus. Elles s'aſſemblent pour lui offrir des ſacrifices ; & elles ſuppoſent dans leurs hymnes la préſence de ce Dieu, à l'exemple des Menades qu'on dit avoir été autrefois à ſa ſuite (1). Comme l'invention du vin eſt d'une grande utilité aux hommes, tant à cauſe du plaiſir qu'il leur procure, que parce qu'il augmente leurs forces ; on a coutume d'apporter au milieu du repas du vin pur à tous les conviez, & d'invoquer le bon génie. Quand le repas eſt fini

---

(1) C'eſt ici où étoit la répétition dont j'ai averti vingt lignes plus haut.

on leur donne du vin mêlé avec de l'eau, & ils invoquent alors Jupiter Sauveur (1). Le vin pur est capable d'ôter la raison aux hommes ; mais lorsqu'il est tempéré par le secours de Jupiter, c'est-à-dire de l'eau, il ne leur procure que du plaisir, sans les conduire à l'yvresse & à la dissolution. On dit en général que Bacchus & Cerès sont ceux de tous les Dieux à qui les hommes rendent les plus grands honneurs, par rapport à l'importance de leurs bienfaits. Car l'un a trouvé une liqueur très-agréable, & l'autre a fait présent aux hommes du plus salutaire des alimens simples.

Bacchus fils de Proserpine.

QUELQUES-UNS disent qu'il y a eu un autre Dionysius beaucoup plus ancien que celui dont nous venons de parler. On prétend qu'il nâquit de Jupiter & de Proserpine, & certains Auteurs lui donnent le nom de Sabazius. On ne lui offre des sacrifices & on ne lui rend aucun autre culte que la nuit, à cause de l'infamie qui accompagne ces assemblées. Il avoit,

(1) Palmérius prétend prouver par différentes autoritez que c'étoit dans le cours du repas qu'on donnoit du vin & de l'eau ; & que ce n'étoit qu'à la fin qu'on présentoit du vin pur & qu'on invoquoit le bon génie.

LIVRE IV.

dit-on, l'esprit très-inventif, & ce fut lui qui le premier attela des bœufs à la charrue & facilita les semailles par ce moyen. C'est pour cette raison qu'on lui donne ordinairement des cornes. Bacchus fils de Semelé nâquit long-tems après celui-ci. Il étoit beau, bienfait, & il surpassoit tous les autres hommes par les agrémens de sa personne : Il étoit aussi fort adonné aux plaisirs de Venus, & il se faisoit suivre par une grande quantité de femmes armées de lances qui avoient la figure de thyrses. Il fut accompagné dans ses expéditions par les Muses qui étoient des filles très-sçavantes, & qui le divertissoient par leurs concerts, par leurs danses, & par les beaux arts dont elles faisoient profession. Il avoit aussi dans son armée Silene, qui étoit son pere nourricier & son Precepteur, & qui avoit contribué à son mérite & à sa gloire. Bacchus étoit couvert à la guerre de ses armes & d'une peau de Panthere: Mais en tems de paix & sur tout les jours de fête & d'assemblée, il s'habilloit d'étoffes fines de différentes couleurs. Il portoit une mitre fort étroite, afin de se préserver des maux

L'Auteur reprend l'histoire de Bacchus fils de Semelé.

de tête que le vin cause à ceux qui en prennent avec excès ; & c'est pour cette raison qu'on l'a appellé Mithrophore. On dit que c'est de cette mitre qu'est venu l'usage du Diadême des Rois. Bacchus est aussi appellé Dimeter, parce que les deux Bacchus sont nez du même pere, mais de différentes meres. On a cependant attribué au plus jeune, comme par droit d'héritage, toutes les actions de son aîné. De-là vient que la postérité peu instruite du fait, & trompée par la ressemblance du nom, a cru qu'il n'y avoit eu qu'un Bacchus. On lui donne une baguette par la raison que nous allons dire. Comme dans les premiers tems du vin on ne s'étoit pas encore avisé de le tempérer avec de l'eau, la coutume étoit de le boire pur. Il arrivoit souvent de-là que dans les assemblées & les festins, ceux qui étoient de la fête en ayant trop pris entroient en fureur, & se frappoient les uns les autres avec leurs bâtons. Plusieurs étoient blessez, & quelques-uns même si griévement qu'ils en mouroient. Bacchus offensé de ces accidens ne condamna pas les hommes à s'abstenir entiérement de boire du vin pur, à cause du plaisir que procure cette boisson ; mais il voulut qu'au lieu de bâtons ils se servissent de baguettes. Les hommes lui ont donné plusieurs surnoms conformes à ses différentes avantures. Ils l'ont appellé Bacchæus à cause des Bacchantes qui l'accompagnoient ; Lenœus, parce qu'on écrase les raisins dans des pressoirs qu'on nomme en Grec Lenoï ; Bromius (1) à cause du tonnerre qu'on entendit au moment de sa naissance (2) : C'est pour la même raison qu'on l'a appellé aussi Pyrigene, c'est-à-dire, enfant du feu. Il fut encore nommé Thriambus, parce que revenant des Indes chargé de riches dépouilles, il est le premier de tous ceux que nous connoissons qui ait reçu dans sa patrie l'honneur du triomphe. On explique à peu près ainsi les autres épithetes, par lesquelles on le designe. Il seroit trop long & il n'est pas même de notre sujet de les rapporter toutes. On lui attribua deux corps parce qu'il y a eu deux Bacchus,

(1) Βροντὴ signifie tonnerre. | (2) Et dont sa mere mourut.

l'ancien surnommé Catapogon (1), parce que tous les anciens avoient coutume de laisser croître leur barbe ; & celui-ci qui étoit jeune & bienfait comme nous l'avons déja dit. Quelques-uns cependant prétendent qu'on lui a attribué deux formes à cause des différentes dispositions qu'on remarque dans les yvrognes, qui deviennent ou gais ou furieux. Bacchus avoit aussi avec lui les Satyres qui lui donnoient du plaisir par leurs danses & par les Tragédies qu'ils représentoient : Les Muses par l'étendue de leurs connoissances lui procuroient des divertissemens utiles : Mais les Satyres ne cherchant qu'à le faire rire, lui faisoient agréablement passer le tems. On dit que Bacchus inventa les farces & les Theâtres, & qu'il établit même des écoles de Musique. Il exempta de toutes fonctions militaires dans ses armées ceux qui s'étoient rendus habiles dans cet art. C'est pour cette raison que depuis à l'imitation de Bacchus on a formé des compagnies de Musiciens qui ont joui de grands priviléges. Mais de peur de

(1) C'est-à-dire barbu.

fatiguer le Lecteur par un trop long détail, terminons ici l'article de Bacchus.

Nous y joindrons immédiatement & en peu de mots les différentes choses que l'on raconte de Priape, parce qu'elles ont beaucoup de liaison avec l'histoire de Bacchus. Les anciens Mythologistes prétendent que Priape est fils de Bacchus & de Venus ; & ils expliquent cette naissance d'une maniére assez vrai-semblable, en disant que ceux qui sont pris de vin sont naturellement portez aux plaisirs de Venus. Quelques-uns cependant soutiennent que le nom de Priape n'a été inventé que pour désigner honnêtement les parties de l'homme. Il y en a même qui croyent qu'on leur a déféré les honneurs divins, parce qu'elles sont le principe de la génération & de la propagation éternelle du genre humain. Les Mythologistes Egyptiens qui ont parlé de Priape disent que les Titans ayant autrefois tendu des embuches à Osiris, le massacrérent. Ayant ensuite partagé son corps en plusieurs parties égales ils les emportérent secrettement hors du palais. Les seules par-

III. Du Dieu Priape & d'Hermaphrodite.

ties qu'on ne nomme pas furent jettées dans le fleuve, ne s'étant trouvé personne qui voulût s'en charger. Isis ayant recherché avec soin les auteurs de ce meurtre, & ayant fait punir de mort les Titans, rassembla toutes les autres parties & les remit à leur place. Elle confia ensuite aux Prêtres d'Egypte le soin de les enterrer; & elle leur commanda d'honorer Osiris comme un Dieu. Mais ne pouvant retrouver les parties que les Titans avoient jettées dans le Nil, elle voulut néanmoins qu'on leur rendît les honneurs divins : c'est pourquoi elle les fit représenter dans les temples. Voilà ce que les anciens Egyptiens racontent de Priape & des honneurs qu'on lui rend. Quelques-uns lui donnent le nom d'Ityphalle, & d'autres celui de Typhon. Ce qu'il y a de certain, est qu'on lui fait des sacrifices non-seulement dans les villes, mais aussi dans les campagnes; & qu'on le regarde comme le Dieu tutelaire & le gardien des jardins, des vignes & des fruits. Ceux mêmes qui gâtent les fruits par sortilége croyent que c'est de lui qu'ils reçoivent leur punition. On a conservé la coutume de rendre quelque honneur à Priape non-feulement dans les facrez Myftéres de Bacchus, mais auffi dans ceux des autres Dieux, & l'on porte fa figure aux facrifices en riant & en folâtrant. On dit que l'origine d'Hermaphrodite fils de Mercure & de Venus eft prefque entiérement femblable à celle de Priape. Il fut appellé Hermaphrodite d'un nom compofé de celui de fon pere & de celui de fa mere (1). On prétend que ce Dieu fe montre aux hommes en certains tems ; & que de fa nature, il eft également homme & femme ; puifqu'il a toute la délicateffe & la beauté de la femme, quoiqu'il ait quelque chofe de mâle dans le vifage, & toute la force de l'homme. Ces productions paroiffent à quelques-uns de vrais monftres qui naiffent fort rarement, & qui préfagent tantôt des biens & tantôt des maux.

COMME nous avons déja fait mention des Mufes dans l'hiftoire de Bacchus, il eft à propos d'en rapporter ici quelque chofe de plus particulier. Selon les plus célébres Mythologiftes elles font filles de Jupiter & de

IV. Des Mufes.

(1) Les Grecs appellent Mercure Hermès, & Venus Aphrodité.

Mnemofyne. Quelques Poëtes cependant entre lesquels est Alcman (1), les font filles d'Uranus & de la Terre. On n'est pas non plus d'accord sur leur nombre. Car les uns veulent qu'il y en ait eu neuf, & les autres qu'il n'y en ait eu que trois. Mais l'opinion de ceux qui en admettent neuf a prévalu sur l'autre, comme étant celle des plus habiles Mythologistes, j'entends parler d'Homére, d'Héfiode & de plusieurs autres fameux auteurs. Homére (2) dit

A chanter tour à tour les neuf Muses se plaifent.

Héfiode même les nomme toutes, (3) Clio, Euterpe, Thalie, Melpomé-

(1) Alcman de Meffene, Poëte lyrique vivoit en la 27. Olympiade 668 ans avant J. C.
(2) Dans l'hymne d'Apollon, vers 189.
(3) L'Auteur cite ici trois Vers d'Hefiode qui ne contiennent que ces noms. Dans la Theogonie, Vers 77.
Hefiode poëte Grec très-ancien, quoique non antérieur à Homére, ni même fon contemporain, commequelques-uns l'ont cru. Il étoit né à Cume ville de l'Ionie : mais il fut élevé dans un village de la Béotie, qui lui fit prendre le furnom d'Afcræus. Il nous reste de lui la Theogonie ou Généalogie des Dieux, & des efpéces de Géorgiques intitulées ἔργα καὶ Ἡμέραι, opera & dies: car pour le bouclier d'Hercule qu'on lui attribue, un grand nombre de bons critiques le regardent comme un ouvrage fuppofé. Voy. Fabricius l. 2. c. 8. Bib. Greq.

ne, Terpsicore, Erato, Polymnie, Uranie & Calliope la plus sçavante d'entr'elles. On les fait présider chacune en particulier à différens arts; comme à la Musique, à la Poësie, à la Danse, aux Chœurs, à l'Astrologie & à plusieurs autres. Quelques-uns disent qu'elles sont vierges, parce que les vertus de l'éducation paroissent inaltérables. Elles sont appellées Muses d'un mot Grec qui signifie expliquer les mystéres (1); parce qu'elles ont enseigné aux hommes des choses très curieuses & très-importantes, mais qui sont hors de la portée des ignorans. On dit que chacun de leurs noms propres renferme une allégorie particuliére. Clio par exemple a été ainsi appellée, parce que ceux qui sont louez dans les Vers acquiérent une gloire immortelle; Euterpe, à cause du plaisir que la Poësie sçavante procure à ceux qui l'écoutent; Thalie, pour dire qu'elle fleurira à jamais; Melpoméne, pour signifier que la mélodie s'insinue jusque dans le fond de l'ame des auditeurs; Terpsicore, pour marquer le plaisir que ceux qui ont appris les beaux arts re-

(1) μύω μυέω.

tirent de leurs études ; Erato, semble indiquer que les gens sçavans s'attirent l'estime & l'amitié de tout le monde; Polymnie avertit par son nom que plusieurs Poëtes sont devenus illustres par le grand nombre d'hymnes qu'ils ont consacrez aux Dieux. On se souvient en nommant Uranie que ceux qu'elle instruit élévent leurs contemplations & leur gloire même jusqu'au ciel & jusqu'aux astres. Enfin la belle voix de Calliope lui a fait donner ce nom pour nous apprendre que l'éloquence charme l'esprit & entraîne l'approbation des auditeurs.

V. Histoire ou vie d'Hercule.

C'est ici le lieu de parler des grandes actions d'Hercule. Les Auteurs se trouvent extrêmement embarrassez quand ils arrivent à l'Histoire de ce Dieu. Car on sçait d'une part qu'il a surpassé par le nombre & par la grandeur de ses exploits tout ce qui s'est jamais fait de mémorable parmi les hommes ; ainsi il est très difficile de rapporter dignement des actions dont l'immortalité a été le prix. D'un autre côté comme quantité de gens n'ajoutent aucune foi aux récits de la Mythologie, tant à cause de leur ancienneté, que parce qu'ils paroissent incroyables ; il faut nécessairement, ou qu'omettant la plûpart des actions d'Hercule, on lui enléve une grande partie de sa gloire ; ou que les rapportant toutes, on s'engage dans une narration qui ne sera point crue. En effet la plûpart des lecteurs jugent injustement des premiers tems par le nôtre, & mesurant les anciens Heros aux hommes de leur siécle, traitent de fable toutes les actions qui s'élévent trop au-dessus de celles dont ils sont témoins. Mais quand on accorderoit que la Mythologie a un peu enchéri sur l'exacte vérité, ce ne seroit pas une raison de la rejetter absolument. Nous ne prenons pas à la lettre les représentations théatrales des Centaures à deux formes, ni de Geryon à trois corps. Elles ne laissent pas de nous imprimer du respect pour le Héros capable de vaincre les monstres les plus terribles. En général il ne seroit pas raisonnable d'envier aujourd'hui à Hercule les louanges dûes aux bienfaits qu'il a répandus par tant de travaux en divers endroits de la terre ; & nous devons conserver du moins pour sa mémoire la vénération & la reconnoissance que nos peres ont marquées pour lui, en le plaçant au rang des Dieux. Cependant laissant à part ces raisonnemens, il nous suffira de rapporter par ordre ses actions sur le témoignage des plus anciens Poëtes & Mythologistes.

Son extraction, sa naissance. Il étrangle deux serpens dans son berceau.

POUR commencer par son extraction, Persée fut fils de Jupiter & de Danaë fille d'Acrisius. Ce Prince ayant épousé Andromede fille de Cephée en eut un fils nommé Electrion. De celui-ci & d'Eurymede fille de Pelops naquit Alcmene. Jupiter ayant eu commerce avec Alcmene par le moyen d'un deguisement, en eut Hercule: ainsi tant du côté paternel que du côté maternel, Hercule rapportoit son origine au plus grand des Dieux. Il est aisé de juger de la grandeur de son courage, non-seulement par ses actions, mais encore par le phénomene étrange qui arriva à sa conception. Car on dit que Jupiter étant en la compagnie d'Alcmene voulut que la nuit fut alors trois fois plus longue qu'elle ne l'est ordinairement. On prétend même que ce ne fut point pour satisfaire une passion désordonnée qu'il rechercha Alcmene, comme il avoit recherché toutes les autres femmes; mais seulement par l'envie qu'il avoit d'avoir un fils. Ne voulant point forcer Alcmene, & espérant encore moins de vaincre sa vertu, il eut recours à la ruse : & ayant pris la figure d'Amphytrion, il la trompa sous cette ressemblance. Quand le tems fut arrivé qu'Alcmene devoit accoucher ; Jupiter attentif à la naissance d'Hercule déclara en présence de tous les Dieux qu'il donneroit le Royaume de Perse à un enfant qui devoit naître ce jour-là. Junon pleine de jalousie ayant mis dans son parti sa fille Ilithye (1), suspendit la naissance d'Hercule, & fit naître Eurysthée avant terme. Jupiter se voyant prévenu par cette adresse ne révoqua point sa parole ; mais il eut soin en même tems de la gloire d'Hercule. Il donna donc à Eurysthée le Royaume, ainsi qu'il l'avoit lui-même promis, & lui soumit Hercule ; mais il persuada à Junon de placer ce dernier au rang des Dieux après qu'il auroit accompli douze travaux, tels qu'Eurysthée les ordonneroit. Alc-

(1) Qui selon la fable présidoit aux accouche- | mens.

mene étant accouchée & craignant la jalousie de Junon, exposa son enfant dans un champ qui s'appelle encore à présent le champ d'Hercule. Cependant Minerve se promenant avec Junon fut frappée de la beauté de cet enfant, & elle persuada à cette Déesse de lui donner à teter. Hercule ayant serré la mammelle de Junon beaucoup plus fort que son âge ne sembloit le permettre, cette Déesse pressée par la douleur jetta l'enfant à terre; mais Minerve le reporta à sa mere, & lui conseilla de le nourrir. On peut remarquer ici un coup surprenant de la fortune. Une mere qui devoit cherir & conserver son propre enfant l'exposa ; & celle qui devoit le haïr comme sa maratre, sauva sans le sçavoir ou donna lieu de sauver celui qui devoit naturellement être son plus grand ennemi. Cependant Junon envoya deux dragons pour dévorer cet enfant ; mais lui les ayant pris chacun par le col, les étrangla l'un & l'autre avec ses deux mains. Il avoit d'abord été nommé Alcée; mais ensuite les Grecs ayant appris cet exploit lui donnérent le nom d'Hercule (1)

---

(1) Heracleus, gloire de Junon, ou par Junon.

parce que c'étoit de Junon qu'il tiroit toute sa gloire. Ainsi au lieu que les parens imposent ordinairement le nom à leurs enfans, le seul Hercule ne doit son nom qu'à sa vertu. Amphitryon s'étant enfui de Tirynthe vint habiter à Thebes. Hercule ayant été nourri dans cette Ville, & s'étant adonné à différens exercices, surpassa tous les autres hommes par la force de son corps, & par la grandeur de son ame.

Il avoit à peine atteint l'adolescence, lorsqu'il délivra Thebes de la servitude où elle étoit, & s'acquitta ainsi de la reconnoissance qu'il devoit à sa patrie. Les Thebains étoient soumis alors à Ergine Roi des Minyens; & ce Prince envoyoit tous les ans dans cette Ville des Commissaires pour exiger les tributs; ce qu'ils faisoient en outrageant les Habitans. Hercule bravant les suites dangereuses que pouvoit avoir son dessein, entreprit une action qui le rendra à jamais fameux. Car ceux d'entre les Minyens qui venoient demander les tributs étant arrivez, & ayant fait toutes sortes d'injures aux citoyens, il les mit hors de la Ville, après leur

Exploits de son adolescence.

avoir coupé les extrêmitez du corps, Ergine demanda le coupable ; & Créon Roi de Thébes craignant sa puissance étoit prêt de le livrer. Mais Hercule ayant persuadé à de jeunes gens de son âge de délivrer leur patrie, il leur donna les armes qui étoient suspendues dans les temples, & qui faisoient partie des dépouilles des ennemis que ses Ancêtres avoient consacrées aux Dieux : Car il étoit impossible de trouver dans toute la Ville des armes qui ne fussent pas consacrées ; d'autant que les Minyens avoient enlevé aux Thebains toutes les autres, afin de leur ôter toute pensée de revolte. Hercule ayant appris qu'Ergine s'approchoit avec ses troupes, l'attendit dans un passage étroit, & rendant par-là leur grand nombre inutile, il tua Ergine même & fit périr presque toute son armée avec lui. S'étant ensuite jetté sur Orchomene Capitale des Minyens, il y brûla le Palais de leurs Rois & rasa leur Ville. Le bruit de cet exploit se répandit dans toute la Gréce, & chacun en fut étonné comme d'un prodige. Créon frappé lui-même de la vertu & du courage de ce jeune homme, ne, lui donna sa fille Mégare en mariage; & le regardant comme son propre fils, il lui confia le Gouvernement de sa Ville. Mais Eurysthée qui étoit Roi d'Argos craignant qu'Hercule ne devînt trop puissant le fit appeller, & lui ordonna d'achever ses travaux. Hercule le refusa d'abord, mais Jupiter lui commanda d'obeïr à Euryſtée ſon Roi. Cependant Hercule étant allé lui-même à Delphes, & ayant interrogé l'Oracle; il en reçut une réponse qui lui marqua, que les Dieux vouloient qu'il exécutât ces douze travaux, & qu'au bout de ce terme il acquerroit l'immortalité. Hercule fut alors saisi de grande tristesse: Il jugeoit indigne de sa vertu de servir un homme qui valoit beaucoup moins que lui; & d'un autre côté, il lui paroissoit dangereux & même impossible de desobéïr à Jupiter son pere. Pendant que ces réflexions l'agitoient, Junon le fit tomber dans la phrenesie. La folie s'empara d'abord de son esprit malade, & ses accès augmentant chaque jour, il devint absolument furieux. Il voulut tuer Iolaüs; mais Iolaüs s'étant enfui, il perça à coups de fléches ses propres enfans auprès de Megare leur mere, croyant que c'étoient des ennemis. Etant revenu avec peine de ce transport, & ayant reconnu son erreur, il fut mortellement affligé de l'excès de son infortune. Quoique chacun prit part à ses malheurs, il se tint long-tems caché, fuyant la compagnie & la rencontre des hommes. Le tems l'ayant enfin consolé, il alla trouver Eurysthée dans le dessein d'affronter tous les périls,

<small>Premier travail. Le Lion de Némée.</small>

Son premier travail fut de tuer le Lion de Nemée. Il étoit d'une grandeur monstrueuse, & comme on ne pouvoit le blesser avec le fer, avec l'airain, ni avec des pierres, il falloit nécessairement employer la force des bras pour le dompter. Ce Lion ravageoit souvent le pays qui est entre Mycenes & Némée auprès d'une montagne appellée le Mont Tretos. Au pied de cette montagne il y avoit une grande caverne où ce monstre se retiroit ordinairement. Hercule alla un jour l'attaquer ; mais le Lion s'enfuit dans sa retraite. Hercule s'y jetta après lui, & en ayant bouché l'entrée, il le combattit corps à corps, & lui serrant le col avec ses deux mains il l'étrangla. La peau de cet animal qui étoit fort grande lui servit toujours dans la suite de vêtement, & même de bouclier dans ses combats.

Son second travail fut de tuer l'Hydre de Lerne. Elle avoit un seul corps & cent cous, & chacun de ces cous se terminoit à une tête de Serpent. C'est avec raison que ce Monstre passoit pour invincible : Car du cou qu'on lui avoit coupé, il renaissoit toujours deux autres têtes ; & sa blessure même lui fournissoit un double secours. Pour surmonter cette difficulté, Hercule se servit de cette ruse. Il commanda à Iolaüs de brûler avec un flambeau la partie coupée, afin d'arrêter cette réproduction funeste. Etant ainsi venu à bout de cet animal, il trempa des fléches dans son fiel, afin que chaque trait qu'il lanceroit contre d'autres monstres leur fît des playes incurables. *Second travail. L'Hydre de Lerne.*

Eurysthe'e lui commanda en troisiéme lieu de lui amener vif le Sanglier d'Erymanthe qui paissoit dans les campagnes d'Arcadie. Ce commandement paroissoit d'une difficile exécution, & pour y satisfaire *Troisiéme travail. Le Sanglier d'Erymanthe.*

B ij

il faloit prendre fon tems avec beaucoup d'adreffe. Hercule couroit rifque d'être dévoré s'il laiffoit trop de force à l'animal, & de le tuer s'il l'attaquoit trop vivement. Cependant il le combattit fi à propos qu'il l'apporta tout vif à Euryfthée. Le Roi le voyant porter ce Sanglier fur fes épaules fut faifi de frayeur & s'alla cacher fous une cuve d'airain. Hercule de fon propre mouvement combattit enfuite les Centaures à l'occafion que nous allons dire. Un Centaure appellé Pholus (1) avoit accordé l'hofpitalité à Hercule. Il ouvrit en fon honneur un tonneau de vin qu'il tira de terre. On dit que l'ancien Bacchus avoit donné ce tonneau à Pholus avec ordre de le conferver jufqu'à la venue d'Hercule. Ce Héros étant donc arrivé dans ce pays après quatre générations, le Centaure fe reffouvint de l'ordre de Bacchus. Il perça le tonneau ; & l'odeur excellente qui en fortit caufée par la bonté & par l'ancienneté du vin s'étant répandue jufqu'aux prochaines demeures des Centaures, fut pour eux

Occafion du combat des Centaures.

(1) Je fupprime ici l'origine du nom du Mont Pholoé qui fe trouvera plus bas, mieux à fa place.

comme un aiguillon qui les incita à s'assembler en fort grand nombre autour de l'habitation de Pholus, & à se jetter avec impétuosité sur cette boisson. Pholus tremblant de peur alla se cacher ; mais Hercule se défendit avec un courage surprenant contre les Centaures qui vouloient à toute force emporter le tonneau. Il falloit qu'il combattît contre des gens que la mere des Dieux avoit avantagez de la force & de la vîtesse des chevaux, aussi-bien que de l'esprit & de l'expérience des hommes. Ces Centaures l'attaquérent armez, les uns de pins qui avoient encore toutes leurs racines, les autres de grandes pierres ; quelques-uns portoient des torches ardentes & le reste avoit des haches propres à tuer des bœufs. Hercule les attendit sans s'émouvoir & avec un courage digne de ses premiers exploits. Nephelé mere des Centaures combattoit encore contre lui en répandant une grande quantité de pluye qui ne nuisoit en rien à ses fils qui avoient quatre pieds ; mais qui faisoit glisser Hercule qui ne se soutenoit que sur deux. Cependant malgré tous les avantages que ses adver-

B iij

faires avoient fur lui il les battit vigoureufement ; il en tua plufieurs & mit les autres en fuite. Les plus célébres d'entre les morts furent Daphnis, Argée, Amphion, Hippotion, Orée, Ifoplès, Melanchete, Therée, Dupon & Phrixus. Chacun de ceux qui s'enfuirent furent punis ainfi qu'ils le méritoient. Omade ayant violé en Arcadie Alcyone fœur d'Euryfthée, Hercule le fit mourir. C'eft en ceci qu'il faut admirer la vertu de ce Héros ; car quoiqu'il regardât Euryfthée comme fon ennemi, cependant il crut qu'il étoit de l'équité d'avoir compaffion d'une femme outragée. Il arriva un accident fort particulier à Pholus ami d'Hercule. Comme il étoit de même famille que les Centaures, il enterroit tous ceux qui avoient été tuez. En tirant un trait du corps d'un d'entr'eux il s'en bleffa lui-même & fa playe étant incurable il en mourut. Hercule donna à Pholus fous une montagne voifine de fon habitation une fépulture qui lui fut plus honorable que ne l'auroit été une colomne élevée à fa gloire. Car cette montagne ayant été nommée Pholoé conferva fidélement la mémoire de celui qui y avoit été enterré, sans qu'il fût besoin d'aucune inscription. Hercule tua aussi sans le vouloir le Centaure Chiron qui s'étoit rendu fameux dans la Medecine.

EURYSTHE'E ordonna ensuite à Hercule de lui amener la Biche aux cornes d'or qui couroit d'une grande vîtesse. Il se servit plus de son adresse que de sa force pour venir à bout de cette entreprise. Car les uns disent qu'il la prit dans des filets, d'autres qu'il la fit tomber dans un piége, & quelques autres enfin veulent qu'il s'en soit rendu le maître en la forçant à la course. Ce qu'il y a de certain c'est qu'il acheva cet exploit sans courir aucun danger. *Quatriéme travail. La Biche aux cornes d'or.*

ENSUITE il reçut ordre de chasser les oiseaux du lac Stymphalide, & il employa encore l'adresse en cette occasion. Il s'étoit ramassé autour de ce lac une multitude incroyable de ces oiseaux qui ravageoient entiérement les fruits des contrées voisines. Il étoit impossible d'en exterminer un si grand nombre en les tuant l'un après l'autre. C'est pour cette raison qu'Hercule imagina un tambour d'airain qui faisant un bruit continuel & *Cinquiéme travail. Les Oiseaux du lac Stymphalide.*

très-grand, les fit tous fuir : & par cet expédient il en délivra abfolument le lac.

Sixiéme travail. l'Etable d'Augée.

APRE's qu'il eut fini ce travail, Euryſthée lui ordonna de nettoyer ſans l'aide de perſonne l'Etable d'Augée, où s'étoit amaſſé depuis pluſieurs années une quantité énorme de fumier. L'inſulte étoit jointe à la peine dans ce commandement d'Euryſthée. Mais Hercule ne voulut pas emporter ce fumier ſur ſes épaules, afin d'éviter la honte qui pourroit réjaillir ſur lui de cette fonction ; & il nettoya cette étable ſans ignominie en y faiſant paſſer le fleuve Penée (1). Ce travail ne fut pour lui que l'affaire d'un jour : Et il y donna de plus une grande preuve de ſa prudence. Car ne voulant rien faire qui ne fût digne de l'immortalité, il executa d'une maniére honorable un ordre très-humiliant.

Septiéme travail. Le Minotaure.

SON SEPTIE'ME travail fut d'aller chercher en Créte le Taureau dont on dit que Paſiphaé fut amoureuſe. Etant paſſé dans cette Iſle il amena dans le

___

(1) Pauſanias nomme ce fleuve Minyeien. Mais Palmerius prétend que c'eſt le même & que le ſurnom de Minyeien fut donné au Penée parce qu'il traverſoit une contrée habitée par des peuples appellez *Minya*.

Péloponnése, du consentement du Roi Minos, ce monstre au sujet duquel il avoit rravèrsé une si grande étendue de mer. Il institua ensuite les Jeux Olympiques. Ayant choisi près du fleuve Alphée une place favorable pour un pareil exercice, il en consacra les jeux au Jupiter de la patrie. Le prix qu'il proposa fut une simple couronne ; parce que lui-même n'avoit jamais voulu recevoir aucune récompense de tout ce qu'il avoit fait en faveur des hommes. Hercule fut victorieux dans tous les jeux sans avoir pourtant combattu, personne n'osant se mesurer contre lui à cause de sa force extraordinaire. Cependant ces jeux étoient fort opposez les uns aux autres. Il est très-difficile à l'Athlete ou au Pancratiaste (1) de devancer un Coureur. De même il est presque impossible à un homme qui excelle dans les combats d'adresse, de vaincre ceux qui réussissent dans les combats de force. C'est donc avec justice que celui-là emporte la palme de tous les jeux, a qui les plus habiles en chacun n'ont pas osé disputer le prix. Mais nous ne devons

Institution des Jeux Olympiques.

(1) Qui est propre à toute sorte de combat.

point paſſer ſous ſilence les préſens que les Dieux firent à Hercule pour honorer ſa vertu. Car lors qu'il ſe fut retiré de la guerre pour vaquer aux fêtes, aux aſſemblées & aux jeux ; chacun des Dieux lui fit un don particulier. Minerve lui apporta un voile, Vulcain une maſſue & une cuiraſſe. Il y avoit une grande émulation entre ces deux premiers par rapport à leurs fonctions ; Minerve s'adonnoit aux arts pacifiques & qui regardent l'uſage ou les plaiſirs de la vie ; & Vulcain ne travailloit qu'à ceux qui conviennent à la guerre. Entre les autres Dieux, Neptune lui fit préſent d'un cheval, Mercure d'une épée, Appollon d'un arc & il apprit même à Hercule à s'en ſervir. Cerès voulant auſſi l'honorer inſtitua les petits Myſtéres pour l'expier du meurtre des Centaures. Nous avons oublié de rapporter une particularité de la naiſſance d'Hercule. De toutes les femmes que Jupiter aima, la première fut Niobé fille de Phoronée, & la derniére fut Alcméne. Les Mythologiſtes comptent ſeize générations depuis celle-là juſqu'à celle-ci. Jupiter commença donc à engendrer des hommes avec une femme qu'Alcméne comptoit parmi ses ancêtres ; & il finit par celle-ci tout commerce avec des mortelles, n'espérant plus avoir d'elles des enfans dignes de leurs aînez.

CEPENDANT les Géans entreprirent de se battre contre les Dieux auprès de Palléne (1). Hercule vint au secours de ceux-ci : & ayant tué plusieurs de ces enfans de la terre, il reçut de très-grands honneurs. Jupiter donna aux seuls Dieux qui l'avoient secouru le surnom d'Olympiens, afin que les braves qui le porteroient pussent être distinguez des lâches. Quoique Bacchus & Hercule fussent nez de femmes mortelles, ils furent honorez de ce surnom ; non-seulement parcequ'ils étoient fils de Jupiter, mais aussi parce qu'ayant des inclinations semblables à celles de leur Pere, ils avoient adouci par leurs bienfaits la férocité des hommes. Jupiter tenoit cependant enchaîné Promethée qui avoit communiqué aux hommes le feu céleste, & un aigle venoit lui ronger le foye. Hercule voyant que Promethée n'étoit puni que pour avoir répandu ses bienfaits

<small>Hercule combat les Géans.</small>

<small>Il tue l'Aigle de Promethée.</small>

(1) Ville de la Macédoine.

sur le genre humain, tua l'aigle à coups de fléches; & ayant persuadé à Jupiter d'appaiser sa colére, il sauva un bienfaicteur des hommes.

<small>Huitiéme travail. Les Cavales de Dioméde.</small> On lui ordonna ensuite d'amener de Thrace les cavales de Dioméde. Elles étoient si furieuses qu'on leur avoit donné des mangeoires d'airain & si fortes qu'on étoit obligé de les lier avec des chaînes de fer. Ce n'étoit point des fruits de la terre qu'on leur donnoit à manger; mais elles se nourrissoient de membres coupez des malheureux étrangers qui arrivoient dans la Thrace. Hercule voulant prendre ces cavales, se saisit d'abord de leur maître, & il les rendit obéissantes en les rassasiant de la chair de celui qui les avoit accoutumées à manger de la chair humaine. Après qu'elles furent amenées à Eurysthée, ce Prince les consacra à Junon. Leur race subsista jusqu'au régne d'Alexandre Roi de Macedoine. Hercule accompagna ensuite Jason à Colchos pour conquérir la Toison d'Or. Mais nous parlerons dans un autre endroit de l'expédition des Argonautes.

<small>Neuviéme travail. Le</small> Il lui fut ordonné bien-tôt après

d'apporter le baudrier de l'Amazone Baudrier de Hippolyte. Hercule ayant traversé la l'Amazone Hippolyte. mer du Pont à qui il donna le nom d'Euxin, & étant arrivé aux embouchures du fleuve Thermodoon, déclara la guerre aux Amazones, & campa près de leur Capitale appellée Themyscire. Il demanda d'abord le baudrier qui étoit le sujet de son voyage; & ayant été réfusé, il livra bataille aux Amazones. Les moins célébres furent opposées aux soldats d'Hercule ; mais les plus fameuses combattirent contre ce Héros, & se défendirent vaillamment. La premiere qui l'attaqua fut Aella (1) ainsi nommée à cause de sa legéreté à la course ; mais elle trouva un ennemi encore plus leger qu'elle. La seconde fut Philippis : Celle-ci tomba sur le champ, d'une blessure mortelle. Ensuite vint Prothoë qu'on disoit être sortie victorieuse de sept combats en duel : Hercule l'ayant tuée, en vainquit une quatriéme appellée Eribœe. Celle-ci se vantoit de n'avoir besoin d'aucun secours ; mais elle éprouva qu'elle s'étoit trompée, & elle tomba sous les coups d'un homme plus

(1) Ce mot en Grec signifie tempête.

vaillant que ceux qu'elle avoit vaincus. Celéno, Eurybie & Phœbé combattirent ensuite : Elles accompagnoient ordinairement Diane à la chasse, & elles sçavoient parfaitement tirer de l'arc. Mais pour cette fois elles manquérent leur coup, & demeurérent sur la place, malgré l'appui qu'elles se prêtoient les unes aux autres. Hercule vainquit ensuite Déjanire, Asterie, Marpé, Tecmesse & Alcippe. Cette derniere ayant fait serment de demeurer vierge, garda exactement sa parole, mais elle ne put pas sauver sa vie. Melanippe Reine des Amazones, & qui se faisoit admirer par sa valeur perdit alors son Royaume & sa liberté. Hercule ayant tué les plus célébres des Amazones, réduisit les autres à s'enfuir, mais il en fit un si grand carnage dans leur fuite, qu'il détruisit entiérement cette Nation. Entre les captives il choisit Antiope pour en faire présent à Thésée. Pour Menalippe, elle se racheta en donnant à Hercule le baudrier qu'il étoit venu demander.

Dixiéme travail. Les LE DIXIE'ME travail qu'Eurysthée imposa à Hercule, fut d'amener les vaches de Geryon qui paiſſoient ſur les côtes de l'Iberie, *ou de l'Eſpagne*. Hercule voyant qu'il ne pouvoit exécuter ce commandement qu'avec beaucoup de peine & d'appareil, équipa une tres-belle flotte, & leva des ſoldats dignes d'une telle entrepriſe. Le bruit s'étoit répandu par toute la terre, que Chryſaor (1), qui avoit été ainſi nommé à cauſe de ſes grandes richeſſes, régnoit alors ſur toute l'Iberie : qu'il avoit trois fils qui combattoient ordinairement avec lui, remarquables par leur force & par leurs exploits : que de plus chacun d'eux commandoit de puiſſantes armées toutes compoſeées de vaillans hommes. Euryſthée croyant que c'étoit une entrepriſe inſurmontable que de leur faire la guerre, avoit donné exprès à Hercule cette commiſſion : mais ce Héros regarda ce péril avec autant de fermeté qu'il avoit regardé les autres. Il marqua le rendez-vous de ſes troupes en l'Iſle de Crete; parce que cette Iſle eſt avantageuſement ſituée pour envoyer de là des armées par toute la terre. Les Crétois lui déférérent de grands

vaches de Geryon.

(1) Χρυσός ſignifie or.

honneurs pendant le séjour qu'il fit chez eux : & lui-même voulant à son tour leur marquer sa reconnoissance, purgea leur Isle de toutes les bêtes sauvages qui la ravageoient auparavant : de telle sorte que depuis ce tems-là, il n'y a eu dans toute l'Isle de Crete, ni serpens, ni ours, ni loups, ni aucune autre espece d'animaux malfaisans. Il entra aussi dans son dessein d'illustrer un pays qui avoit donné le jour & l'éducation à Jupiter. Etant enfin parti de cette Isle, il relâcha en Afrique. D'abord qu'il y fut arrivé, il appella au combat Antée qui s'étoit rendu fameux par la force de son corps & par son expérience dans la lutte. Il avoit coutume de faire mourir tous les étrangers qu'il avoit vaincus à cet exercice ; mais il fut enfin tué en se battant contre Hercule.

Voyage d'Afrique & d'Espagne. Ce Héros nettoya ensuite l'Afrique d'un grand nombre d'animaux sauvages dont elle étoit remplie : & par ses soins & ses conseils, il la rendit si fertile qu'il croissoit abondamment des bleds & des fruits dans des lieux auparavant deserts, & que des contrées arides se virent bien-tôt couvertes de vignes & d'oliviers. En un mot d'une region pleine de monstres, il fit le plus heureux séjour de la terre; & poursuivant par tout les scélérats & les tyrans, il rétablit la tranquillité dans les Villes. On a dit que c'étoit par une animosité particuliére qu'il s'étoit rendu ennemi des bêtes féroces & des méchans hommes; d'autant que dès son berceau il avoit été attaqué par des serpens malicieusement envoyez contre lui; & qu'étant homme fait il avoit été soumis aux ordres d'un tyran injuste & superbe. C'est par ce motif qu'étant allé en Egypte après la mort d'Antée, il fit mourir le Roi Busiris qui massacroit tous les étrangers qui venoient loger chez lui. Mais auparavant il traversa les vastes solitudes de la Libye; & se trouvant dans un pays fertile & rempli d'eau, il y bâtit une Ville d'une grandeur étonnante. On lui donna le nom d'Hecatompyle à cause du grand nombre de ses portes; & sa gloire a subsisté jusque dans ces derniers tems: mais enfin les Carthaginois ayant envoyé contre elle une armée aguerrie & conduite par d'excellens Capitaines, elle a été réduite sous leur domination. Hercule parcourut l'Afrique jusqu'à l'Océan, & arriva enfin au détroit de Cadix *ou de Gibraltar*, où il éleva deux colomnes sur les bords de l'un & de l'autre continent. De-là ayant pénétré dans l'Espagne, il alla au-devant des enfans de Chrysaor, qui commandant chacun une grande armée étoient campez séparément. Hercule les fit appeller en combat singulier, les vainquit, & les tua tous trois. Il conquit ensuite toute l'Espagne, & il emmena ces fameux troupeaux de vaches qu'il cherchoit. Etant arrivé chez un Roi du pays, homme recommandable par sa piété & par son équité, il en reçut de grands honneurs. Ce fut pour cette raison qu'il lui fit présent d'une partie de ces vaches. Ce Roi consacra aussi-tôt à Hercule le troupeau qu'il venoit de lui donner, & il lui sacrifia depuis tous les ans le plus beau Taureau qui en provenoit. Ces vaches sacrées ont été soigneusement conservées en Espagne jusqu'à nos jours.

Digression au sujet des Nous placerons ici une courte digression au sujet des colomnes d'Her-

cule dont nous venons de parler. Ce *colomnes*
Héros étant arrivé aux deux extrêmi- *d'Hercule.*
tez de l'Afrique & de l'Europe fur
l'Ocean, voulut y pofer ce monument immortel de fon expédition.
Selon quelques-uns les deux continens étoient autrefois très-éloignez
l'un de l'autre. Il réfolut de les ra-
procher jufqu'à ne laiffer entr'eux
qu'un paffage étroit qui ne permit
plus aux monftres de l'Océan d'entrer dans la Méditerranée: ouvrage
mémorable par les terres dont il
fallut combler un grand efpace
de mer. D'autres difent au contraire que les deux continens étant
joints, il coupa l'iftme & forma la
communication qui eft aujourd'hui
entre les deux mers. Chacun peut
fuivre felon fon goût l'une ou l'autre
de ces deux opinions. Cependant
Hercule avoit déja fait quelque chofe de femblable dans la Gréce. La
vallée qu'on appelle aujourd'hui Tem-
pé étoit autrefois couverte d'eau dans
toute fon étendue. Il creufa dans fon
voifinage une foffe profonde, ou par
le moyen d'un canal, il fit paffer toutes ces eaux, & mit à fec cette plaine délicieufe de Theffalie qui n'eft

arrosée aujourd'hui que par le fleuve Penée. Il fit le contraire dans la Bœotie qu'il inonda toute entiére, en détruisant les rivages de la riviere qui passe à côté de la Ville de Minye. Par le premier de ces deux ouvrages il fit plaisir à toute la Grece; & par le second il vengea les Thebains des outrages qu'ils avoient essuyez durant la captivité où les Minyens les avoient réduits.

VI. Continuation de la vie & des voyages d'Hercule placée par l'Auteur entre le détail ou l'énumération de ses travaux. Il va chez les Celtes ou dans les Gaules.

Mais pour reprendre le fil de notre histoire; Hercule donna l'Espagne à gouverner à quelques-uns des Habitans, en qui il avoit reconnu le plus de vertu & de probité. Pour lui s'étant mis à la tête de son armée, il prit le chemin de la Celtique; & ayant parcouru toute cette contrée, il abolit plusieurs coutumes barbares en usage parmi ces peuples, & entr'autres celle de faire mourir les étrangers. Comme il avoit dans son armée quantité de gens qui l'étoient venu trouver de leur plein gré, il bâtit une Ville qu'il appella Alesie, (1) nom tiré des longues courses qu'ils avoient faites avec lui. Plusieurs d'entre les Celtes vinrent y

(1) Ἄλη signifie *error*, longue course.

demeurer ; & étant en plus grand nombre que les autres Habitans ils les obligérent de prendre leurs coutumes. Cette Ville est encore à présent en grande réputation parmi les Celtes qui la regardent comme la Capitale de tout leur pays. Elle a toujours conservé sa liberté depuis Hercule jusqu'à ces derniers tems. Mais enfin, Jules César qu'on a honoré du titre de Dieu, à cause de la grandeur de ses exploits, l'ayant prise par force, la soumit avec toutes les autres Villes des Celtes, à la puissance des Romains.

HERCULE voulant ensuite passer de la Celtique en Italie prit le chemin des Alpes. Il rendit les routes de ce pays, de rudes & de difficiles qu'elles étoient, si douces & si aisées qu'une armée y pouvoit passer sans peine avec tout son bagage. Les Habitans de ces montagnes avoient coutume de tailler en piéces & de voler toutes les troupes qui les traversoient. Mais Hercule ayant dompté cette Nation, & en ayant fait punir les Chefs, établit pour toujours la sûreté de ces passages. Etant descendu des Alpes, il parcourut le

Il passe en Italie.

plat pays de la Galatie, & entra enſuite dans la Ligurie (1). La contrée qu'habitent les Liguriens eſt très-apre & très-ſtérile. Cependant forcée par les travaux immenſes de ſes Habitans elle leur rapporte des fruits quoiqu'en fort petite quantité. C'eſt pour cela que tous les Liguriens ſont de médiocre taille ; mais d'ailleurs ils deviennent très-vigoureux à cauſe des violens exercices auxquels ils ſont condamnez par la nature de leur terroir ; & l'éloignement où ils ſe trouvent des voluptez de la vie leur donne une force & une agil[ité] ſurprenante dans les combats. Comme la terre qu'ils cultivent demande beaucoup de ſoins & de labour, les femmes mêmes ſont accoutumées à partager avec les hommes tous leurs travaux. Les perſonnes de l'un & de l'autre ſexe ſe louent pour toutes ſortes d'ouvrages moyennant une certaine recompenſe. Il arriva une choſe étonnante & tout à fait extraordinaire par rapport à nous, à une femme de ce pays. Elle s'étoit louée, quoique groſſe, pour travailler avec des hommes. Ayant ſenti les douleurs de l'enfan-

(1) Le Piémont, le pays de Génes, &c.

tement, elle alla sans bruit se cacher dans des buissons. Là étant accouchée elle couvrit son enfant de feuilles & le laissa. Elle revint ensuite travailler avec ces hommes sans leur rien dire de ce qui lui étoit arrivé: mais l'enfant s'étant mis à crier découvrit sa mere. Cependant quelque chose que lui dît celui qui commandoit les ouvriers, il ne put lui persuader de quitter son travail, jusqu'à ce qu'enfin son maître lui ayant payé son salaire, l'obligea d'aller prendre du repos. Hercule étant sorti de la Ligurie entra dans la Toscane; & arrivant proche du Tibre, il vint camper dans le même endroit où est à présent la Ville de Rome bâtie plusieurs siécles après lui par Romulus fils de Mars. Il y avoit alors sur le Mont Palatin une petite Ville habitée par les Originaires du pays. Potitius (1) & Pinarius les plus considérables d'entr'eux le reçurent d'une maniére très-généreuse, & lui firent des présens magnifiques. On voit encore leurs monumens dans

---

(1) C'est une correction de Rhodoman faite sur le texte qui porte *Cacius*; & fondée sur le témoignage de Denys d'Halicarnasse. *l.* 1. p. 26. de l'édition de Robert Etienne.

la Ville de Rome : & la famille des Pinariens passe aujourd'hui pour la plus ancienne noblesse qui soit parmi les Romains. Il y a aussi au Mont Palatin une descente dont les dégrez sont de pierre, qu'on appelle la descente de Potitius; parce qu'elle est auprès du lieu où sa maison étoit bâtie. Hercule ayant reçu avec plaisir les marques de bien-veillance que lui donnérent les Habitans du Mont Palatin, leur prédit que ceux qui après sa deification lui offriroient la dixme de leurs biens, méneroient ensuite une vie très-heureuse. Cette prédiction s'est accomplie jusque dans ces derniers tems. Car on connoît à Rome plusieurs personnes aisées & même quelques Citoyens fort riches, qui après avoir fait vœu de donner à Hercule la dixiéme partie de leurs richesses, les ont vû monter à quatre mille talens. Lucullus, qui étoit peut-être le plus riche des Romains de son tems, ayant fait l'estimation de tous ses biens, lui en sacrifia la dixme qu'il employa en festins publics. Les Romains lui ont bâti sur le bord du Tibre un superbe Tem-
ple

ple où ils lui consacrent la même partie de leurs fonds.

HERCULE quitta enfin le Tibre, & parcourut les côtes maritimes de l'Italie. Il entra dans le pays de Cumes, dans lequel on dit qu'il y avoit des hommes très-forts ; mais très-scelerats: On les nommoit les Géans. Cette contrée s'appelloit aussi Champ Phlégréen à cause d'une montagne de ce pays-là qui jettoit autrefois des flammes comme en jette le Mont Ætna dans la Sicile. Cette montagne est à présent nommée le Mont Vesuve, & on y remarque encore aujourd'hui des traces de son ancien embrasement. Les Geans ayant appris qu'Hercule étoit entré dans leur pays s'assemblérent & marchérent contre lui en ordre de bataille. Comme ils étoient forts & vaillans, le combat fut très-rude. Mais enfin Hercule remporta la victoire, avec le secours des Dieux qui l'aidérent dans ce combat. Il tua plusieurs de ses ennemis, & remit la tranquillité dans le pays. Les Géans ont passé pour fils de la terre à cause de leur prodigieuse grandeur. Voilà ce que racontent plusieurs Mytholo-

Il parcourt les côtes de l'Italie.

gistes suivis de Timæe(1), sur la défaite des Géans à Phlegre. Hercule ayant quitté ce pays, continua son chemin le long des côtes de la Mer. Il fit plusieurs ouvrages sur le lac d'Averne qui étoit consacré à Proserpine. Ce lac est situé entre Misene & Dicearche, auprès des eaux chaudes. Il a environ cinq stades de tour, & il est d'une profondeur extraordinaire. De-là vient que ses eaux d'ailleurs très-pures paroissent toutes bleues. On dit qu'il y avoit autrefois en cet endroit un Oracle rendu par les morts: mais à present il est entièrement aboli. Ce lac se déchargeoit auparavant dans la mer: mais Hercule ferma le canal de communication, & pratiqua le long des côtes de la mer un chemin qui s'appelle encore aujourd'hui le chemin d'Hercule. Il entra ensuite dans la Posidonie, & il trouva sur sa route une pierre

---

(1) Timæe de Sicile a vécu du tems d'Agathocle, & de Ptolémée Philadelphe. Il avoit écrit l'histoire de la Sicile, de l'Italie & de la Gréce, avec beaucoup d'éloquence, suivant le témoignage de Cicéron. de Orat. Longin n'en a pas parlé tout-à-fait si avantageusement, & il l'accuse en particulier d'avoir trop de penchant à la critique. Diodore lui fait le même reproche à l'entrée du Livre suivant.

posée en mémoire d'une avanture singuliére. Un fameux Chasseur de ce Pays s'étoit fait une loi dès ses premieres années de consacrer à Diane la tête & les pieds de tous les animaux qu'il avoit pris à la chasse, & de les pendre à des arbres. Un jour s'étant rendu maître d'un sanglier extraordinairement grand, il méprisa la Déesse & dit qu'il ne lui consacreroit que la tête. Il joignit aussi-tôt l'effet aux paroles, & suspendit seulement la tête du sanglier à un arbre. Il faisoit alors fort chaud. Le chasseur s'étant endormi sur le midi, la tête du sanglier se détacha d'elle-même de l'arbre, & tombant sur lui pendant qu'il dormoit, le tua sur le champ. Au reste il ne faut pas s'étonner de cette punition, puisque l'on nous raconte que Diane s'est vengée ainsi plus d'une fois des impies. Il arriva le contraire à Hercule à cause de sa piété. Car étant venu sur les confins du pays de Rhege & de la Locride, & la fatigue d'un long chemin le contraignant de se reposer; on dit qu'il pria les Dieux d'éloigner de lui une grande quantité de cigales qui le tourmentoient: les Dieux exaucérent sa priere : & non-seulement elles s'écartérent pour lors; mais on n'en a jamais vû depuis dans ce canton.

Hercule traverse le bras de mer qui sépare l'Italie de la Sicile, pour entrer dans cette Isle.

HERCULE étant ensuite arrivé dans un endroit de l'Italie qui n'est séparé de la Sicile que par un bras de mer fort étroit, fit passer ses vaches à la nage dans cette Isle. Pour lui s'étant pris aux cornes d'un Taureau, il traversa toute la largeur de ce détroit, qui, comme le dit Timée, est de treize stades. Voulant ensuite faire le tour de la Sicile, il alla du Cap Pelore jusqu'au Mont Eryx. Pendant qu'il marchoit le long des côtes de cette Isle, on dit que les Nymphes lui ouvrirent des bains d'eaux chaudes afin de le délasser. Il y a deux sources de ces eaux ; & les lieux où elles sont situées leur ont fait donner les noms d'Hemerée & d'Egestée. Quand Hercule fut entré dans les terres de la domination d'Eryx, ce Prince qui étoit fils de Venus & d'un Roi du pays appellé Buta l'envoya provoquer à la lutte. Les prix qu'ils se proposérent l'un à l'autre furent le sujet d'une dispute. Car Eryx ayant offert son Royaume pour prix de la victoire, Hercule lui proposa ses vaches. Eryx se fâcha d'abord de la comparaison qu'Hercule faisoit de ses vaches avec un Royaume. Mais Hercule lui ayant appris que s'il les perdoit il perdroit l'espérance de l'immortalité, Eryx accepta le parti: cependant il fut vaincu à la lutte & ses Etats demeurérent à Hercule, qui les remit entre les mains des habitans; & leur permit d'en recueillir les fruits, jusqu'à ce que quelqu'un de ses descendans vînt les redemander. Cela arriva dans la suite: Car Doriée le Lacédæmonien étant venu en Sicile long-tems après Hercule, on lui rendit ce pays & il y bâtit la ville d'Héraclée. Cette ville s'étant extrêmement accrue dans ses commencemens, les Carthaginois lui portérent envie. Ils craignirent qu'elle ne devînt un jour plus puissante que la leur, & qu'elle ne leur ôtât la supériorité qu'ils avoient sur les autres peuples. C'est pourquoi étant venus l'attaquer avec une puissante armée, & l'ayant prise de force ils la rasérent. Nous parlerons de cette guerre dans son (1)

(1) Dans quelqu'un des Livres qui se sont perdus entre le cinquiéme & le onziéme.

tems : Cependant Hercule fit le tour de la Sicile, & arriva enfin dans la ville qu'on appelle aujourd'hui Syracufe où il apprit l'hiftoire de Proferpine. Il offrit à cette Déeffe un magnifique facrifice ; & ayant immolé auprès de Cyane un de fes plus beaux Taureaux, il enfeigna aux habitans à faire tous les ans en l'honneur de Proferpine des fêtes & des affemblées folemnelles. S'étant enfuite avancé avec fes vaches dans le milieu des terres, les Sicaniens vinrent contre lui avec une forte armée ; mais il leur livra un grand combat & les vainquit. Plufieurs des ennemis y furent tuez, entre lefquels on dit qu'étoient Leucafpis, Pedicratès, Buphonas, Gaugatès, Cygæ & Crytidas, tous Capitaines fameux & à qui on a rendu les honneurs héroïques. Après cela étant entré dans le pays des Leontins il en admira la beauté. Comme ces peuples le reçurent avec une vénération extraordinaire, il réfolut de laiffer chez eux des monumens éternels de fon paffage. Il lui arriva quelque chofe de fingulier dans la ville des Agyrinæens. Car les habitans lui firent, dès fon vivant & en fa préfence des sacrifices comme à un Dieu, & ils solemnisèrent des fêtes en son honneur. Hercule n'avoit encore accepté aucun culte ; & celui des Agyrinæens fut le premier auquel il consentit comme à un signe que les Dieux lui donnoient de son immortalité prochaine. Non loin de cette ville est un chemin pierreux dans lequel les vaches d'Hercule imprimèrent leurs traces comme sur de la cire. Ce nouvel indice joint aux dix travaux qu'il avoit déja accomplis lui firent croire qu'il étoit actuellement immortel ; & il jugea qu'il pouvoit recevoir dès-lors les sacrifices anniversaires que les Agyrinæens avoient instituez en son honneur. Voulant ensuite marquer sa reconnoissance à un peuple qui lui avoit donné des preuves si particuliéres de son respect, il creusa devant cette ville un lac de quatre stades de tour qu'il appella de son nom. Il dédia au héros Geryon, dans l'endroit où ses vaches avoient imprimé leurs traces, un bois qui est encore en grande vénération parmi les Agyrinæens. Il en dédia un autre à Iolaüs son compagnon d'armes ; & il institua en son honneur des sacrifices que les habitans du pays célébrent encore aujourd'hui. Ceux qui demeurent dans la ville d'Agyre voüent leur chevelure à Iolaüs, & la cultivent soigneusement jusqu'à ce qu'ils soient en état de l'offrir à ce Dieu avec de grandes cérémonies. Son temple est si saint & si respectable, que ceux qui manquent d'y faire les sacrifices accoutumez perdent la voix & deviennent comme morts. Cependant ils sont rétablis dans leur premier état, dès qu'ils ont fait vœu de satisfaire à ce devoir, & qu'ils en ont donné les suretez convenables. Les Agyrinæens ont nommé Herculéenne la porte devant laquelle ils font leurs offrandes à Iolaüs. Ils célébrent sa fête tous les ans avec la même solemnité, par des exercices de lutte & par des courses de chevaux; & confondant alors les maîtres & les esclaves, ils les admettent aux mêmes danses, aux mêmes tables & aux mêmes sacrifices. Hercule étant repassé avec ses vaches en Italie, marcha le long du rivage de la mer. Il porta un coup mortel à Lacinius dans le moment qu'il lui déroboit ses vaches; & il tua par mégarde Croton auquel il dreſſa un mauſolée, après lui avoir fait des obſéques magnifiques. Il prédit aux habitans du pays qu'on verroit quelque jour dans cet endroit une ville fameuſe qui porteroit le nom du mort. Ayant enſuite fait à pied le tour de la mer Adriatique il entra dans le Peloponnéſe par l'Epire.

IL N'EUT pas plûtôt fini ſon dixiéme travail (1), qu'Euryſthée lui ordonna de tirer hors des enfers le Chien Cerbére. Dès qu'Hercule eut reçu cet ordre qu'il regarda comme glorieux pour lui, il prit le chemin d'Athénes. Là il ſe fit initier aux myſtéres d'Eleuſine dont Muſæ fils d'Orphée étoit chef alors. Puiſque nous venons de parler d'Orphée, il ſera, je crois, aſſez à propos d'en rapporter ici quelque choſe. Orphée Thrace de nation étoit fils d'Œagre. Son érudition, & ſon habileté dans la Poëſie & dans la Muſique l'ont mis au-deſſus de tous les hommes dont les noms ſont venus juſqu'à nous. En effet le Poëme (2) qu'il a compo-

Onziéme travail. Le Chien Cerbére.

(1) L'Auteur reprend ici les travaux d'Hercule, qu'il interrompt encore pour dire un mot d'Orphée.

(2) Celui qui porte aujourd'hui le nom de ce Poëte, & qui eſt intitulé les Argonautiques, paſſe pour ſuppoſé.

C v

fé eſt admirable non-ſeulement par la diſpoſition du ſujet, mais encore par la beauté & par la cadence des vers. Ses talens lui attirérent une ſi grande réputation qu'on croyoit qu'il avoit le don de charmer par ſa mélodie les bêtes féroces & les arbres mêmes. S'étant appliqué dès ſon enfance à l'étude de la Théologie & y ayant fait de grands progrès, il alla en Egypte où il acheva de ſe rendre profond dans cette ſcience : de telle ſorte qu'il fut le premier des Grecs dans la Théologie & dans la connoiſſance des ſacrez Myſtéres, auſſi-bien que dans la Poëſie & dans la Muſique. Orphée accompagna auſſi les Argonautes dans leur voyage, & il aima tant ſa femme qu'il eut la hardieſſe de l'aller chercher juſques dans les enfers. En effet ayant charmé Proſerpine par les ſons de ſa lyre, il obtint d'elle le privilége de ramener Eurydice qui venoit de mourir, & il la tira des Enfers à l'exemple de Bacchus. Car on dit que ce Dieu en avoit fait ſortir de même Semelé ſa mere, & que lui ayant fait part de l'immortalité il lui donna le nom de Thyoné. Mais revenons à Hercule. Ce Héros ainſi que le rapportent les Mythologistes, étant descendu dans les Enfers, fut reçû de Proserpine comme son frere, & elle lui permit même d'emmener avec lui Thesée & Pirithoüs qui y étoient retenus prisonniers. Ayant ensuite lié Cerbére avec des chaînes de fer, il le tira hors des enfers & le fit voir aux hommes.

Son dernier travail enfin étant d'apporter d'Afrique, les pommes d'or des Hespérides, Hercule prit une seconde fois par mer la route de ce pays. Les sentimens des Mythologistes sont fort partagez au sujet de ces pommes. Car les uns disent qu'il croissoit effectivement des pommes d'or en certains jardins d'Afrique qui appartenoient aux Hespérides; mais qu'elles étoient gardées par un épouvantable dragon qui veilloit sans cesse. D'autres prétendent que les Hespérides possedoient de si beaux troupeaux de brebis, que par une licence poëtique on leur avoit donné le surnom de dorées, comme on l'avoit donné à Venus à cause de sa beauté. Quelques-uns enfin ont écrit que ces brebis étoient d'une couleur particuliére qui tiroit sur l'or. Ces

Douziéme & dernier travail d'Hercule. Les Pommes d'or des Hespérides.

derniers ajoûtent même que par le dragon il faut entendre le Pasteur qui gardoit ces brebis, homme très-fort & très-courageux, & qui avoit coutume de mettre à mort tous ceux qui entreprenoient de lui ravir quelques piéces de son troupeau. Mais nous laissons au Lecteur la liberté de croire tout ce qu'il voudra là-dessus. Ce qu'il y a de certain c'est qu'Hercule ayant tué le gardien de ces brebis ou de ces pommes, il les apporta à Eurysthée; & qu'ayant accompli ses douze travaux il se tint assuré d'avoir l'immortalité pour sa récompense, ainsi que le lui avoit promis l'Oracle d'Apollon.

VII.
Atlas & les Hespérides.

Il ne faut cependant point omettre ce que les Mythologistes racontent d'Atlas & des Hespérides. Ils disent que dans le pays appellé Hesperitis vivoient autrefois Atlas & Hesperus tous deux freres & tous deux très-fameux (1); qu'Hesperus étant devenu pere d'une fille nommée Hesperis, la donna en mariage à son frere Atlas, & que ce fut de cette fille que le pays d'Hespéritis avoit pris son

---

(1) Je supprime ici la circonstance des brebis dorées répétée de l'Article précédent.

LIVRE IV.

nom. Atlas eut d'Hefperis fept filles qui furent appellées Atlantides du nom de leur pere, ou Hefpérides de celui de leur mere. Comme elles étoient d'une beauté & d'une fagefle peu communes : on dit que fur leur réputation Bufiris Roi d'Égypte conçut le deffein de s'en rendre le maître ; & qu'il commanda à des Pirates (1) d'entrer dans leur pays, de les enlever & de les lui amener. Ces pirates ayant trouvé dans leur jardin les filles d'Atlas qui s'y divertiffoient, fe faifirent d'elles ; & s'étant enfuis au plus vîte dans leurs vaiffeaux ils les embarquérent avec eux. Mais Hercule les ayant furpris pendant le tems qu'ils mangeoient près du rivage ; & ayant appris de ces jeunes vierges le malheur qui leur étoit arrivé, il tua tous leurs raviffeurs, & rendit enfuite les Atlantides à leur pere Atlas. Ce Prince reconnoiffant donna non-feulement à Hercule les pommes qu'il étoit venu chercher ; mais

---

(1) Ici je fupprime la répétition du combat d'Antée dont il eft parlé ci-deffus à l'occafion du dixiéme travail ; & je renvoye à la fin de l'hiftoire préfente des Atlantides, la punition de Bufiris, & la guerre contre Emathion, qui me paroiffent toutes deux mal placées dans le texte.

aussi il lui apprit à fond l'Astronomie. Atlas avoit étudié cette science avec beaucoup d'assiduité & d'application, & il y étoit devenu très-savant. Il avoit même construit avec un grand art une sphére céleste; & c'est pour cette raison qu'on a cru qu'il portoit le monde sur ses épaules. Comme Hercule fut le premier qui apporta en Gréce la science de la sphére, il acquit aussi une très-grande gloire; & l'on feignit à ce propos qu'Atlas s'étoit reposé sur lui du fardeau du monde ; les hommes racontant d'une maniére fabuleuse un fait véritablement arrivé. Etant venu de-là en Egypte, il fit mourir le Roi Busiris qui *outre l'injure qu'il avoit faite aux Atlantides* sacrifioit, dit-on, à Jupiter les Etrangers qui abordoient en ses Etats. Ensuite remontant par le Nil jusqu'en Ethiopie, il tua Hemation Roi de ce pays, qui lui avoit déclaré la guerre.

Guerre incidente des Amazones d'Asie.

PENDANT qu'Hercule étoit occupé à son douziéme travail; on dit que le reste de la nation des Amazones s'étant rassemblé sur le Thermodoon, elles résolurent de se venger sur les Grecs des pertes qu'elles avoient esfuyées dans la guerre qu'elles eurent contre Hercule. Elles en vouloient sur tout aux Athéniens, parce qu'Antiope Reine des Amazones, que quelques-uns nomment Hippolyte, étoit retenue en esclavage par Thesée. s'étant donc alliées avec les Scythes elles mirent sur pied une armée nombreuse. Ces troupes conduites par les Amazones ayant d'abord traversé le Bosphore Cimmérien, se rendirent dans la Thrace. Elles traversérent encore une grande partie de l'Europe; & étant entrées dans le pays d'Attique, elles campérent dans un endroit qu'on appelle encore à présent le camp des Amazones. Thésée ayant appris leur marche, alla au-devant d'elles avec une armée composée toute entiére de ses Citoyens. Il mena aussi avec lui l'Amazone Antiope, dont il avoit eu un fils nommé Hippolyte. Le signal étant donné, les Athéniens combattirent si vigoureusement qu'ils taillérent en piéces la plus grande partie des Amazones, & chassérent tout le reste hors de l'Attique. Antiope armée elle-même pour la cause de Thésée son mari, finit sa vie d'une maniére héroïque. Celles des Amazones qui échapérent de ce combat s'en retournérent avec les Scythes dans la Scythie ; & deſeſperant de rétablir leur patrie elles ſe réſolurent d'habiter avec eux. Mais c'eſt aſſez parlé des Amazones, & il faut reprendre l'Hiſtoire d'Hercule.

VIII. *Les Theſpiades fils d'Hercule conduits par Iolaüs ſon neveu.*

APRE's qu'il eut fini ſes douze travaux, un Oracle lui dit qu'avant qu'il fût reçu au nombre des Dieux, il falloit qu'il envoyât une colonie en Sardaigne ſous la conduite des fils qu'il avoit eu des Theſpiades. Mais comme ils étoient fort jeunes, Hercule jugea à propos de mettre à leur tête Iolaüs ſon neveu. Il eſt, je croi, néceſſaire de rapporter ici l'Hiſtoire de la naiſſance de ces enfans, pour parler avec plus de ſuite de la colonie qu'ils conduiſirent en Sardaigne. Theſpis d'une des meilleures familles d'Athénes fils d'Erecthée, & Roi d'un pays qui portoit ſon nom, avoit eu cinquantes filles de pluſieurs femmes. Hercule étoit alors fort jeune, & d'une force de corps prodigieuſe; ce qui fit ſouhaiter à Theſpis que ſes filles puſſent avoir des enfans de lui. L'ayant donc invité à un ſacrifice, & lui ayant fait enſuite un feſtin magnifique; il le donna pour mari à toutes ses filles. Hercule par ce moyen devint pere de cinquante enfans, qu'on appella en général Thespiades comme leurs meres. Quand ils furent parvenus à l'adolescence, Hercule les envoya en Sardaigne suivant l'ordre de l'Oracle. Comme Iolaüs l'avoit accompagné dans toutes ses expéditions, il lui confia les Thespiades, & le déclara chef de la colonie. De ces cinquante enfans d'Hercule, il n'en resta que deux à Thébes; & leur postérité y est encore aujourd'hui dans une grande considération. Il en resta aussi sept autres à Thespies qui y gouvernérent; & l'on dit que leurs descendans y étoient encore les maîtres dans ces derniers tems. Tous les autres s'étant rassemblez sous la conduite d'Iolaüs firent voile en Sardaigne avec ceux qui voulurent se joindre à eux. Iolaüs ayant défait les Insulaires, choisit pour séjour le plus bel endroit de toute l'Isle, & sur tout une vallée qui retient encore aujourd'hui son nom. Ayant ensuite défriché cette contrée, il y planta quantité d'arbres fruitiers & la rendit si fertile qu'elle fut dans la suite le sujet de plusieurs guerres. Les Carthaginois sur tout dès qu'ils furent devenus puissans, donnèrent plusieurs batailles & coururent plusieurs dangers par l'envie extrême qu'ils avoient de la joindre à leur domination. C'est de quoi nous parlerons en son lieu(1). Cependant Iolaüs ayant établi sa colonie fit venir Dædale de Sicile, pour exécuter plusieurs grands ouvrages qui subsistent encore aujourd'hui, & qui s'appellent Dædaliens du nom de celui qui les a faits. Ce sont, par exemple, de vastes bâtimens propres à toutes sortes d'exercices, des Tribunaux magnifiques, en un mot tout ce qui peut embellir le séjour d'une Province. Les Thespiades permirent même à leur conducteur de donner son nom à cette colonie, & ils lui déférérent cet honneur comme à leur pere ; car il avoit mérité ce nom par l'amitié qu'il leur portoit. De-là vient que dans ces derniers tems ceux qui font des sacrifices au Dieu Iolaüs lui donnent le nom de pere, à l'exemple des Perses qui appellent ainsi Cyrus. Cepen-

---

(1) Dans quelqu'un des Livres perdus entre le cinquiéme & le onziéme.

dant Iolaüs voulant retourner en Gréce, prit le chemin de la Sicile, où il demeura un aſſez long eſpace de tems. Quelques-uns de ceux qui l'accompagnoient, charmez de la beauté de cette Iſle, réſolurent de s'y établir; & s'y étant mêlez avec les Sicaniens ils s'attirérent beaucoup d'eſtime de la part de ces peuples. Pour Iolaüs ayant répandu ſes bienfaits en divers lieux, il acquit non-ſeulement une très-grande gloire; mais on lui rendit en pluſieurs villes les honneurs dûs aux Heros, & on lui conſacra pluſieurs bois. Il arriva au reſte une choſe aſſez ſinguliére à la colonie des Theſpiades. Un Dieu leur prédit que non-ſeulement les ſujets vivans de cette colonie, mais auſſi leurs deſcendans jouiroient à jamais de la liberté; & cet Oracle s'eſt trouvé vrai juſqu'à ce jour. Car des barbares s'étant mêlez par la ſuite des tems avec cette colonie; les uns & les autres devinrent une eſpéce de ſauvages: ils allérent demeurer enſemble ſur des montagnes & dans des lieux de très-difficile accès. D'ailleurs ne ſe nourriſſant que de la chair & du lait de leurs troupeaux qu'ils entretiennent avec soin, & en grand nombre, ils ne manquent jamais de vivres. Enfin comme leurs habitations sont cachées dans des rochers escarpez, ils évitent aisément les périls de la guerre. C'est pourquoi les Carthaginois, & ensuite les Romains, les ayant attaquez plusieurs fois n'ont jamais réussi dans leur entreprise. Je croi qu'en voilà assez au sujet d'Iolaüs, des Thespiades & de la colonie qu'ils conduisirent en Sardaigne; retournons pour la troisiéme fois à l'histoire d'Hercule.

IX.
Suite de l'histoire d'Hercule.

APRE's qu'Hercule eut achevé ses douze travaux, il ceda à Iolaüs Megare sa femme, dont les enfans avoient eu un sort si funeste : & il espéra qu'une autre lui en donneroit de plus heureux. Il demanda Iolé fille d'Euryte Roi d'Œchalie. Mais ce Prince ayant appris l'infortune de Megare demanda du tems pour se déterminer. Hercule qui prit cette réponse pour un refus, emmena secrettement pour se venger, les chevaux d'Euryte. Iphitus fils de ce Prince soupçonnant Hercule d'avoir dérobé ces chevaux, & étant allé les chercher dans Tirynthe, Hercule le fit monter sur une tour fort haute, & lui permit de porter ses regards de tous côtez pour voir s'il les découvriroit. Mais Iphitus ne les appercevant point ; il lui dit que c'étoit à tort & faussement qu'on l'accusoit de les avoir dérobez, & là-dessus il le jetta du haut de la tour en bas. Sur ces entrefaites étant tombé malade en punition de ce meurtre, il s'en alla à Pyle chez le Roi Nelée & le pria de l'expier. Nelée ayant consulté ses enfans ; tous, à l'exception du seul Nestor qui étoit le plus jeune, furent d'avis qu'on refusât cette expiation. Hercule prit le parti d'aller chez Deiphobe fils d'Hippolyte, pour le prier de la lui donner : mais on en fit inutilement la cérémonie, & sa maladie ne le quitta point. Il alla donc enfin consulter l'Oracle d'Apollon sur ce qu'il devoit faire pour recouvrer la santé. L'Oracle lui répondit que s'il vouloit être guéri il falloit qu'on le vendît publiquement, & qu'on donnât le prix de sa vente aux enfans d'Iphitus. La durée de sa maladie l'ayant obligé d'obéir à cet Oracle, il prit avec quelques-uns de ses amis le chemin de l'Asie. Quand il fut arrivé dans ce pays, il se laissa vendre volontairement par un de ses amis; & il devint esclave d'Omphale fille de Jardanus & Reine des Lydiens, peuples qu'on appelloit alors les Mæoniens. Celui qui l'avoit vendu remit ensuite aux enfans d'Iphitus, selon le commandement de l'Oracle, l'argent provenu de la vente d'Hercule. Ce Heros cependant ayant recouvré la santé & demeurant esclave de la Reine Omphale, entreprit de punir tous les voleurs qui infestoient cette contrée.

La Reine Omphale.

Il tua d'abord une partie des Cercopes fameux brigands, qui faisoient beaucoup de ravage, & il amena le reste enchaîné aux pieds de la Reine. Il fit aussi mourir d'un coup de bêche Sylée qui enlevoit tous les étrangers qui voyageoient de ce côté-là, & les obligeoit de travailler à ses vignes. Il reprit sur les Itons les vols qu'ils avoient faits en plusieurs contrées, qui appartenoient à Omphale; il démolit la Ville dans laquelle ils se retiroient, & il les fit tous prisonniers. Omphale voyant les exploits d'Hercule, & ayant appris qui il étoit, & de qui il étoit forti, eut sa vertu en admiration, le remit en liberté & l'épousa. Elle en eut un fils qui fut nommé Lamon. Hercule avoit aussi eu d'une des compagnes de son esclavage, un fils appellé Cleolaüs. Etant ensuite retourné dans le Peloponnese, il alla combattre Laomedon Roi de Troye. Le sujet de cette guerre fut qu'Hercule s'étant joint à Jason pour la conquête de la Toison d'or; Laomedon lui manqua de parole au sujet des chevaux qu'il lui avoit promis, à condition qu'il le deferoit d'un monstre marin. Nous en parlerons plus bas dans l'histoire des Argonautes (1). Cependant l'expédition de la Toison d'or n'ayant pas laissé à Hercule le tems de se venger, il en trouva enfin l'occasion.

QUELQUES-UNS disent qu'il partit pour la guerre de Troye avec dix-huit grands vaisseaux. Mais selon le temoignage d'Homere il n'en avoit que six. C'est Tlepoleme qui parle dans l'Iliade (2).

Il punit Laomédon

Tel, d'un commun aveu, fut Hercule mon
  Pere;

(1) Article 11. | (2) Iliad. 5. vers 638.

De cent monstres divers intrépide vainqueur,
Et qui des fiers lions eut la force & le cœur,
Du Roi Laomédon la promesse parjure
L'amena sur ces bords, pour venger son injure :
Suivi de six vaisseaux, foible appui pour son bras,
Dans le sein d'Ilion il porta le trépas.

Hercule étant arrivé dans la Troade prit avec lui les plus braves de ses compagnons, & vint entourer les murailles de la Ville. Il confia à Oiclée fils d'Antiphatès (1) la garde de ses vaisseaux. Cependant Laomedon à qui cette attaque imprévuë n'avoit pas permis de lever beaucoup de troupes, ayant ramassé des Soldats tels qu'il put les rencontrer, alla droit aux vaisseaux d'Hercule : espérant que s'il les pouvoit brûler, il mettroit fin à la guerre. Oiclée vint à sa rencontre : mais celui-ci ayant été tué dans le combat, ceux qui l'avoient suivi s'enfuirent dans leurs vaisseaux, & prirent le

(1) Le texte dit Amphiaraus. Mais Palmerius avertit qu'Oiclée fut Pere d'Amphiaraus, au lieu d'être son fils. On le verra plus bas dans le texte de ce même Livre, article 15.

large

large au plus vîte. Laomedon qui revenoit fur fes pas étant tombé fur les foldats d'Hercule qui affiegeoient Troye, fut tué dans la mêlée avec plufieurs de fes Citoyens. Hercule prit enfuite la Ville d'affaut, & ayant fait paffer au fil de l'épée tous les Habitans qui fe mettoient en défenfe, il rendit juftice à Priam en lui donnant le Royaume de Troye. Car il avoit été le feul des enfans de Laomedon qui s'oppofant aux mauvais confeils de fes freres, eut été d'avis de remettre à Hercule les chevaux qu'on lui avoit promis. Ce Héros recompenfa auffi Telamon d'une maniére fort honorable en lui donnant Héfione fille de Laomedon. Il étoit entré le premier dans Troye par l'endroit le plus fort de la Citadelle, auquel Hercule s'étoit d'abord attaché. Ce Héros étant de retour dans le Péloponnefe déclara la guerre à Augée (1) qui l'avoit auffi fruftré de la recompenfe à laquelle il s'étoit engagé. Il donna une bataille aux Eliens, mais la laiffant indécife, il s'en alla à Olenus chez Dexaméne (2). Hippolyte

(1) Le même dont il avoit nettoyé les étables, 4. travail, ci-deffus.
(2) Je fuis ici la cor-

fille de ce dernier venoit d'être mariée à Axan. Hercule ayant été prié du festin des nôces tua le Centaure Eurytion qui vouloit forcer la mariée. Etant ensuite revenu à Tirynthe, Eurysthée lui commanda d'en sortir, lui, Alcmene, Iphicle, & Iolaüs, sous prétexte qu'ils avoient fait complot de lui enlever son Royaume. Ils furent donc obligez de s'exiler de Tirynthe ; & Hercule se retira dans l'Arcadie chez Phénée. Là ayant appris que les Eliens avoient envoyé plusieurs de leurs gens au détroit, pour y célébrer une fête de Neptune, & qu'Euryte neveu (1) d'Augée étoit le conducteur de cette troupe ; il l'alla attaquer à l'improviste, & le tua auprès de Cleones, dans l'endroit même où l'on a depuis élevé un temple en l'honneur d'Hercule. Il mena ensuite son armée contre la Ville d'Elis, & il tua le Roi Augée. s'étant après cela rendu maître de la Ville, il rappella d'exil Phylée fils de ce Prince, & lui

r..tion de Palmerius qui écrit πρὸς Διξάρχω en faisant un nom propre des quatre dernieres syllabes, qui ne font qu'un mot avec la préposition πρὸς dans le texte.

(1) En suivant le texte il faudroit traduire *fils d'Augée* : mais Palmerius remarque qu'Euryte fils d'Actor frere d'Augée n'étoit par conséquent que le neveu de celui-ci.

mit la couronne sur la tête. Phylée avoit été exilé par son pere, parce qu'ayant été choisi pour arbitre entre lui & Hercule, au sujet du salaire dont ils étoient convenus ensemble, il avoit donné gain de cause à Hercule. Ce fut aussi dans ce tems-là qu'Hippocoon exila de Sparte, son frere Tyndare; & que les enfans d'Hippocoon, qui étoient au nombre de vingt, tuérent Hyjon fils de Licymnius ami d'Hercule. Ce Héros indigné de ce meurtre mena son armée contre les enfans d'Hippocoon: il remporta sur eux une victoire complete; & ayant pris d'emblée la Ville de Sparte, il en fit Roi Tyndare pere des Dioscures. Mais comme il avoit conquis ce Royaume à la pointe de l'épée, il ne le lui ceda qu'à condition de le remettre un jour à ses héritiers qui viendroient le lui redemander. Il n'en couta à Hercule dans cette bataille que fort peu de gens entre lesquels étoient Iphicle & dix-sept enfans de Céphée: Car de vingt qu'ils étoient, il ne s'en sauva que trois. Les ennemis perdirent Hippocoon, dix de ses enfans, & un grand nombre de Spartiates.

CETTE guerre finie, Hercule prit *Son amour pour Augé*

dont il eut pour fils Télephe.

le chemin d'Arcadie. Il alla loger chez le Roi Alée ; mais ayant eu un commerce secret avec Augé fille de ce Roi, il partit pour Stymphale. Cependant Alée ignoroit entiérement ce qui étoit arrivé à sa fille, lorsque son ventre venant à enfler découvrit sa honte. Alée lui ayant demandé qui étoit celui qui l'avoit corrompue, elle lui répondit qu'elle avoit été violée par Hercule. Mais lui n'ajoutant aucune foi à ce qu'elle lui disoit, ordonna à un de ses plus fidéles serviteurs appellé Nauplius de la prendre & de la noyer. Pendant qu'on la conduisoit à Nauplie, & qu'elle traversoit le Mont Parthénien, elle se sentit si vivement pressée des douleurs de l'enfantement, qu'elle fut contrainte de se retirer dans la forêt voisine. Là étant accouchée d'un enfant mâle, elle le laissa caché sous un buisson. Elle continua ensuite sa route avec Nauplius, & arriva enfin à Nauplie, port de mer de l'Argolide, où elle conserva sa vie d'une maniére qu'elle n'auroit jamais osé espérer. Car Nauplius n'ayant pas jugé à propos de la noyer, suivant les ordres qu'il en avoit reçus, la donna à des Cariens

LIVRE IV. 77

à condition qu'ils la feroient passer en Asie. Ceux-ci l'y ayant menée la vendirent à Theutras Roi de la Mysie. Cependant l'enfant qu'Augé avoit laissé sur le Mont Parthenien fut trouvé tettant une biche, par quelques bergers du Roi Corytus, qui l'apportérent à leur maître. Ce Roi reçut ce jeune enfant avec plaisir, l'éleva comme son propre fils, & lui donna le nom de Telephe (1), à cause qu'il avoit été nourri par une biche. Quand il fut devenu grand, poussé du désir de sçavoir qui étoit sa mere, il alla consulter l'Oracle de Delphes, qui lui ordonna de se rendre en Asie chez le Roi Theutras. Télephe ayant trouvé sa mere, & connu qui étoit son pere, s'acquit une très-grande réputation. Theutras même qui n'avoit point d'enfans mâles lui donna en mariage sa fille Argione, & le déclara son successeur à la Couronne. Sur ces entrefaites Hercule qui avoit demeuré cinq ans chez Phénée portant impatiemment la mort d'Hyjon fils de Licymnius, & celle de son frere Iphicle (2), se bannit volontaire-

(1) D'ἔλαφος, Cerf.
(2) Iphicle fils d'Amphitrion & d'Alcmene.

ment de l'Arcadie, & de tout le Péloponnese. Il s'en alla à Calydon Ville d'Etolie suivi de plusieurs Arcadiens, & il s'y arrêta. Comme il n'avoit ni femme, ni enfans légitimes, il épousa après la mort de Meleagre, Déjanire fille d'Œnée. Je croi qu'il ne sera pas hors de propos de rapporter en passant ce qui arriva à Meleagre.

Digression au sujet de Mélèagre.

ŒNE'E ayant recueilli une grande abondance de blé, fit des sacrifices à tous les Dieux, excepté à Diane qu'il négligea. La Déesse irritée envoya à Calydon un Sanglier que sa grandeur surprenante a rendu fameux. Ce sanglier ravageant toutes les campagnes voisines & dévorant tous les bestiaux ; Meleagre fils d'Œnée qui étoit alors à la fleur de son âge, & doué d'une force & d'un courage extraordinaire, assembla plusieurs jeunes gens pour aller à la chasse de cet animal. Comme ce fut lui qui le blessa le premier de son dard, tous les autres chasseurs lui déférérent d'un commun consentement le prix de la chasse, qui étoit la peau de cet animal. Meleagre amoureux d'Atalante fille de Schœnée qui assistoit à cette chasse, lui fit présent de cette peau, comme si elle avoit mérité le prix. Cependant ses oncles, enfans de Thestius, qui en étoient aussi, indignez de ce que Meleagre sans avoir aucun égard à la parenté qui étoit entr'eux, leur avoit préféré une étrangère, regardérent comme une injustice le don qu'il lui avoit fait. Ils résolurent même d'attendre cette Princesse sur le chemin. En effet, l'ayant attaquée lorsqu'elle s'en retournoit en Arcadie, ils lui enlevérent la peau du sanglier. Meleagre desolé de l'affront qu'on avoit fait à sa maitresse, courut à son secours. D'abord il pria ses oncles, freres d'Althée sa mere, de rendre à Atalante le prix qu'ils lui avoient arraché. Mais ensuite voyant qu'ils n'en faisoient rien, il les tua. Althée que le meurtre de ses freres avoit mise au desespoir pria les Dieux de faire mourir Meleagre, & on dit qu'ils exaucérent sa priere. Quelques Auteurs prétendent pourtant qu'à la naissance de Meleagre, les Parques apparurent en songe à Althée sa mere ; & lui déclarérent que son fils ne mourroit que quand un tison qui étoit au feu seroit consumé : Qu'Althée croyant que le salut de son fils dépendoit de ce tison, le conserva avec soin : qu'ensuite irritée du meurtre de ses freres, elle le remit au feu, & fut ainsi la cause de la mort de Méleagre. Mais ce qu'il y a de certain, c'est qu'étant au desespoir de tout ce qui étoit arrivé elle se pendit. Sur ces entrefaites Hipponoüs de la ville d'Olene irrité contre sa fille Peribæe qui se disoit grosse du fait du Dieu Mars, l'envoya en Ætolie chez Œnée, en le chargeant de la faire mourir. Mais Œnée qui venoit de perdre par un évenement si triste son fils & sa femme ne voulut point faire mourir Peribæe ; au contraire l'ayant épousée il en eut un fils appellé Tydée. Voilà ce que nous avions à dire de Méleagre, d'Althée & d'Œnée.

X.
Suite & fin de la vie d'Hercule.

HERCULE pour rendre service aux Calydoniens, détourna le fleuve Acheloüs, & l'ayant fait passer dans le nouveau lit qu'il avoit creusé lui-même, il mit à sec une vaste étendue de terre qui autrefois couverte, & maintenant arrosée par les eaux de ce fleuve, est devenue très-fertile. C'est ce qui a donné lieu aux Poëtes de feindre qu'Hercule se battit contre le fleuve Acheloüs changé en Taureau ; que dans ce combat il lui cassa une corne, dont il fit présent aux Ætoliens ; & que cette corne fut appellée la corne d'Amalthée. Ils ajoûtent qu'elle renferme tous les fruits d'Automne, comme des raisins, des pommes & des oranges. Mais le but de cette fable est de représenter par la corne le nouveau canal de l'Acheloüs ; & par les raisins, les pommes & les oranges, la fertilité de la contrée voisine du fleuve & la multitude infinie des arbres fruitiers qui y naissent. D'autres cependant croyent que la corne d'Amalthée signifie l'ardeur & la persévérance du travail que demande la culture de la terre. Hercule combattit ensuite pour les Galydoniens contre les Thesprotes. Il se rendit maître par force de la ville d'Ephyre & tua de sa propre main Phylée Roi de ces peuples. La fille même de ce Prince fut amenée prisonniére. Hercule ayant eu commerce avec elle en eut un fils appellé Tlepoléme. Trois ans après son mariage avec Déjanire ; ce Héros dînant avec Œnée, & étant servi à table par Eurynome fils d'Architele à peine alors sorti de l'enfance, ce jeune

D. v.

homme fit une faute en servant. Hercule le tua quoiqu'involontairement en lui donnant un coup de poing. Cet accident l'affligea beaucoup, & il s'exila lui-même de la ville de Calydon. Prenant avec lui Déjanire sa femme & leur fils Hyllus qui n'étoit alors qu'un enfant, ils arrivérent ensemble au bord du fleuve Evénus. Ils trouvérent-là le Centaure Nessus, qui moyennant un certain salaire transportoit d'un côté du fleuve à l'autre ceux qui avoient envie de le traverser. Ce Centaure ayant d'abord pris Déjanire pour la faire passer de l'autre côté du fleuve, fut frappé de sa beauté & entreprit de lui faire violence. Déjanire implora en criant le secours de son mari. Hercule lança un trait contre le Centaure qui se sentant blessé à mort dit à Déjanire, qu'il vouloit lui laisser un Philtre dont la propriété seroit de faire qu'Hercule n'aimât plus aucune autre femme qu'elle : Que pour cet effet il falloit qu'elle mêlât l'huile qu'il lui donnoit avec le sang qui découloit de la pointe de la fléche, & qu'elle en frottât la tunique d'Hercule. Il expira dès qu'il eut donné cet avis à Déjanire :

Cette femme recueillit dans un vase ce prétendu Philtre & le garda à l'insçu de son mari. Cependant Hercule traversant le fleuve se rendit chez Ceïx Roi des Trachiniens, où il alla loger, menant toujours à sa suite un grand nombre d'Arcadiens. Sur ces entrefaites Phylas Roi des Dryopes ayant commis des impiétez dans le temple de Delphes; Hercule se mit à la tête des Méliens, tua le Roi des Dryopes, & chassa ses sujets de leur pays qu'il abandonna ensuite aux Méliens. Il fit prisonniére la fille de Phylas, & il en eut un fils appellé Antiochus. Il avoit aussi eu depuis la naissance d'Hyllus deux autres enfans de Déjanire, sçavoir Gynée & Oditès. Entre les Dryopes quelques-uns se retirérent dans l'Eubée & y bâtirent la ville de Caryste: quelques autres étant passez dans l'Isle de Chypre s'y établirent avec les habitans du pays. Le reste se réfugia chez Eurysthée, qui les reçut favorablement en haine d'Hercule: & ce fut par le secours de ce Roi qu'ils bâtirent trois villes dans le Péloponnése, savoir Asine, Hermione & Eïone. Quelque tems après le malheur des Dryopes, la guerre s'alluma entre les Doriens qui habitent Hestræotis & qui étoient alors gouvernez par le Roi Ægimius, & les Lapithes habitans du mont Parnasse, qui avoient pour Roi Coronus fils de Phoronée. Comme l'armée des Lapithes étoit beaucoup plus nombreuse que celle des Doriens, ceux-ci eurent recours à Hercule. Ils lui offrirent la troisiéme partie de leur pays & de leur Royaume, à condition qu'il les aideroit dans cette guerre. Ayant obtenu leur demande, ils marchérent tous ensemble contre les Lapithes. Hercule se mit à la tête des Arcadiens qui l'accompagnoient dans toutes ses expéditions, il battit les Lapithes, tua leur Roi Coronus; & ayant laissé un grand nombre de soldats sur la place, il les obligea de relâcher aux Doriens le pays qu'ils leur contestoient. Hercule remit à Ægimius le tiers de la Doride qu'on étoit convenu de lui céder, à condition de le rendre à ceux de ses héritiers qui le lui viendroient redemander. Pendant qu'il s'en retournoit à Trachine, il tua en chemin Cygnus fils de Mars qui l'avoit appellé à un combat singulier : Etant ensuite sorti de la ville d'Itone, comme il traverſoit la Pélaſgiotide, il alla à la rencontre du Roi Ormenius, & lui demanda en mariage Aſtydamie ſa fille. Mais Hercule ayant été refuſé, parce qu'Ormenius ſçavoit qu'il étoit marié à Déjanire fille d'Œnée, lui déclara la guerre; il prit ſa ville, & fit enfin mourir ce Prince qu'il n'avoit pu perſuader: Se rendant maître par droit de conquête de la perſonne d'Aſtydamie, il en eut un fils nommé Cteſippe. Après cette expédition il mena ſon armée dans l'Œchalie contre les enfans d'Eurytus, pour ſe venger de ce qu'on lui avoit refuſé Iole qu'il avoit demandée en mariage. Les Arcadiens l'ayant encore accompagné dans cette guerre, il emporta la ville, & il fit paſſer au fil de l'épée Toxée, Molion, & Pytius fils d'Eurytus. Il emmena avec lui ſur un Promontoire de l'Eubœe appellé Cenæe, Iole qu'il avoit fait priſonniére.

Hercule voulant offrir un ſacrifice dans cet endroit, envoya à Trachine vers Déjanire ſa femme un de ſes ſerviteurs appellé Lichas, pour lui aller chercher la tunique dont il avoit coutume de ſe revétir lors qu'il ſacri-

Déjanire ſa ſeconde femme, cauſe innocente de ſa mort.

fioit. Déjanire ayant appris par Lichas que son mari étoit éperdument amoureux d'Iole, & croyant le guérir de cette passion & le ramener à elle, frotta cette tunique du Philtre que le Centaure Nessus lui avoit donné pour se faire toujours aimer d'Hercule. Lichas ne sçachant rien de ce secret, prit des mains de Déjanire les vêtemens du sacrifice & les apporta à Hercule. Mais dès que ce Héros eut mis sur lui la tunique empoisonnée, la force du venin dont elle étoit imbibée venant à opérer fit une révolution étrange dans son corps. Car le fiel de l'hydre de Lerne (1) dans lequel la fléche d'Hercule avoit trempé & qui étoit passé dans la tunique, corrompit par sa chaleur toutes les chairs. Ainsi ce Héros souffrant des douleurs extraordinaires fit d'abord mourir Lichas auteur innocent de son mal. Il licentia ensuite son armée & revint demeurer à Trachine. Mais comme ses douleurs augmentoient toujours, il envoya à Delphes Licymnius & Iolaüs pour demander conseil à Apollon sur cette cruelle maladie. Dans cet intervalle Déjanire apprenant le malheur d'Hercule dont elle

---

(1) Voyez ci-dessus le second travail.

se voyoit la cause, se livra au desespoir & s'étrangla elle-même. L'Oracle répondit qu'il falloit qu'on portât Hercule avec un appareil de guerre jusque sur le mont Œta, que là on dressât auprès de lui un grand bucher; & que Jupiter auroit soin du reste. Iolaüs & ceux qui l'accompagnoient obéirent à ces ordres & se tenoient assez loin du bucher, attentifs à tout ce qui alloit arriver. Mais Hercule desespérant entiérement de sa guérison, monta sur le bucher, & appellant tous ceux qui l'avoient suivi il les conjuroit d'y mettre le feu. Personne n'osoit le faire, & il n'y eut que le seul Philoctete qui lui obéit. Hercule en récompense de ce service lui fit présent de ses fléches & de son arc. Dans le moment un coup de tonnerre fit paroître en flammes tout le bucher. Iolaüs & sa troupe étant venus bien-tôt après chercher ses os, & n'en ayant retrouvé aucun; ils crurent qu'Hercule avoit été fait Dieu conformément à tant d'Oracles, qui lui avoient promis cette récompense. Ce fut pour cette raison qu'ils lui offrirent des sacrifices, & qu'ils ne s'en retournérent à Trachine qu'après avoir élevé des espéces d'autels dans l'endroit où il avoit cessé de paroître parmi les hommes. Menœtius fils d'Actor & ami d'Hercule lui sacrifia un Taureau, un Sanglier & un Bouc; il ordonna qu'on lui offrît tous les ans dans la ville des Opuntiens ce même sacrifice institué pour les Héros. Les Thébains suivirent aussi cet exemple. Cependant les Athéniens ont été le premier peuple qui lui ait rendu les honneurs divins: Et l'exemple de cette piété fut cause que d'abord tous les peuples de la Gréce, & ensuite toutes les nations de la terre le reconnurent pour Dieu. Je dois ajoûter qu'après l'Apothéose d'Hercule, Jupiter persuada à Junon d'adopter Hercule pour son fils, & que cette Déesse eut toujours pour lui dans la suite l'amitié d'une véritable mere. On dit que cette adoption se fit en cette maniére. Junon monta d'abord sur son lit tenant Hercule caché sous ses habits; & ensuite afin de mieux imiter la nature, elle le laissa tomber sous elle. On prétend que les Barbares employent encore à présent cette cérémonie lors qu'ils veulent adopter quelqu'un. On ajoûte qu'Hercule étant devenu Dieu épousa Hebé ; & Homére paroît avoir été de ce sentiment lorsqu'il fait dire à Ulysse (1) dans la description (2) des Enfers ;

Je vis l'ombre d'Hercule ;
Car pour lui-même assis à la table des Dieux
L'hymen d'Hebé le rend encor plus glorieux.

Au reste Hercule ayant été choisi par Jupiter pour être l'un des douze Dieux ne voulut point recevoir cet honneur, de peur d'offenser celui d'entr'eux qu'il auroit fallu exclure pour lui donner sa place. Nous nous sommes beaucoup étendus sur l'histoire d'Hercule : mais aussi nous n'avons rien omis de ce que les Mythologistes ont dit de plus remarquable sur son sujet.

Je crois qu'il ne sera pas hors de propos de parler ici du voyage des

XI. De Jason & des Argonautes.

___

(1) Je crois que dans le texte, il devroit y avoir πιες ᾧ, au lieu de πιες ᾗ. Car il semble que ce soit Hebé & non Hercule, qu'Ulysse trouve dans les Enfers. J'ajoute aussi au Grec & au latin le nom d'Ulysse pour la clarté, & de plus le demi Vers d'Homére qui est essentiel à la citation. εισυμσα βιην Ηρακληειην, ειδωλον. L. 11. de l'Odyssée. Vers 600.

(2) Cet endroit de l'Odyssée s'appelloit chez les Grecs Νεκυία histoire des Morts.

Argonautes d'autant plus qu'Hercule les accompagna dans cette expédition. Jason étoit fils d'Æson & neveu de Pelias Roi des Thessaliens. Comme il surpassoit par la force de son corps & par le brillant de son esprit tous les hommes de son âge, il souhaitoit ardemment de faire quelque entreprise qui fît parler de lui dans tous les siécles. Il sçavoit que Persée & quelques autres s'étoient acquis une réputation immortelle par leurs exploits extraordinaires, & en portant la guerre loin de leur pays: Leur gloire le piqua d'émulation. Il communiqua son dessein au Roi Pelias qui y consentit aisément; non pas tant par l'envie qu'il eût que ce jeune homme s'acquît de l'honneur, que parce qu'il souhaitoit qu'il pérît en quelque rencontre dangereuse. Car comme Pelias n'avoit point d'enfans mâles, il craignoit que son frere ne le détrônât, en faveur & avec l'aide de son fils. Pour mieux cacher ses soupçons, Pelias offrit à son neveu de lui fournir une flote & tous les secours nécessaires pour aller jusqu'à Colchos enlever la toison d'or. Le Pont étoit alors habité par des Barbares extrêmement sauvages, & qui tuoient tous les Etrangers qui abordoient chez eux. C'est pour cette raison que les Grecs lui avoient donné le nom d'Axenos qui signifie inhospitalier. Cependant Jason qui n'aspiroit qu'à la gloire, prévoyoit bien les dangers de cette expédition : mais ne la jugeant pas impossible, il se flatoit de tirer un plus grand honneur d'un plus grand nombre de difficultez vaincues. Il fit d'abord construire au pié du mont Pelion un vaisseau qui surpassoit par sa grandeur & par son appareil tous ceux que l'on avoit vus jusqu'alors. Car avant ce tems-là on n'avoit navigé que dans des barques, ou de petits vaisseaux marchands. Mais la magnificence de ce vaisseau, & la hardiesse du motif qui l'avoit fait construire frappérent d'étonnement toute la Gréce, & inspirérent à tout ce qu'il y avoit de jeunes gens distinguez par leur naissance ou par leur valeur, un desir ardent d'accompagner Jason dans cette expédition. Pour lui, ayant lancé son vaisseau à l'eau, & l'ayant abondamment pourvû de tout ce qui étoit nécessaire pour étonner les Barbares ; il choisit les plus considérables d'entre ceux qui s'étoient offerts. Il n'en prit que cinquante-quatre, dont les plus fameux, outre Jason même auteur de l'entreprise, furent Castor, Pollux, Hercule, Telamon, Orphée, Atalante fille de Schœnée, & les fils de Thespius. Quelques Mythologistes disent que le Navire qu'ils montérent fut nommé Argo du nom de celui qui l'avoit construit, & qu'Argus s'embarqua aussi afin d'être toujours prêt à raccommoder le vaisseau s'il en avoit besoin dans la route. Mais quelques autres prétendent que ce nom n'a été donné à ce vaisseau que pour marquer sa grande vîtesse ; les anciens Grecs ayant exprimé le mot de prompt par celui d'Argos. Cependant les Argonautes s'étant assemblez choisirent Hercule pour leur Chef, croyant devoir cette déférence à son grand courage. Ils partirent enfin du port d'Iolcos ; & ils avoient déja passé le mont Athos & la Samothrace, lorsque la tempête les ayant surpris les jetta contre un Promontoire de la Troade appellé Sigée. Là ils firent une descente, & l'on dit qu'ils trouvérent sur le rivage de la mer, une fille qui y étoit liée, pour la raison que je vais dire.

NEPTUNE irrité contre Laomédon au sujet de la construction des murs de Troye (1) si célébre dans les fables, envoya un monstre marin qui emportoit tout d'un coup les habitans du rivage, & même les laboureurs des campagnes les plus voisines. La peste attaqua le peuple, & les arbres mêmes périrent. Toute la Nation s'étant assemblée pour chercher un reméde à tant de maux, le Roi fit une députation au Dieu Apollon pour le consulter. L'Oracle répondit que la cause de ces fleaux étoit la colére de Neptune, qui ne finiroit que lorsque les Troyens auroient exposé au monstre celui de leurs enfans que le sort auroit marqué. Les noms de tous ayant été écrits, on tira celui d'Hesione fille de Laomédon. Il fut obligé de livrer sa fille qui venoit d'être enchaînée sur le bord de la mer, lorsqu'Hercule descendit à terre avec les autres Argonautes. Dès que cette jeune Princesse lui eut appris elle-même son infortune, il rompit les chaînes qui la

Hercule accompagnant les Argonautes délivre Hesione fille de Laomédon exposée à un monstre marin.

(1) Parceque Laomédon avoit promis à Apollon & à Neptune constructeurs de ces murs, une récompense qu'il leur refusa ensuite.

tenoient attachée, & entrant aussi-tôt dans la ville, il promit au Roi de tuer le monstre. Le Roi charmé de cette offre généreuse lui promit de son côté pour sa récompense ses chevaux invincibles. Hercule ayant achevé cet exploit, on donna à Hesione la liberté de suivre son libérateur, ou de demeurer dans sa famille & dans sa patrie. Hesione qui préféroit son bienfaicteur à ses parens, & qui craignoit d'ailleurs que ses citoyens ne l'exposassent une seconde fois si le monstre venoit à reparoître, consentit de suivre les Etrangers. Mais Hercule après avoir reçu bien des honneurs & bien des présens, laissa en garde à Laomédon Hesione & les chevaux qu'il lui avoit promis; à condition qu'il les lui rendroit à son retour de la Colchide son premier objet qu'il ne vouloit pas abandonner. S'étant donc remis en mer avec les autres Argonautes; ils furent bien-tôt surpris par une seconde tempête plus facheuse que la première; de sorte que chacun d'eux désespérant de son salut, on dit qu'Orphée, le seul des Argonautes qui fut initié aux sacrez Mystéres fit des vœux aux Dieux Samothraces, & qu'aussi-tôt les vents s'appaiférent. On ajoûte même que deux étoiles tombérent alors fur la tête de Caftor & de Pollux au grand étonnement de tout le monde, ce qu'ils prirent pour une preuve certaine que les Dieux alloient écarter le péril. De-là vient que quand les Mariniers font battus de la tempête ils ont coutume de faire des vœux aux Dieux Samothraces, & d'attribuer à la préfence de Caftor & de Pollux les étoiles qu'ils voyent reparoître.

APRE's que l'orage fut paffé, les Argonautes defcendirent dans une Province de la Thrace dont Phinée étoit Roi. Là ils trouvérent deux jeunes hommes chaffez de leur Ville, & marquez encore des coups de fouet qu'il avoient reçûs. Ils étoient fils de Phinée & de Cléopatre, qu'on difoit être fille de Borée & d'Orithye. L'audace & les calomnies d'une maratre les avoit fait maltraiter ainfi par leur pere : car Phinée ayant époufé Idée fille de Dardanus Roi des Scythes, en étoit fi éperdument amoureux qu'il lui avoit laiffé prendre un plein pouvoir fur fon efprit. Elle lui perfuada que fes enfans, pour faire plaifir à

Les Argonautes vengent les enfans de Phinée Roi de Thrace de l'injuftice de leur Pere.

leur mere encore vivante, avoient voulu lui faire insulte & la violer. Dès qu'Hercule & ceux qui l'accompagnoient furent arrivez sur cette côte, on dit que ces jeunes gens les invoquérent comme des Dieux, & que leur ayant appris la raison pour laquelle leur pere les avoit si cruellement traitez, ils les priérent de les délivrer de leur misére. Mais Phinée étant accouru au-devant de ces étrangers leur dit avec aigreur qu'ils ne se mêlassent point de ses affaires ; & qu'il n'y avoit aucun pere qui punît un fils d'une maniére si rigoureuse, si la grandeur de ses forfaits n'avoit étouffé en lui l'amitié naturelle que les peres ont pour leurs enfans. Cependant les Boréades freres de Cléopatre qui se trouvoient parmi les Argonautes s'armérent pour secourir ces jeunes gens qui étoient leurs parens. Ayant d'abord brisé les chaînes dont ils étoient liez, ils tuérent tous les barbares qui avoient voulu s'opposer à cette délivrance. Phinée accourant à ce tumulte se mit en devoir de combattre les Argonautes, & un grand nombre de Thraces se joignirent à lui: Mais Hercule qui les surpassoit tous

en

en courage, tua le Roi lui-même, & plusieurs de ceux qui l'accompagnoient. S'étant ensuite rendu maître du Palais, il fit sortir Cléopatre de prison, & rendit aux enfans de Phinée le Royaume de leur pere. Comme ils vouloient condamner leur maratre à une mort honteuse; Hercule leur persuada de n'en rien faire, & de la renvoyer seulement dans la Scythie, chez son pere, en le priant de les venger des injures qu'ils avoient reçûes d'elle. Les enfans de Cléopatre ayant exécuté le conseil que leur avoit donné Hercule, le Scythe condamna sa fille à mourir. Pour eux, ils s'acquirent chez les Thraces la réputation d'être doux & équitables. Je n'ignore pas que quelques Mythologistes ont prétendu que Phinée ayant fait crever les yeux à ses enfans, avoit reçû de Borée un traitement semblable. Quelques autres ont dit aussi qu'Hercule étant descendu à terre pour chercher de l'eau, avoit été laissé dans l'Asie par les Argonautes. Car l'ancienne Mythologie n'est point constante; au contraire on y trouve très-souvent des contradictions. C'est pourquoi il ne faut pas s'étonner si dans les faits que nous rapporterons nous ne nous accordons pas avec tous les Poëtes, ou avec tous les Historiens. Quoiqu'il en soit, les Phineïdes partirent avec les Argonautes après avoir confié le Gouvernement de leur Royaume à Cléopatre leur mere. Les Argonautes étant sortis de la Thrace pour prendre la route du Pont mirent pié à terre dans la Tauride, ne connoissant pas la férocité des Barbares qui l'habitoient. C'étoit une coutume établie parmi eux de sacrifier à Diane Taurique tous les Etrangers qui abordoient sur leur rivage. On dit que dans la suite Iphigenie ayant été établie Prêtresse de cette Déesse lui sacrifioit tous les passans qu'on pouvoit prendre. Notre sujet demande que nous rapportions ici la raison pour laquelle ces peuples avoient établi chez eux cette coutume, parce que cette digression sert beaucoup à l'histoire des Argonautes.

Digression sur la Colchide patrie de Médée.

LE SOLEIL, dit-on, eut deux fils, l'un appellé Æétès, & l'autre Persès, qui se rendirent tous deux célébres par leurs cruautez. Æétès fut Roi de la Colchide : Persès eut une fille appellée Hécate encore plus cruelle que lui. Elle aimoit fort la chaffe, & lorfqu'elle n'avoit rien trouvé, elle s'amufoit à tuer des hommes comme des bêtes. Elle fe rendit fort fçavante dans la compofition des poifons, & ce fut elle qui trouva l'aconit. Elle éprouvoit la force de chacun d'eux en le mettant dans les viandes qu'elle donnoit aux Etrangers. Ayant acquis une grande expérience dans cet art funefte, elle empoifonna d'abord fon pere & s'empara du Royaume. Enfuite elle fit conftruire un temple en l'honneur de Diane, & elle ordonna qu'on facrifieroit à cette Déeffe tous les étrangers qui y aborderoient. Æétès qui l'époufa en eut deux filles Circé & Medée, & un fils appellé Ægialée. Circé s'étant adonnée à l'étude des poifons découvrit la différente nature des herbes & leurs propriétez merveilleufes. Il eft vrai qu'Hécate fa mere lui avoit appris beaucoup de fecrets pour ces compofitions: mais il eft vrai auffi qu'elle y fit de plus grandes découvertes par la force de fon génie; de telle forte qu'elle ne le cedoit à aucun autre dans cette fcience. Cependant ayant été donnée en mariage au Roi des Scythes ou

Sarmates, elle l'empoisonna aussi-tôt & se saisit de sa couronne: mais comme elle traitoit ses sujets avec violence & inhumanité, ils se soulevérent contr'elle. Ce revers l'obligea, selon quelques Historiens, de venir du côté de l'Ocean, où elle s'établit dans une Isle deserte, avec quelques femmes qui l'avoient accompagnée. Mais selon d'autres, elle s'arrêta sur un promontoire de l'Italie, auquel elle donna son nom, qu'il porte encore aujourd'hui. On raconte de Medée que sa mere & sa sœur lui apprirent la vertu de tous les poisons; mais qu'elle n'en fit aucun usage : qu'au contraire elle ne s'occupoit qu'à sauver la vie aux Etrangers qui abordoient sur cette côte; tantôt en demandant instamment à son pere la grace de ceux qu'il alloit faire mourir; tantôt en faisant sortir de prison ces malheureux, & pourvoyant à leur sureté. Car Æétès incité tant par son naturel féroce que par les persuasions de sa femme avoit approuvé la coutume de tuer les Etrangers. Medée resistant donc toujours aux volontez de son pere & de sa mere, Æétès soupçonna sa fille de lui dresser des embuches, & la fit garder à vûe,

Mais ayant trouvé le moyen de s'échaper, elle se réfugia dans le Temple du Soleil qui étoit situé auprès du rivage. Ce fut justement dans ce temslà que les Argonautes sauvez des dangers de la Tauride abordérent dans la Colchide, tout auprès de l'endroit où étoit bâti le Temple du Soleil. Là ils trouvérent Medée errante, & ils apprirent d'elle que c'étoit la coutume dans la Colchide de faire mourir les Etrangers. Charmez de sa douceur, & en reconnoissance de son avis, ils lui découvrirent leur dessein. Alors elle leur raconta les persécutions qu'elle essuyoit de la part de son pere, à cause de sa bienveillance à l'égard des Etrangers. Elle ajouta qu'entrant dans les intérêts des Argonautes devenus communs avec les siens, elle les aideroit dans tout le cours de leur entreprise. Jason de son côté jura qu'il l'épouseroit, & qu'il passeroit avec elle le reste de sa vie. Cependant les Argonautes laissant dans leur vaisseau quelquesuns d'eux pour le garder, s'en allérent de nuit avec Medée pour enlever la Toison d'or. Mais il est à propos d'exposer ici l'origine de cette Toison, afin de ne rien omettre de ce qui concerne cette histoire.

XII.
Hiſtoire de la Toiſon d'or.

ON DIT que Phrixus fils d'Athamas fut obligé de fuir hors de la Grece avec ſa ſœur Hellé pour éviter les embuches de leur maratre. Se croyant guidez par une providence particuliére des Dieux, ils paſſèrent d'Europe en Aſie, ſur un belier à toiſon dorée. Cependant Hellé tomba dans la mer, qui pour cette raiſon même s'appelle aujourd'hui l'Helleſpont. Pour Phrixus ayant heureuſement achevé ſa courſe, il aborda enfin dans la Colchide. Là il ſacrifia ſon belier pour obéïr à un Oracle, & il appendit ſa dépouille dans le Temple de Mars. En ce tems il fut prédit qu'Æétès Roi de la Colchide finiroit ſes jours lorſque des Etrangers arrivez par mer dans ſon pays, lui enleveroient la Toiſon d'or. Cette prédiction jointe à la cruauté naturelle de ce Roi fut cauſe qu'il ordonna qu'on tueroit tous les Etrangers, afin que la renommée publiant par toute la terre cette Loi de la Colchide, perſonne n'oſât y venir. De plus il fit environner de murailles le Temple de Mars, & y mit une garniſon de ſoldats Tauriens: c'eſt ce qui a donné lieu aux fables monſtrueuſes des Grecs qui diſent que ce Temple étoit gardé par des taureaux qui soufflaient le feu, & qu'un dragon veilloit à la sureté de la Toison d'or : Car c'est ainsi que la fable bâtit sur des noms ou sur des faits vrais des merveilles incroyables. On interprete de même la fable de Phrixus & d'Hellé ; en disant que Phrixus s'embarqua sur un vaisseau dont la proue portoit la tête d'un belier, & qu'Hellé incommodée des nausées qu'excite la mer s'avança sur le bord du vaisseau, & se laissa malheureusement tomber. Quelques Auteurs racontent qu'un Roi des Schytes, gendre d'Æétès, se trouvant en Colchide lorsque Phrixus venoit d'y être jetté avec son gouverneur, demanda ce jeune homme au Roi Æétès, qui le lui ceda ; & que dans la suite le chérissant comme son propre fils, il lui laissa le Royaume de Scythie. Mais que le gouverneur qui portoit le nom de Belier fut sacrifié suivant la coutume du lieu ; & qu'Æétès ayant fait dorer sa peau la fit appendre dans un Temple conformément à la Loi : Après quoi ayant appris par un Oracle que sa vie étoit attachée à la conservation de cette peau, il la donna en garde à des soldats comme un trésor précieux. Nous laissons au Lecteur la liberté de choisir de ces deux opinions celle qui lui plaira le plus. Medée conduisit les Argonautes dans le Temple de Mars. Ce Temple étoit éloigné de soixante-dix stades de la Ville de Sibaris, où étoit le Palais des Rois. Quand elle fut arrivée aux portes du Temple qu'on tenoit fermées pendant la nuit, elle parla en langue Taurique à ceux qui les gardoient. Ces soldats l'ayant reconnue pour être la fille du Roi lui ouvrirent volontiers les portes. Mais les Argonautes s'étant jettez aussi-tôt dedans l'épée à la main tuérent plusieurs de ces Barbares, & ayant rempli les autres d'effroi, ils les chassèrent du Temple. Ils se saisirent ensuite de la Toison, & ils l'emportérent à la hâte dans leur Vaisseau. De son côté Medée fit mourir par le poison le dragon qui veilloit, dit-on, sans cesse au tour de la Toison d'or, & qui l'entouroit même par les replis de son corps : Elle monta ensuite dans le vaisseau avec Jason. Cependant les Tauriens qui s'étoient sauvez par la fuite ayant appris à Æétès ce qui s'étoit passé ; on dit que ce Prince se mit aussi-tôt à la tête de ses soldats, &

& poursuivit les Grecs, qu'il rencontra près de la mer. A la premiere attaque il tua un des Argonautes appellé Iphitus, frere de cet Eurysthée qui avoit ordonné les travaux d'Hercule. Sa troupe grossissoit à chaque moment, & pressoit très-vivement les Grecs. Ceux-ci néanmoins se reconnurent bien-tôt, & Meleagre en particulier mit par terre un grand nombre des Ennemis ; le Roi même périt dans ce tumulte, & tout le reste qui s'enfuyoit fut atteint & massacré. Jason, Laerte & les Thespiades furent blessez dans ce combat : mais on dit que Medée les guérit en peu de jours par la vertu des herbes & des racines qu'elle sçavoit employer.

LES ARGONAUTES après avoir embarqué dans leur vaisseau de nouvelles munitions de bouche prirent le large. Ils étoient au milieu de la mer du Pont lorsqu'ils furent surpris d'une tempête qui leur fit courir un grand danger. Mais Orphée ayant fait comme la premiere fois des vœux aux Dieux Samothraces, les vents s'appaiserent, & on vit paroître autour du vaisseau Glaucus surnommé le Marin. Ce Dieu les accompagna conti-

XIII. Suite de l'Histoire des Argonautes.

E v

nuellement pendant deux jours & deux nuits. Il annonça à Hercule la fin de ses travaux & sa divinité prochaine. Il prédit aussi aux Tyndarides qu'ils seroient nommez Dioscures (1) & que les hommes leur déféreroient les honneurs divins. Il appella ensuite chacun des Argonautes par leur nom propre; il leur dit que c'étoit par l'ordre des Dieux & par l'intercession d'Orphée qu'il leur apparoissoit & qu'il leur découvroit l'avenir. Il ajouta, que dès qu'ils auroient pris terre, ils devoient s'acquitter des vœux qu'ils avoient faits aux Dieux qui venoient de les sauver des flots. Dès que Glaucus eut achevé de parler il se replongea dans la mer. Les Argonautes arrivérent bien-tôt au détroit de la mer du Pont, & ils abordérent dans un pays dont Byzas étoit alors Roi. C'est de ce Prince que la Ville de Byzance a pris son nom. Là les Argonautes ayant élevé des Autels accomplirent leurs vœux, & consacrérent aux Dieux un terrain qui est encore à présent révéré par tous les navigateurs. De ce lieu-là ils vinrent dans la Troade après avoir traversé

(1) C'est-à-dire, fils de Jupiter.

l'Hellespont & la Propontide. Aussitôt Hercule envoya à la Ville Iphicle son frere, & Telamon pour demander Hesione & les chevaux. Mais Laomedon les fit mettre en prison, & dressa des embuches à tous les autres Argonautes dans le dessein de les faire périr. Tous ses enfans étoient là-dessus d'accord avec lui. Il n'y eut que le seul Priam qui voulut qu'on tînt la parole qu'on avoit donnée à ces Etrangers, & qu'on leur livrât sa sœur & les chevaux qu'ils demandoient. Mais voyant qu'on ne l'écoutoit pas, il porta dans la prison deux épées, & les donna à Telamon & à Iphicle. Il crut devoir leur découvrir l'intention de son pere, ce qui fut la cause de leur salut : Car ayant tué les Geoliers ils s'enfuirent vers la mer, où ils apprirent à leurs compagnons ce qui leur étoit arrivé. Ceux-ci se tinrent prêts au combat, & ils allérent même au-devant d'une troupe de Troyens armez qui accompagnoit le Roi. Le combat fut sanglant. Tous les Argonautes s'y signalérent : Mais on dit qu'Hercule donna l'exemple d'une valeur encore plus grande, & ce fut lui qui tua Laomedon. Ayant ensuite pris la Ville d'emblée il punit tous ceux qui avoient applaudi à l'infidélité du Roi ; & il donna le Royaume de Troye à Priam pour prix de son équité. Il lia amitié avec ce Prince, & il partit ensuite avec les autres Argonautes. Quelques anciens Poëtes prétendent néanmoins que ce ne fut point par les Argonautes que Troye fut prise : mais qu'Hercule y étant venu dans un autre tems avec six vaisseaux s'en rendit maître lui seul. Homere a suivi cette opinion dans les vers que nous avons alleguez plus (1) haut. Les Argonautes étant partis de la Troade descendirent dans l'Isle de Samothrace. Là, ils accomplirent leurs vœux, & ils consacrérent dans le Temple, des Phioles qui s'y voyent encore à présent. On ignoroit leur retour lorsque le bruit se répandit en Thessalie que Jason & ses compagnons avoient péri dans des lieux voisins du Royaume de Pont. Pelias crut que c'étoit alors le tems de se défaire de tous ceux qui pouvoient prétendre à sa couronne. Il obligea donc le pere de Jason de boire du sang de taureau, & il égorgea lui-même Promachus

(1) Dans ce Livre même. Le texte les répéte ici.

frere de Jason qui n'étoit encore qu'un enfant. On dit qu'Amphinome mere de ce Héros se voyant aussi condamnée, fit une action courageuse & digne d'être rapportée dans l'histoire. Car s'étant réfugiée auprès du foyer du Roi, & ayant prié les Dieux de punir les impiétez de ce Prince ; elle se perça le cœur avec une épée, & finit ainsi ses jours d'une maniere héroïque. Au reste Pelias ayant fait mourir tous les parens de Jason fut bien-tôt puni par Jason même : car ce Héros étant arrivé de nuit dans la Thessalie se retira dans un Port assez éloigné de la Ville d'Iolcos pour n'être point apperçu des Habitans. Là il apprit par un Inconnu tout le détail des malheurs de sa famille : chacun des Argonautes étoit prêt de donner du secours à Jason, & de partager avec lui les périls de son entreprise, lorsqu'il s'éleva une contestation entr'eux. Les uns vouloient que les Argonautes fissent alors tous leurs efforts pour entrer dans la Ville, & pour surprendre le Roi : Les autres au contraire étoient d'avis que chacun d'eux allât lever des soldats dans son pays, & qu'ensuite ils revinssent tous ensemble faire la guerre à Pelias. Ceux-ci alléguoient pour raison de leur avis, que c'étoit une chose impossible à cinquante-trois hommes de vaincre un Roi qui avoit une puissante armée & de très-fortes places.

XIV. *Prestiges de Medée en faveur des Argonautes contre Pelias.*

PENDANT qu'ils hésitoient ainsi sur le parti qu'ils avoient à prendre, Medée leur offrit de faire mourir le Roi par adresse, & de leur livrer ensuite le Palais sans qu'ils fussent obligez de s'exposer à aucun danger. Lorsqu'étonnez de sa proposition ils voulurent sçavoir son dessein, elle leur dit qu'elle avoit sur elle plusieurs poisons inventez par Hécate sa mere ou par Circé sa sœur, dont les effets étoient infaillibles ; qu'elle ne s'en étoit jamais servie pour faire périr les innocens, mais qu'elle alloit à présent les employer avec justice pour se venger de Pelias. Elle leur enseigna ensuite la manière dont ils devoient venir attaquer le Roi, & elle convint que le signal pendant le jour seroit de la fumée, & pendant la nuit du feu qu'elle placeroit au haut du Palais ; afin que ceux des Argonautes qui seroient en sentinelle près de la mer fussent avertis dans un instant. Elle prépara donc une statue creuse de Diane dans laquelle elle cacha toute sorte de poisons. S'étant frottée les cheveux avec de certaines drogues, elle les fit paroître blancs, & elle se rendit le visage & tout le corps si ridé, que ceux qui la voyoient l'auroient véritablement prise pour une vieille. Enfin elle entra dans la Ville à la pointe du jour, portant avec elle cette statue de Diane qu'elle avoit habillée d'une maniére propre à inspirer de la terreur. Aussi-tôt paroissant saisie d'une espéce d'enthousiasme, elle éleva la voix, & dit au Peuple qui la suivoit en foule dans les ruës, qu'ils eussent à recevoir dévotement la Déesse qui venoit exprès des contrées Hyperboréennes pour leur salut & pour celui du Roi. Ensuite pendant que tout le Peuple saisi à son exemple d'une fureur fanatique, adoroit la Déesse & lui faisoit des sacrifices, Medée s'étant introduite jusque dans le Palais, fit tant par ses prestiges, que Pelias & ses filles éprises de la même fureur crurent effectivement que la Déesse étoit arrivée dans leur Ville pour faire le bonheur de leur maison. Medée leur dit que Diane ayant parcouru différens pays de la terre sur un char tiré par des dragons volans, avoit choisi le plus pieux de tous les Rois pour établir sa demeure dans son Palais, & pour y être honorée d'un culte éternel. Elle ajouta qu'elle avoit reçu ordre de la Déesse d'ôter la vieillesse à Pelias par la force de ses remedes; qu'ainsi elle alloit lui renouveller tout le corps, & lui procurer une vie aussi heureuse que longue. Ce discours ayant extrêmement surpris le Roi, Medée lui annonça qu'elle en alloit faire l'expérience sur elle-même, pourvû qu'une de ses filles lui allât chercher de l'eau claire & pure. Cet ordre ayant été exécuté, elle se retira dans une chambre à part. Là s'étant lavé tout le corps, elle détruisit entiérement l'effet des drogues dont elle s'étoit frottée. Ayant donc recouvré son premier état, & s'étant venu montrer au Roi, elle frappa d'admiration & d'étonnement tous ceux qui la virent; & personne ne douta que ce ne fût par un miracle visible que, malgré l'âge qu'elle avoit paru avoir, elle eût repris ainsi toute la fleur & tout le brillant de la jeunesse. Ensuite elle fit paroître en l'air par la vertu de ses compositions, des figures de dragons, qui avoient apporté, disoit-elle, la Déesse des pays Hyperboréens jusque chez le Roi Pelias. Toutes les actions de Medée paroissant ainsi fort au dessus des forces humaines, Pelias lui rendit de grands honneurs, & ajouta foi à tous ses discours. On raconte même que s'étant trouvé seul avec ses filles, il leur commanda d'aider à Medée, & de faire tout ce qu'elle ordonneroit à son égard ; puisque d'ailleurs il étoit juste qu'il reçut les bien-faits des Dieux par le ministere de ses filles plûtôt que par celui de ses esclaves. Sur cette exhortation ses filles se tinrent prêtes à executer les ordres de Medée. La nuit venue, & Pelias s'étant endormi, Medée leur dit qu'il falloit faire bouillir son corps dans un chaudron. Quoique les filles de Pelias se disposassent déja à le faire, Medée voulut néanmoins confirmer leur crédulité par une seconde expérience. Il y avoit dans la maison un vieux belier : Elle leur dit qu'après qu'elle l'auroit fait cuire il deviendroit un jeune agneau. Ces filles ayant consenti à cette épreuve, Medée coupa le belier par morceaux & le fit cuire. Leur ayant enfuite fafciné les yeux par d'autres fecrets, elle tira du chaudron la figure trompeufe d'un agneau. Ce prodige les remplit d'étonnement, & elles n'héfitérent plus de fe fier à la promeffe qu'on leur avoit faite. S'étant donc faifies de Pelias, elles le firent mourir par les coups qu'elles lui donnérent toutes en même tems. Il n'y eut que la feule Alceftis que fa grande piété envers fon pere, empêcha de prendre part à une fi funefte tentative. Cependant Medée différa de couper & de faire bouillir le corps, fous prétexte qu'il falloit auparavant invoquer la Lune. Auffi-tôt elle fait monter les filles de Pelias avec des flambeaux fur le plus haut toit du Palais, & elle fe mit à reciter en langue Colchique une longue priere, pour donner aux Argonautes le tems de venir exécuter leur entreprife. Ceux-ci qui étoient en fentinelle ayant apperçu du feu comprirent que le Roi étoit mort & coururent tous enfemble vers la Ville. Ils franchirent auffi-tôt les murs du Palais l'épée à la main, & ils tuérent la garde qui vouloit leur réfifter. Les filles de Pelias étoient à peine defcendues du toit pour faire cuire le corps de leur pere, qu'elles apperçurent dans le Palais Jason & les autres Argonautes. Elles furent consternées de ne pouvoir ni se venger de Medée, ni reparer le crime que ses tromperies leur avoit fait commettre. Elles étoient prêtes à s'ôter la vie : mais Jason ayant pitié de leur état les en empêcha, & leur dit pour les consoler qu'elles ne devoient point s'imputer un crime involontaire où la fraude d'une ennemie les avoit jettées. Ayant fait assembler ensuite tous les Habitans il se justifia sur tout ce qui étoit arrivé ; & il fit voir que de la maniére dont il se vengeoit de ceux qui lui avoient fait tort, la punition étoit encore moindre que l'offense. Après cela il donna à Acaste fils de Pelias le Royaume de son pere ; il jugea qu'il n'étoit point indigne de lui d'avoir soin des filles du Roi, & pour exécuter les promesses qu'il leur avoit faites, il les maria toutes à des personnes illustres. Alcestis fut donnée à Admette Thessalien, fils de Phérès, Amphinome à Andrœmon frere de Leontée, & Evadne à Canès fils de Cephale & alors Roi des Phocéens.

Mais tout cela ne se fit que dans la suite. Pour lors il revint dans le Peloponnése avec les autres Argonautes. Là il offrit des sacrifices au Dieu Neptune, & il lui consacra le Navire Argo. S'étant bien-tôt acquis l'amitié de Créon Roi des Corinthiens, il demeura le reste de sa vie dans Corinthe, où il jouissoit des mêmes priviléges que les Citoyens.

XV. *Institution des Jeux Olympiques par Hercule, lorsqu'il étoit à la tête des Argonautes.*

Au reste chacun des Argonautes voulant s'en retourner dans son pays, Hercule fut d'avis qu'ils s'obligeassent tous par serment de secourir ceux d'entr'eux que les accidens de la fortune obligeroient d'implorer le secours des autres. Il ajouta qu'il seroit bon de choisir le plus bel endroit de la Gréce pour y établir des Jeux, & pour y assembler tous les Grecs; & qu'il falloit consacrer ces Jeux à Jupiter Olympien. Les Argonautes consentirent au serment & aux Jeux proposez par Hercule; & ayant choisi le lieu de l'assemblée dans le pays des Eliens près du fleuve Alphée, ils le consacrérent au plus grand des Dieux, & l'appellérent Olympie de son nom. Hercule institua des combats gymniques & des courses de chevaux: il régla tout ce qui les concernoit, & il envoya des Theores dans toute la Gréce pour inviter tous les Peuples à ces spectacles. La réputation qu'il s'étoit acquise parmi les Argonautes fut encore augmentée par l'institution des Jeux Olympiques, de telle sorte qu'il devint le plus fameux de tous les Grecs. Son nom s'étant même répandu dans plusieurs Villes étrangéres, la plûpart de leurs Habitans recherchérent son amitié avec empressement, & étoient toujours prêts à le suivre à travers les plus grands dangers. Ainsi comme son courage & son expérience dans l'art militaire le faisoient admirer par tout; il leva bientôt une puissante armée avec laquelle il parcourut la terre entière dans le dessein de faire du bien à tous les hommes, qui par reconnoissance lui attribuérent l'immortalité. Les Poëtes qui ne se plaisent qu'à raconter des choses prodigieuses, ont écrit qu'Hercule avoit executé seul & sans armes les combats que nous venons de raconter. Mais nous avons déja rapporté tout ce que les Mythologistes ont dit d'Hercule. Il nous reste à achever l'histoire de Jason,

XVI. Suite de l'histoire de Jason, & de Médée.

Ce Heros pendant les dix ans qu'il demeura à Corinthe avec Medée, eut trois enfans d'elle : Les deux aînez étoient jumeaux & s'appelloient Thessalus & Alcimenès. Le troisiéme nommé Tisandre étoit leur cadet de plusieurs années. Pendant ce long espace de tems, Medée fut toujours aimée de son mari tant à cause de sa grande beauté qu'à cause de sa sagesse & de ses autres vertus. Mais enfin sa beauté ayant été effacée par les années ; Jason devint amoureux de Glaucé fille de Créon & la demanda en mariage. Créon ayant consenti à sa demande & ayant même fixé le jour des nôces, Jason proposa d'abord à sa femme une séparation volontaire. Il lui dit que ce n'étoit point par répugnance pour elle qu'il vouloit épouser la fille du Roi, mais que c'étoit pour faire entrer leurs enfans dans la famille Royale. Medée indignée de cette proposition prit les Dieux à témoin des sermens qu'il lui avoit faits : Mais Jason méprisant ses plaintes épousa la fille de Créon. Ce Roi exila aussi-tôt Medée & ne lui donna qu'un seul jour pour préparer son équipage. Cependant Medée s'étant changé le visage par les secrets qui lui étoient connus, entra de nuit dans le palais & y mit le feu en se servant d'une racine qui avoit été trouvée par Circé, & dont la propriété étoit de ne s'éteindre que très-difficilement lors qu'elle étoit une fois allumée. Tout le palais étant embrasé, Jason eut le tems de s'échapper : mais Glaucé & Créon furent consumez par les flammes. Il y a des Historiens qui disent que les enfans de Medée portérent à la nouvelle mariée des présens frottez avec de certaines drogues; que Glaucé les ayant reçûs & mis sur elle sentit aussi-tôt des douleurs violentes; & que Créon venant à son secours eut à peine touché le corps de sa fille, qu'il mourut avec elle. Medée ayant réussi dans cette première vengeance n'abandonna pas celle qu'elle vouloit prendre de Jason. Elle étoit parvenue à un tel excès de colére, de jalousie, & même de cruauté, qu'elle voulut lui faire sentir qu'il ne s'étoit sauvé du danger où avoit péri sa nouvelle épouse, que pour souffrir un nouveau supplice dans la mort des enfans qu'elle même avoit eus de lui. En effet elle les tua tous, à l'exception d'un seul qui s'enfuit, & elle enterra leurs corps dans le temple de Junon. Enfin étant sortie de Corinthe au milieu de la nuit avec ses plus fidéles suivantes, elle fut se réfugier chez Hercule. Il lui avoit promis dans le tems qu'il ménageoit à Colchos une alliance entre elle & Jason, de la secourir si Jason lui manquoit de foi. Cependant tout le monde jugeoit que Jason privé de sa femme & de ses enfans s'étoit attiré son infortune: C'est pourquoi accablé de la grandeur de ses maux, il se tua lui-même. Les Corinthiens consternez de tout ce qui venoit d'arriver, étoient sur-tout très-embarrassez au sujet de la sépulture des enfans de Jason. Ils envoyérent des députez à Python, pour demander au Dieu ce qu'il falloit faire des corps de ces enfans. Mais la Pythie répondit qu'on les enterrât dans le temple de Junon; & qu'on leur rendît les honneurs héroïques. Les Corinthiens executérent les ordres de l'Oracle (1). Sur ces entrefaites Thessalus qui avoit évité la mort que lui préparoit Medée sa mere,

---

(1) L'Auteur vient de dire que Medée les avoit déja ensevelis là.

étant

étant revenu à Corinthe où il fut élevé, alla ensuite à Iolcos patrie de Jason. Là ayant trouvé qu'Acaste fils de Pelias étoit mort, il se saisit du Royaume qui lui appartenoit par droit de parenté. Il donna ensuite son nom à ses sujets & les appella Thessaliens. Je n'ignore pas toutefois qu'on raconte plusieurs autres origines du nom des Thessaliens, qui sont toutes fort différentes entre elles ; & même notre dessein est de les rapporter chacune en son tems. Au reste Medée arrivée à Thébes trouva qu'Hercule étoit devenu furieux & qu'il avoit tué ses enfans. Elle le guérit par ses remédes ; mais comme Eurysthée le pressoit alors d'executer ses travaux ; Medée voyant qu'elle ne devoit point attendre de secours de lui pour le présent, se retira à Athénes, chez Ægée fils de Pandion. Ce fut-là qu'Ægée l'épousa, & en eut un fils appellé Médus qui dans la suite fut Roi des Médes. Selon d'autres Historiens Hippotus fils de Créon ayant appellé Medée en justice elle fut déclarée innocente. Mais après que Thesée fut revenu de Trœzene à Athénes, Medée voyant qu'on la regardoit toujours comme une empoisonneuse, s'enfuit de cette ville avec les gens qu'Ægée lui avoit donnez pour l'accompagner partout où elle voudroit aller ; & elle choisit la Phœnicie pour sa retraite. Ensuite étant passée dans l'Asie supérieure elle épousa un des plus grands Rois de ce pays-là, & elle en eut un fils appellé Médus qui, s'étant rendu recommandable par son courage, devint Roi après la mort de son pere, & donna à ses sujets le nom de Médes. Au reste on peut dire en général, que les monstrueuses fictions des Poëtes Tragiques font que l'histoire de Médée est si dissemblable à elle-même. Car quelques-uns, voulant gratifier les Athéniens, ont écrit que Médée prenant avec elle Médus, qu'ils font fils d'Ægée étoit allée à Colchos ; que dans ce tems-là Æétès avoit été chassé de son Royaume par son frere Persès, mais que Médus fils de Médée ayant tué Persès rétablit Æétès sur son trône : que Médus leva ensuite une armée avec laquelle il parcourut les pays de l'Asie qui sont au-delà du Pont, & se rendit maître d'une contrée à laquelle il donna le

Livre IV.

nom de Médie. Il seroit trop long & fort inutile de rapporter ici tout ce que les Mythologistes ont dit de Médée. C'est pourquoi nous allons achever ce qui nous reste de l'histoire des Argonautes.

Plusieurs Historiens tant modernes qu'anciens, entre lesquels est Timée, ont prétendu qu'après que les Argonautes eurent enlevé la Toison d'or, ils apprirent qu'Æétès tenoit l'embouchure du Pont fermée par ses vaisseaux. Cet obstacle leur donna lieu de faire une action mémorable. Car remontant jusqu'aux sources du Tanaïs, en traînant leur vaisseau sur terre pendant un assez long chemin, ils se rembarquérent sur un autre fleuve qui se déchargeoit dans l'Ocean. Laissant toujours la terre à gauche ils continuérent leur route du Septentrion au Couchant, & enfin étant arrivez près de Cadix, ils passèrent de l'Ocean dans la Méditerranée. Pour preuve de cette navigation, ils rapportent que les Celtes qui habitent le long de l'Ocean révérent surtout les Dioscures, & que leurs traditions portent que ces Dieux vinrent autrefois dans leur pays par

XVII. Conclusion de l'Histoire des Argonautes.

l'Ocean : Qu'il y a encore le long de cette mer plusieurs rivages qui retiennent le nom ou des Argonautes ou des Dioscures : Qu'on voit particuliérement sur les côtes de Cadix des marques évidentes de leur passage : Que les Argonautes traversant la mer de Toscane & ayant abordé dans le plus beau port de l'Isle Æthalie (1), l'appellérent Argos du nom de leur vaisseau, & qu'à présent même il retient encore ce nom : Que pareillement ils ont donné celui de Telamon à un port de la Toscane qui n'est éloigné de Rome que de huit cens stades ; & qu'enfin à Formies ville d'Italie il y a un port qu'ils nommérent Æete & qui depuis s'est appellé Caïete. Ils ajoûtent que les vents les ayant jettez dans les Syrtes, ils apprirent de Triton alors Roi de l'Afrique les particularitez de cette Mer : Qu'ayant ainsi évité les périls qui les menaçoient, ils lui firent présent d'un trépied d'airain : Qu'on voyoit sur ce trépied des caractéres anciens, & que les Hespérides l'ont gardé jusque dans ces derniers tems. Il ne faut pas oublier de

(1) Cette Isle s'est aussi appellée Ilva, & il y a apparence que c'est l'Isle d'Elbe d'aujourd'hui.

réfuter ici l'opinion de ceux qui disent que les Argonautes ayant remonté l'Ister jusqu'à sa source repassèrent par un autre canal de ce fleuve dans la mer Adriatique. La suite des tems a fait voir que ceux-là se sont trompez qui ont cru que l'Ister (1) qui se décharge par plusieurs bouches dans le Pont, & celui qui se décharge dans la mer Adriatique, avoient leurs sources dans le même endroit. Car les Romains ayant vaincu les Istriens (2); on a trouvé que les sources de ce dernier fleuve n'étoient éloignées de la mer que de quarante stades au plus. Le même nom commun à ces deux fleuves a été la cause de l'erreur où sont tombez ces Historiens. Mais c'est assez parlé d'Hercule & des Argonautes ; notre dessein général demande que nous donnions ici l'histoire des enfans d'Hercule.

APRE's que ce Héros eut été reçu au nombre des Dieux, ses enfans demeurérent à Trachine chez le Roi Ceïx. Cependant Hyllus & quelques autres de ses freres étant devenus

XVIII.
Histoire des Heraclides.

_____
(1) Ce premier fleuve est le Danube.
(2) Il est difficile de sçavoir quel étoit ce petit fleuve Ister. Mais la capitale de l'Istrie est encore aujourd'hui Capo d'Istria dans l'Etat de Venise.

F iij

grands, Eurysthée craignit qu'ils ne le chassassent du Royaume de Mycénes qu'il possédoit ; & il résolut de faire sortir de la Gréce tous les enfans d'Hercule. Il manda donc au Roi Ceïx de bannir de son Royaume les Heraclides, les enfans de Licymnius, Iolaüs & tous les Arcadiens qui avoient combattu sous Hercule ; & qu'en cas qu'il ne le voulût pas faire, il lui déclareroit la guerre. Les Heraclides & ceux qui étoient de leur suite, voyant qu'ils n'étoient pas en état de soutenir la guerre contre Eurysthée, s'exilérent volontairement de Trachine. Ils allérent successivement dans plusieurs autres grandes Villes très-puissantes, demandant qu'on voulût bien les agréer pour habitans. Mais aucunes d'elles n'ayant osé le faire, les seuls Athéniens guidez par leur équité naturelle les reçûrent volontiers. Ils leur assignérent pour demeure à eux & à toute leur suite Tricorynthe qui est un des quatre quartiers de l'Attique appellée pour cette raison même Tetrapole (1). Quelque tems après les

(1) Le texte ne dit pas comme Rhodoman que ce fut une ville, & ce pouvoit être une province comme la Tetrapole de Syrie. Au reste quoique le texte de Henry Etienne & de Rhodoman por-

enfans d'Hercule fe trouvant forts & nombreux, & la gloire de leur pere leur enflant déja le cœur; Euryſthée qui les craignoit mena contre eux une puiſſante armée. Mais les Héraclides ſecourus par les Athéniens & commandez par Iolaüs neveu d'Hercule, par Theſée & par Hyllus vainquirent Euryſthée en bataille rangée, & lui tuérent un grand nombre de ſoldats. Euryſthée lui-même fut tué par Hyllus fils d'Hercule, ſon char s'étant rompu ſous lui lorſqu'il s'enfuyoit ; & tous ſes enfans périrent dans cette bataille. Cet heureux ſuccès ayant attiré dans l'armée des Héraclides un grand nombre de ſoldats, ils entrérent dans le Péloponnéſe ſous la conduite d'Hyllus. Après la mort d'Euryſthée, Atrée s'étoit ſaiſi du Royaume de Mycenes. Celui-ci ayant pris à ſa ſolde les Tegeates & tous ceux qui s'offrirent à lui marcha contre les Heraclides. Mais Hyllus fils d'Hercule ayant fait paſſer ſes trou-

---

te Tricorynthe; il ſe pourroit faire qu'il s'agît de la tribu Tricoryte une des quatre branches de la tribu Aïantide, chez les Athéniens, à laquelle on auroit aſſocié les Héraclides ; & que le quartier ou le ſéjour des uns & des autres ſe fût appellé Tricoryte. *Voyez* Julius Pollux.

pes dans l'Isthme de Corinthe, défia à un combat particulier un de ses ennemis quel qu'il fut, à cette condition que s'il étoit vainqueur les Héraclides succéderoient au Royaume d'Eurysthée; & que s'il étoit vaincu ils ne rentreroient dans le Péloponnese qu'après cinquante ans. Echenus Roi des Tégeates accepta le défi, & tua Hyllus dans ce combat. Les Héraclides donc suivant leur traité s'abstinrent d'entrer dans le Péloponese, & s'en retournèrent à Tricorinthe. Cependant au bout de quelque tems il arriva que Licymnius vint avec ses enfans, & avec Tlépoleme fils d'Hercule demeurer à Argos, où les Argiens les avoient reçus volontairement. Mais tous les autres restèrent à Tricorinthe où ayant attendu que la cinquantiéme année fût venue, ils rentrèrent dans le Péloponnese. Nous rapporterons leurs exploits lorsque nous écrirons l'histoire de ces tems-là (1). Sur ces entrefaites Alcmene étant arrivée à Thebes, & ayant ensuite disparu, les Thebains lui rendirent les honneurs divins. D'un au-

(1) Dans quelqu'un des Livres perdus jusqu'au onziéme.

tre côté quelques Héraclides étant allez chez Ægimius fils de Dorus redemandérent à ce Prince la partie de son pays que leur pere lui avoit laissée en dépôt ; & ils habitérent depuis avec les Doriens. On dit au reste que Tlepoleme fils d'Hercule ayant eu une dispute avec Licymnius fils d'Electrion, il le tua ; & qu'étant obligé de sortir d'Argos, à cause de ce meurtre, il vint demeurer à Rhodes : que cette Isle étoit alors habitée par les Hellenes qui y avoient été conduits par Triops fils de Phorbas : que Tlepoleme de concert avec eux divisa cette Isle en trois parties, & y bâtit trois Villes, sçavoir, Linde, Ialyse & Camire : que la gloire de son pere fit que les Rhodiens le reconnurent pour leur Roi : & qu'enfin il accompagna Agamemnon au siége de Troye. Après avoir rapporté l'Histoire d'Hercule & celle de ses enfans, il est juste de parler de Thésée ; d'autant plus qu'il a été un des plus fidéles imitateurs de ce Héros.

THESE'E étoit fils (1) de Neptune & d'Æthra fille de Pithée. Il avoit été élevé à Trœzene chez Pithée son

XIX.
Histoire de Thésée.

(1) Il passoit pour fils d'Ægée mari d'Æthra.

F v

grand pere ; lorsqu'ayant trouvé les signes de reconnoissance que la fable dit qu'Ægée avoit laissez sous une pierre, il partit pour Athenes. Pendant qu'il voyageoit le long des côtes de la mer, il résolut, dit-on, de s'acquérir de la gloire, comme Hercule, par des combats & des travaux utiles aux hommes. Il tua d'abord Corynete (1), ainsi nommé parce qu'il portoit une massue, qui non-seulement lui servoit de défense, mais avec laquelle il assommoit les passans. En second lieu il fit mourir Sinnis qui demeuroit dans l'Isthme : Celui-ci avoit coutume de courber deux pins jusqu'à terre & d'attacher à chacun d'eux chaque bras d'un homme ; après quoi ces arbres abandonnez à eux-mêmes séparoient en deux parts en se relevant, les corps de ces malheureux que ce monstre de cruauté laissoit expirer dans les douleurs. En troisiéme lieu il tua près de Crommyone un sanglier d'une grandeur & d'une force prodigieuse, & qui avoit dévoré plusieurs personnes. Il punit ensuite Sciron qui habitoit dans le pays de Mégare sur des roches qu'on appelle en-

―――――――――――
(1) Κορύνη signifie massue.

core aujourd'hui les Scironides. Ce Barbare obligeoit tous les passans à lui laver les piez sur le bord d'un précipice; & les poussant ensuite il les faisoit rouler du haut en bas de ce rocher qui porte le nom de Chelone. Thésée fit ensuite mourir près d'Eleusine Cercyon qui luttoit contre tous ceux qu'il rencontroit, & qui tuoit tous ceux qu'il avoit vaincus. Il en fit de même à Procruste qui demeuroit à Corydalle, Ville de l'Attique. Celui-ci contraignoit les passans de se coucher sur un lit : Il coupoit à ceux qui étoient trop grands la partie de la jambe qui excédoit le lit, & tiroit de toute sa force les piez de ceux qui étoient trop petits. C'est pour cette raison qu'on l'appelloit Procruste ou *extenseur*. Enfin Thésée étant arrivé à Athénes fut reconnu par Ægée aux signes qu'il portoit. Ayant ensuite attaqué le sanglier de Marathon, qu'Hercule dans un de ses travaux avoit transporté de l'Isle de Créte dans le Péloponnése, il le surmonta dans un combat & l'amena à Athénes : Ægée en fit un sacrifice à Apollon. Nous parlerons ici de la victoire qu'il remporta sur le Minotaure : mais pour en faire connoître l'occasion, il est nécessaire de rapporter en gros quelques faits particuliers qui ont précédé cette victoire.

Digression sur l'origine des Rois de Crete.

TECTAME (1) fils de Dorus, petit-fils d'Hellen, & arriére-petit-fils de Deucalion, étant allé par mer dans l'Isle de Créte avec des Æoliens & des Pelasgiens, devint Roi de cette Isle. Ayant épousé la fille de Cretès, il en eut un fils appellé Asterius. Pendant que ce dernier étoit Roi de Créte, on dit que Jupiter enleva Europe du pays de la Phénicie, l'amena dans l'Isle de Créte, eut commerce avec elle, & fut pere de trois enfans, Minos, Rhadamante & Sarpedon. Ensuite Asterius Roi de Créte épousa Europe: mais comme il n'en avoit point d'enfans, il adopta les fils de Jupiter & leur laissa son Royaume. Rhadamante donna des loix aux Crétois; mais Minos ayant eu le sceptre pour partage, épousa Itone fille de Lyctius, & en eut Lycaste. Celui-ci étant devenu Roi épousa Ida fille de Corybas, & fut pere du second Minos. Quelques Historiens disent pourtant que ce Minos étoit fils de Jupiter. Il fut le pre-

(1) Ou Teutame.

mier, qui ayant équipé une puissante flotte se rendit maître de la mer. Il épousa Pasiphaé fille du Soleil & de Créte, & il en eut Deucalion, Astrée, Androgée, Ariane, & plusieurs autres enfans. Androgée fils de Minos étant allé à Athénes sous le Régne d'Ægée pour assister aux fêtes Panathéniennes, vainquit dans les jeux tous les Athletes. Il s'attira par-là l'amitié des (1) fils du Prince Pallas. Mais Ægée qui avoit peur que cette amitié ne portât Minos à donner du secours à ceux-ci, & qu'ils ne le dépouillassent de son Royaume, résolut de faire périr Androgée par trahison. Il prit le tems que ce jeune Prince s'en alloit à Thébes, & le fit tuer près d'Œnoé Ville d'Attique, par quelques Habitans du pays. Minos ayant appris la mort d'Androgée alla à Athénes pour demander justice de ce meurtre. Mais n'ayant rien obtenu, il déclara la guerre aux Athéniens, & il pria Jupiter de leur envoyer la séchereresse & la famine. Peu de tems après cette imprécation il arriva une si grande sécheresse dans le pays d'Attique

---

(1) C'étoient des Princes d'Athénes du même sang qu'Ægée & dont il pouvoit craindre l'ambition.

& dans toute la Gréce que tous les fruits manquérent. Les chefs de chaque Ville envoyérent donc des Députez pour demander à Apollon par quel moyen ils pourroient faire cesser leurs maux. L'Oracle leur répondit qu'ils allassent chez Æacus fils de Jupiter & d'Ægine fille d'Asope, & qu'ils le priassent de faire des vœux pour eux. Ils obéirent à l'Oracle, & Æacus ayant intercedé auprès des Dieux en leur faveur, la sécheresse finit dans la Gréce, & ne resta plus que chez les Athéniens. Ces derniers se virent donc dans la nécessité d'aller à l'Oracle, qui leur prescrivit de donner à Minos la satisfaction qu'il demandoit sur le meurtre d'Androgée. Les Athéniens obéirent à cet ordre. Et Minos exigea d'eux de livrer tous les sept ans sept jeunes garçons, & autant de jeunes filles, pour être dévorez par le Minotaure, tant que ce Monstre seroit en vie. Dès la premiere fois que les Athéniens eurent satisfait à cette condamnation, la sécheresse finit entiérement chez eux, & Minos cessa la guerre qu'il leur faisoit.

MAIS au bout de sept autres années, Minos vint en armes dans l'Attique pour demander le même tribut de quatorze jeunes personnes qu'il emmena avec lui. Comme Théfée étoit de leur nombre, son pere Ægée ordonna au maître Pilote de mettre des voiles blanches à son vaisseau, si Théfée venoit à bout de vaincre le Minotaure; mais que s'il périssoit dans son entreprise il laissât les voiles noires dont on se servoit pour ce funeste voyage. Cependant Théfée & ceux qui l'accompagnoient étant arrivez dans l'Isle de Créte, à son seul aspect Ariadne fille de Minos devint amoureuse de lui, & ayant trouvé le moyen de parler à Théfée, elle lui offrit son assistance. Ce Prince entra sans crainte dans le labyrinte où étoit ce monstre; sûr d'en sortir par l'adresse d'Ariadne. Il tua le Minotaure & se tira de ces détours où tant d'autres s'étoient perdus. Voulant enfin s'en retourner dans sa patrie, il enleva secrettement Ariadne; & étant parti pendant la nuit, il relâcha dans l'Isle de Die à présent l'Isle de Naxe. Là on dit que Bacchus épris de la beauté d'Ariadne la ravit à Théfée;

XX.
Continuation de l'histoire de Théfée.

& que la regardant comme sa femme il conserva toujours pour elle un amour extrême. De telle sorte même que lorsqu'elle fut morte, il lui fit part des honneurs divins, & plaça sa chévelure au rang des Astres. Cependant Thésée & ceux qui étoient avec lui extrêmement fâchez de ce qu'on leur avoit enlevé Ariadne, oubliérent entiérement les ordres d'Ægée, & arrivérent dans l'Attique avec des voiles noires. Ægée ayant vû le vaisseau de loin, & croyant son fils mort, finit ses jours d'une maniére bien malheureuse, mais en même tems très-héroïque. Car la douleur lui faisant méprifer la vie, il monta au haut de la Citadelle, d'où il se précipita. Thésée parvenu au Trône après la mort d'Ægée gouverna ses peuples avec justice, & il travailla à l'aggrandissement d'Athénes. Ce qu'il y eut de plus remarquable fut qu'il transporta à Athénes toutes les Tribus qui habitoient dans l'Attique. Elles étoient fort nombreuses, mais toutes assez pauvres. Depuis ce tems-là les Athéniens encouragez par le nombre de leurs Citoyens, ont affecté de se rendre maîtres de toute la Gréce.

Mais revenons à Théfée. Deucalion, l'aîné des enfans de Minos, étant devenu Roi de Créte, fit alliance avec les Athéniens, & donna en mariage à Théfée Phédre fa fœur. Théfée avoit déja eu d'une Amazone un fils nommé Hippolyte qu'il avoit envoyé à Trœzene, & qu'il avoit donné à nourrir à fa fœur Æthra (1). Il eut enfuite deux enfans de Phédre, Acamante & Démophon. Peu de tems après Hippolyte étant venu à Athénes pour les Myftéres, Phédre devint amoureufe de lui. Elle éleva même, quand il s'en retourna, un Temple à Vénus à côté de la Citadelle d'où elle pouvoit découvrir Trœzene ; Enfin étant partie avec Théfée pour aller voir Pithée elle follicita Hippolyte de fatisfaire fa paffion. Mais ayant été réfufée, elle en conçut un fi violent chagrin, qu'étant revenue à Athénes, elle dit à Théfée qu'Hippolyte avoit entrepris de la violer. Théfée doutant de la vérité de cette accufation manda à Hippolyte de fe venir

---

(1) La mere de Théfée portoit le même nom : Et il pourroit y avoir une faute dans le texte, cui dit Æthra fœur de Théfée au lieu de la dire fa mere, à laquelle nous verrons bien-tôt qu'il connût la jeune Hélene qu'il venoit d'enlever.

justifier d'un crime dont on l'accusoit. Alors Phédre craignant que la vérité ne se découvrît, se pendit elle-même. Cependant Hippolyte monté sur un char apprit en chemin cette calomnie. Il en eut l'esprit si troublé, & il jetta un si grand cri, que ses chevaux en furent effarouchez. Son char fut rompu, & lui-même s'étant embarrassé dans les rênes, fut traîné & tué malheureusement par ses chevaux. Mais comme il avoit toujours été irréprochable dans sa conduite, les Trœzeniens lui rendirent les honneurs divins. Peu de tems après Thésée mourut en exil ayant été chassé de sa patrie par les Athéniens qui s'étoient soulevez contre lui. Mais ces peuples s'en étant répentis dans la suite firent rapporter ses os dans leur Ville, le mirent au rang des Dieux, & lui consacrérent un asyle auquel on donna son nom. Ayant fini l'histoire de Thésée, nous allons parler en particulier du rapt d'Hélene, & de celui que Pirithoüs voulut faire de Proserpine, d'autant plus que ces histoires font partie de celles de Thésée.

XXI. Enlevemens faits ou ten- PIRITHOÜS fils d'Ixion ayant perdu Hippodamie sa femme de laquel-

Livre IV. 139

le il avoit un fils appellé Polypœte, vint à Athénes chez Théſée. Ayant appris-là que Phédre femme de Théſée étoit morte; il lui perſuada d'enlever Hélene fille de Jupiter & de Léda, qui étoit alors âgée de dix ans & extrêmement belle. Théſée & Pirithoüs étant partis pour Lacédémone avec pluſieurs de leurs gens, & ayant trouvé une occaſion favorable, enlevérent Hélene enſemble & la menérent à Athénes. Ils convinrent enſuite que le ſort déclareroit à qui appartiendroit Hélene, & que celui à qui elle tomberoit en partage feroit ſerment de s'expoſer à toutes ſortes de périls pour aider ſon ami à trouver une autre femme. Le ſort échut à Théſée. Mais voyant les Athéniens irritez de cet enlévement, il jugea à propos d'envoyer cette jeune fille à Aphidne Ville d'Attique; & il la donna en garde à Æthra ſa mere, & aux plus braves de ſes amis. Pirithoüs de ſon côté voulut avoir Proſerpine pour femme, & il ſomma Théſée de lui aider dans cette entrepriſe. Théſée tâcha d'abord de le diſſuader de cette impiété; mais Pirithoüs le preſſant toujours davantàge, il fut enfin obligé de tenir ſa parole, & de

tez par Theſée & par Pirithoüs.

l'accompagner dans les enfers. Quand ils y furent descendus, on les y retint tous deux pour les punir de leur audace. Dans la suite on délivra Thésée en considération d'Hercule ; mais Pirithoüs demeura dans les enfers, où il souffre une punition éternelle. Quelques-uns disent même qu'ils y sont restez l'un & l'autre. Dans ce tems-là les Dioscures frere d'Hélene attaquérent Aphidne qu'ils prirent d'assaut, & qu'ils raférent. Ils ramenétent à Lacédémone leur sœur qui étoit encore vierge, & y conduisirent avec elle Æthra mere de Thésée qu'ils avoient fait esclave.

XXII.
Histoire des sept Chefs devant Thébes.

Nous allons à présent rapporter l'histoire des sept Chefs devant Thébes, après avoir raconté les causes de cette guerre. Laïus Roi de Thébes avoit épousé Jocaste fille de Créon. Il y avoit déja long-tems qu'il étoit marié avec elle sans avoir d'enfans, lorsqu'il envoya consulter l'Oracle sur la stérilité de sa femme. La Pythie répondit qu'il ne devoit point souhaiter d'avoir des enfans ; que celui qu'il auroit deviendroit un jour parricide, & qu'il rempliroit sa maison de malheurs. Laïus ayant oublié cet Oracle, eut un fils ; mais il le fit ensuite exposer après lui avoir percé les pieds. C'est pour cela qu'on lui donna le nom d'Œdipe (1). Au reste les domestiques de Laïus ayant pris cet enfant, & ne pouvant se résoudre à le faire périr, le donnèrent à la femme d'un Pasteur nommé Polybe, laquelle étoit stérile. Œdipe étoit devenu grand lorsque Laïus alla encore une fois consulter le Dieu sur l'enfant qu'il avoit exposé. D'un autre côté Œdipe ayant appris par quelqu'un ce qu'on avoit voulu faire de lui, alloit demander à la Pythie qui étoit son pere & sa mere. S'étant rencontrez tous deux dans la Phocide, Laïus lui commanda impérieusement de lui laisser le chemin libre; & Œdipe irrité tua Laïus sans sçavoir qu'il étoit son pere. Ce fut dans ce même tems, selon la fable, que parut à Thébes un monstre appellé le Sphinx qui avoit la figure de deux animaux. Il proposoit une énigme à tous les passans, & il les étrangloit dès qu'il les voyoit embarrassez. On assigna un grand prix pour celui qui pourroit résoudre l'énigme: C'étoit d'épouser la Reine Jocaste, & demonter sur le Trône de Thébes. Œdipe seul en vint à bout. Le Sphinx deman-

(1) Oedipe signifie qui a les pieds enflez.

doit quel eſt l'animal qui marche à deux, à trois & à quatre pieds. Œdipe répondit que c'étoit l'homme, & expliqua ainſi ſa réponſe. Quand l'homme eſt enfant il marche à quatre pieds; devenu plus grand il marche à deux pieds; & enfin lorſque ne pouvant plus ſe ſoutenir à cauſe de ſa vieilleſſe, il eſt obligé de ſe ſervir d'un bâton, il marche à trois pieds. Alors le Sphinx ſe précipita ainſi que l'avoit prédit un Oracle. Pou. Œdipe qui avoit épouſé ſa mere ſans la connoître, il en eut deux fils, Eteocle & Polynice, & deux filles, Antigone & Iſmene. Les deux fils devenus grands ayant appris l'opprobre de leur maiſon enfermérent leur pere dans ſon Palais : après quoi s'étant rendus maîtres du Royaume, ils convinrent entr'eux qu'ils régneroient tour à tour l'eſpace d'une année. Etéocle qui étoit l'aîné régna le premier: mais l'année étant expirée, il refuſa de remettre la Couronne à ſon frere. Polynice indigné ſe retira à Argos chez le Roi Adraſte. Dans ce tems-là Tydée fils d'Œnée ayant tué à Calydon Alcathoüs & Lycopée ſes oncles ſe réfugia auſſi de l'Ætolie à Argos. Adraſte les reçut bien tous deux, & pour obéir à un Oracle, il leur fit époufer fes filles. Il donna Argie à Polynice, & Deïpyle à Tydée. Ces deux jeunes hommes s'étoient acquis une grande réputation ; & étant très-bien auprès du Roi, on dit qu'Adrafte pour leur marquer fon eftime leur promit de les faire rentrer l'un & l'autre dans leur patrie. Voulant d'abord établir Polynice dans fon Royaume, il envoya Tydée en ambaffade chez Etéocle pour lui parler du retour de fon frere. On raconte que Tydée tombé dans une embufcade de cinquante hommes qu'Etéocle avoit pofez fur fon chemin, les tua tous, & que s'étant fauvé d'une manière fi étonnante il revint à Argos. Adrafte apprenant cette trahifon, fe prépara à une expédition militaire ; il engagea dans fon parti Capanée, Hippomedon & Parthénopée ; celui-ci étoit fils d'Atalante fille de Schœnée. De fon côté Polynice tâcha de perfuader au devin Amphiaraus de venir avec eux au fiége de Thébes. Mais lui fçachant bien qu'il périroit s'il les accompagnoit dans cette guerre, rejetta cette propofition. On dit que Polynice fit présent à la femme d'Amphiaraüs d'un colier d'or, que Minerve avoit autrefois donné à Harmonie, pour la porter à engager son mari à venir avec eux. Dans ce même tems Adraste & Amphiaraüs étant en contestation au sujet du Royaume d'Argos, étoient convenus entr'eux qu'ils s'en rapporteroient à la décision d'Eriphyle femme d'Amphiaraüs & sœur d'Adraste: Elle donna gain de cause à Adraste, & déclara qu'Amphiaraüs étoit obligé d'assister au siége de Thebes. Amphiaraüs croyant que sa femme le trahissoit ne laissa pas de partir pour Thébes; mais il commanda en même tems à Alcmæon son fils de tuer Eriphyle dès qu'il apprendroit sa mort. Alcmæon exécuta fidélement cet ordre sanglant & tua sa mere. Mais dans la suite sa conscience lui reprochant toujours ce crime, il devint furieux. Cependant Adraste, Polynice, & Tydée ayant partagé le commandement de l'armée avec Amphiaraüs, Capanée, Hippomedon & Parthenopée, marchérent contre Thébes suivis de nombreuses troupes. Eteocle & Polynice se tuérent l'un l'autre, Capanée voulant monter sur le rempart avec une

échelle

échelle fut renversé & mourut de sa chute : la terre s'étant entr'ouverte sous Amphiaraus l'engloutit avec son char. Tous les autres périrent dans cette expédition à l'exception d'Adraste seul. Un grand nombre de soldats y laissèrent la vie ; Adraste fut obligé de revenir à Argos sans leur donner la sépulture, les Thébains n'ayant pas voulu lui permettre d'enlever ces corps. Cependant comme personne n'osoit les enterrer, les Athéniens, que leur justice élevoit au dessus des autres peuples leur rendirent ce devoir à tous. Voilà quelle fut la fin de l'expédition des sept Chefs devant Thébes.

LEURS enfans qu'on appella les Epigones voulant venger la mort de leurs peres, & ayant résolu d'aller tous ensemble assiéger Thébes ; l'Oracle d'Apollon les avertit de donner le commandement de ce siége à Alcmæon fils d'Amphiaraus. Alcmæon ayant été déclaré Général de l'armée, consulta Apollon sur l'événement de cette guerre, & sur la vengeance qu'il devoit tirer de sa mere. Le Dieu lui répondit qu'il exécutât les deux ; parce que sa mere avoit

XXIII. Second siége de Thébes par les Epigones ou fils des sept Chefs.

non-seulement reçû un collier d'or pour perdre son pere, mais qu'elle avoit aussi reçu un voile pour le faire périr lui-même. On dit que ce collier & ce voile dont Venus avoit autrefois fait présent à Harmonie, avoient été donnez à Eriphyle, l'un par Polynice, & l'autre par Thersandre fils de Polynice, afin qu'elle engageât son propre fils à aller au siége de Thébes. Au reste Alcmæon leva non-seulement plusieurs soldats dans Argos, mais il tira encore des forces très-considérables de toutes les Villes d'alentour, avec lesquelles il marcha contre Thébes. Les Thébains allérent au devant de lui. Le combat fut sanglant; mais Alcmæon remporta la victoire. Les Thébains diminuez par cette défaite d'un grand nombre de leur Concitoyens, commencérent à désespérer de leur fortune. Se voyant même hors d'état de tenir tête à Alcmæon, ils allérent prendre conseil du devin Tirésias, qui leur dit que leur unique ressource étoit de se sauver hors de Thébes. Ils abandonnérent leur Ville, selon le conseil de ce devin, & ils se réfugiérent dans un certain pays de la Bœotie qu'on appelle Tilphosée.

Cependant les Epigones se rendirent maîtres de Thébes & la pillérent. Ensuite pour satisfaire à un vœu qu'ils avoient fait, ils consacrérent à Delphes, comme les prémices de leurs dépouilles, Daphné fille de Tiresias. Elle n'étoit pas moins sçavante que son pere dans l'art de la divination, & elle y fit de très-grands progrès après qu'elle eut été transportée à Delphes. Comme elle étoit douée d'un esprit merveilleux, elle écrivit un grand nombre d'oracles de plusieurs maniéres différentes les unes des autres. On dit que le Poëte Homere s'est approprié plusieurs vers de Daphné, & qu'il s'en étoit servi pour l'ornement de ses poëmes. Comme cette fille étoit souvent éprise d'une fureur divine en rendant ses réponses, on lui donna le nom de *Sibylle*, qui dans la langue du pays signifioit enthousiaste. Au reste les Epigones ayant terminé glorieusement cette guerre retournérent dans leur patrie chargez de riches dépouilles. Tiresias étant mort Tilphosée, où les Thébains s'étoient retirez, ils l'ensevelirent honorablement, & le regardérent comme un Dieu. Ayant ensuite quitté

Tilphosée, ils marchérent contre les Doriens, & les ayant vaincus dans une bataille en forme, ils les chaſsérent de leur patrie, & s'y établirent eux-mêmes. Enfin au bout de quelque tems, une partie d'entr'eux resta dans le pays qu'ils avoient conquis, & les autres retournérent à Thébes ſous la conduite de Créon fils de Menœcée. Les Doriens rentrérent auſsi vers ce tems-là dans leur patrie, dont ils avoient été chaſsez ; ils y habitérent les Villes d'Erinée, de Cytinie, & de Boïe (1).

XXIV. Origine des Æoliens.

AVANT cela Bœotus fils de Neptune & d'Arné étant entré dans l'Æolide qu'on appelle préſentement la Theſſalie, donna à ceux qui l'accompagnoient le nom de Bœotiens. Mais il eſt néceſſaire de rapporter ici l'hiſtoire de ces Æoliens en remontant à leur origine. Dès les premiers tems pluſieurs des fils d'Æole, qui étoient par conſéquent petits-fils d'Hellen, & ariere-petits fils de Deucalion s'étoient établis dans les provinces que nous

(1) Rhodoman a changé l'Eubée qui eſt dans le Grec en Bœotie, & Palmerids le change en la Ville de Boïe, υ Βοιη; d'autant que les quatre villes de la Doride étoient Erinée, Pinde, Cytinie & Boïe.

venons de nommer. Un d'entr'eux appellé Mimas étant resté dans l'Æolide devint Roi de ce pays. Hippotès fils de Mimas eut de sa femme Melanippe un fils appellé Æole. Arné fille de ce dernier fut mere de Bœotus qu'elle prétendit avoir eu de Neptune. Mais Æole ne croyant nullement que Neptune eut jamais eu la jouissance de sa fille, la donna à un Metapontin que le hazard avoit amené là, avec ordre de l'emmener avec lui à Metaponte. Cet homme ayant obéi à ce commandement, Arné enfanta dans Metaponte deux fils appellez l'un Æole, & l'autre Bœotus. Le Metapontin qui étoit sans enfans les adopta pour obéir à un Oracle qui le lui avoit ordonné. Lorsqu'ils furent devenus grands, ils se servirent de l'occasion d'une émeute qui s'éleva dans cette Ville pour se saisir du Royaume. Dans la suite ils tuérent Autolyte femme du Metapontin, en voulant prendre le parti de leur mere avec qui elle étoit entrée en contestation. Mais ce meurtre ayant irrité le Metapontin, ils furent tous deux obligez de s'enfuir sur mer avec Arné leur mere, & plusieurs de leurs amis. Dans la suite Æole se rendit maître de quelques Isles situées dans la mer de Toscane qu'il appella de son nom Æolides, & il bâtit la Ville de Lipare. Bœotus s'étant réfugié chez Æole son grand pere, ce Prince le reçut comme son fils, & lui laissa le Royaume de l'Æolide. Bœotus donna alors au pays dont il étoit Roi le nom de sa mere Arné & le sien à ses Sujets. Iton fils de Bœotus eut quatre fils, appellez Hippalcime, Electryon, Archiluque & Alegenor. Hippalcime fut pere de Penelée, Electryon de Leitus, Alegenor de Clonius & Archiluque de Prothoenor & d'Archesilaus. Ces deux derniers conduisirent au siége de Troye tous les Bœotiens.

XXV. Des Ancêtres de Nestor.

C'est ici le lieu de parler de Salmonée, de Tyro & de leurs descendans jusqu'à Nestor, qui fut l'un des Princes Grecs qui assistérent au siége de Troye. Deucalion fut pere d'Æole, Æole le fut d'Hellen, & Hellen le fut de Salmonée. Ce dernier étant sorti de l'Æolide avec plusieurs Æoliens vint demeurer dans l'Elide sur les bords du fleuve Alphée. Il bâtit là une ville qu'il appella Salmonée de son nom. Ayant ensuite épousé Alcidice fille d'Alée, il en eut une fille appellée Tyro qui fut d'une beauté merveilleuſe. Mais Alcidice étant morte, Salmonée ſe remaria à Sidero. Celle-ci agit en maratre avec Tyro & la traita fort cruellement. Cependant Salmonée qui étoit un homme violent & impie étant devenu l'objet de la haine de ſes peuples & de la colère des Dieux, fut tué d'un coup de foudre. Dans ce tems-là, Tyro qui étoit encore fille devint groſſe du fait de Neptune (1) & accoucha de Pelias & de Nelée. S'étant enſuite mariée avec Cretès elle le rendit pere d'Amythaon, de Pherès & d'Aeſon. Après la mort de Cretès, Pelias & Nelée ſe diſputérent le Royaume. Mais enfin Pelias fut Roi d'Iolcos & des pays d'alentour, & Nelée (2) alla faire la guerre dans le Peloponnéſe. Il fut accompagné dans cette expédition par Melampe, par Bias fils d'Amythaon & d'Aglée & par pluſieurs braves Achaiens, ou Phtiotès, ou Æoliens.

(1) Le nom de Neptune eſt une addition faite ici par Rhodoman, ſur l'autorité d'Homére. Odyſſée Liv. 11. v. 240.

(2) Palmérius prétend que le nom de Nelée eſt oublié ici dans le texte Grec, & que c'eſt lui qui ſe mit à la tête de cette entrepriſe : cette conjecture que j'ai ſuivie eſt vrai-ſemblable, & s'accorde avec ce qui ſuit quelques lignes plus bas,

Melampe qui étoit devin, guérit dans Argos toutes les femmes, que Bacchus irrité avoit rendu insensées. Anaxagore fils de Megapenthe & Roi des Argiens lui donna en récompense les deux tiers de son Royaume. Melampe ayant associé son frere Bias à la couronne choisit Argos pour sa demeure. Il épousa ensuite Iphianire fille de Megapenthe & il en eut Antiphatès, Manto, Abas (1) & Pronoé. Antiphatès eut de Zeuxippe fille d'Hippocoon Oiclée & Amphalcée: Enfin d'Oiclée & d'Hypermnestre fille de Thespius (2) naquirent Iphianire, Polyboée & Amphiaraus. C'est ainsi que Melampe, Bias & leurs descendans devinrent les maîtres d'Argos. Cependant Nelée suivi de ceux que nous avons nommez plus haut étant entré dans le pays de Messene y bâtit la ville de Pyle, après que les Messeniens lui eurent cédé le pays où elle fut située. Ce Roi épousa Chloris fille d'Amphion le (3) Thebain, & il en

(1) Le texte porte Bias; mais Palmerius le corrige par l'autorité d'Apollonius, d'Apollodore & de Pausanias.

(2) Palmerius lit Thestius d'après Apollodo-re. *l.* 1. & Hygin. *c.* 70.

(3) Palmerius change aussi Amphion le Thebain en Amphion l'Iasien ou fils d'Orchomene Iasien, ou descendant d'Iasius.

eut douze enfans dont l'aîné fut Periclymene & le dernier Nestor qui assista au siége de Troye. Notre dessein ne demande pas que nous en disions davantage sur les ancêtres de Nestor.

Nous passons à l'histoire des Lapithes & des Centaures. Il est rapporté dans les livres de Mythologie que l'Ocean & Thetis eurent plusieurs enfans qui portérent tous les noms de quelque fleuve. Parmi eux étoit Penée qui a donné son nom à un fleuve de la Thessalie. Celui-ci eut Ypsée & Stilbé d'une Nymphe appellée Creüse. De Stilbé & d'Apollon n'aquirent Lapithe & Centaure. Le premier alla s'établir près du fleuve Penée, devint Roi d'une partie de ce pays & fit passer son nom à ses sujets. Il épousa Orsinome fille d'Eurynome & fut pere de Phorbas & de Periphas qui montérent après lui sur le trône. Phorbas choisit Olene pour le lieu de sa demeure. Quelque tems après Alector Roi des Eliens craignant la puissance de Pelops appella Phorbas à son secours & partagea son Royaume avec lui. Phorbas eut deux fils Ægée & Actor qui furent après sa mort Rois

XXVI. Des Lapithes & des Centaures.

des Eliens. Periphas second fils de Lapithe ayant pris pour femme Astiagée fille d'Ypsée fut pere de huit enfans, dont l'aîné appellé Antion, eut de Perimele fille d'Amythaon un fils nommé Ixion. Celui-ci ayant promis de grands présens à Hesionée s'il lui accordoit en mariage sa fille Dia, épousa effectivement cette Princesse & en eut Pirithous. Mais différant de jour en jour de livrer à sa femme les présens dont ils étoient convenus, Hesionée enleva ses chevaux. Ixion pria son beaupere de venir chez lui en lui faisant espérer un bon acceuil ; mais si-tôt qu'il fut arrivé il le fit jetter dans une fosse de charbons ardens. Chacun ayant en horreur l'énormité de ce crime, personne ne vouloit l'expier ; Jupiter seul accorda cette grace à Ixion. Cela n'empêcha pas qu'il ne devint amoureux de la femme de ce Dieu, & il osa même lui déclarer sa passion. Cependant Jupiter donna à une nuée la ressemblance de Junon ; & Ixion l'ayant embrassée engendra les Centaures qui étoient de nature humaine. Enfin on raconte qu'en punition de ses forfaits Jupiter attacha Ixion sur une roue pour y tourner éternellement après sa mort. Quelques auteurs ont écrit que les Centaures furent nourris par les Nymphes sur le mont Pelius : qu'étant devenus grands ils se mêlérent avec des Cavales & engendrérent les Hippocentaures, monstres qui tenoient en même tems de la nature de l'homme & de celle du cheval. D'autres ont dit qu'on donna aux Centaures, fils d'Ixion & de Nephelé, le nom d'Hippocentaures parce qu'ils ont été les premiers qui ayent sçû monter à cheval ; & que c'est de-là que provient l'erreur de ceux qui ont cru qu'ils étoient moitié hommes & moitié chevaux. L'Histoire rapporte qu'ayant demandé à leur frere Pirithoüs qu'il partageât avec eux le Royaume de leur pere ; & que Pirithoüs n'ayant point écouté leur proposition, ils lui déclarérent la guerre à lui & aux Lapithes. Cette guerre étant appaisée, Pirithoüs épousa Hippodamie fille de Byltus (1) & invita à ses nôces Thesée & les Centaures. Ces derniers s'étant enivrez entreprirent de violer toutes les femmes qui étoient du festin.

(1) Palmerius lk Bu- d'Homére. Iliad. 2. us d'après les Scoliastes

Thesée & les Lapithes irritez de cette insolence en tuérent un grand nombre, & chasserent les autres hors de la ville. Les Centaures marchérent ensuite tous ensemble contre les Lapithes, & les ayant vaincus, ils obligérent ceux qui étoient échapez du combat de s'enfuir à Pholoé d'Arcadie. Quelques-uns des Lapithes se retirérent à Malée & s'y établirent. Au reste les Centaures que ce succès avoit rendu vains & superbes firent plusieurs irruptions autour de Pholoé, & ne s'occupérent plus qu'à voler les passans & à massacrer leurs voisins.

XXVII. D'Æsculape & de ses descendans.

APRÈS avoir parlé des Lapithes & des Centaures nous parlerons d'Æsculape & de ses descendans. Il étoit, dit-on, fils d'Apollon & il fut doué d'un esprit très-vif & très-subtil. Il étudia avec un soin particulier l'art de la Medecine & il inventa quantité de remédes salutaires aux hommes. Enfin ayant guéri plusieurs maladies desesperées il parvint à un si haut degré de réputation qu'on a dit de lui qu'il avoit redonné la vie à des morts. Les histoires Mythologiques ajoûtent même que Pluton cita Ésculape devant le tribunal de Jupiter, & qu'il se plaignit à lui de ce que l'empire des Ombres étoit considérablement diminué : de sorte que Jupiter irrité tua Esculape d'un coup de foudre. Mais Apollon indigné de la mort injuste de son fils tua aussi les Cyclopes qui forgeoient les foudres de Jupiter. Jupiter à son tour bannit Apollon du Ciel, & le condamna à servir un homme sur terre en punition de cet attentat. Esculape eut deux fils Machaon & Podalire, qui étant devenus très-habiles dans la medecine accompagnérent Agamemnon au siége de Troye. Ils furent d'un grand secours aux Grecs dans cette guerre, traitant avec beaucoup de succès ceux d'entr'eux qui étoient blessez. Aussi s'acquirent-ils une très-grande réputation ; & le besoin qu'on avoit de leur art fut cause qu'on les exemta des combats & de toutes les autres fonctions militaires. Nous bornons là l'Histoire d'Esculape & de ses enfans, pour venir à celle des filles d'Asope & des fils d'Æacus.

Nous avons déja dit plus haut que l'Ocean & Thetys eurent plusieurs enfans qui portérent tous des noms de fleuves, entre lesquels étoit

XXVIII. Des Filles d'Asope & des Fils d'Æacus.

Penée & Asope. Penée s'établit dans la Thessalie auprès d'un fleuve de son nom. Asope alla demeurer à Phlias où il épousa Methone fille de Ladon, de laquelle il eut deux fils Pelasgus & Ismenus, & douze filles, Corcyre, Salamine, Ægine, Pirene, Cleone, Thebé, Tanagra, Thespine, Asopis, Sinope, Œnie & Chalcio. Ismenus établit sa demeure dans la Bœotie auprès d'un fleuve auquel il donna son nom. Sinope fut ravie par Apollon & transportée dans l'endroit où est aujourd'hui située la ville de Sinope. Elle en eut un fils appellé Syrus qui étant devenu Roi donna son nom aux Syriens ses sujets. Corcyre fut enlevée par Neptune, & conduite dans cette Isle fameuse à laquelle son nom est demeuré. Elle fut mere de Phæax qui donna le sien aux Phæaciens & qui fut pere de cet Alcinoüs qui remena Ulisse dans l'Isle d'Ithaque. Salamine fut aussi enlevée par Neptune & portée dans l'Isle de Salamine. D'elle & de Neptune naquit Cenchrée qui fut Roi de cette Isle, & qui devint célèbre pour avoir tué un épouvantable serpent qui désoloit son Royaume. Ægine fut menée par Jupiter dans l'Isle qui porte son nom, & elle y accoucha d'Æaque qui dans la suite fut Roi de cette Isle & pere de Pelée & de Telamon. On dit de Pelée que jouant un jour au palet il tua involontairement Phocus son frere, mais né d'une autre mere: Qu'ensuite ayant été banni par son pere il se retira dans la partie de la Thessalie appellée Phtie; qu'Actor qui y régnoit l'expia de ce meurtre; & que mourant sans enfans (1) il le laissa son successeur. De Pelée & de Thetys naquit Achille qui accompagna Agamemnon au siége de Troye. Telamon s'enfuit aussi d'Ægine & alla demeurer à Salamine. Là il épousa Glaucé fille de Cenchrée Roi des Salaminiens, & devint ensuite lui-même Roi de cette Isle. Après la mort de sa premiére femme, il épousa Eribœe fille d'Alcathoüs Athénien, & en eut Ajax un des Capitaines Grecs qui assiégérent Troye.

XXIX. D'Oenomaüs, de Pelops & de Tantale.

Nous allons à présent rapporter les histoires de Pelops, de Tantale & d'Œnomaüs. Mais il faut nécessai-

(1) Actor avoit pour fils Menœtius Pere de Patrocle. Mais Menœtius avoit quitté la maison de son Pere pour aller en Thessalie. Palmérius.

rement prendre les choses de plus haut. Le Dieu Mars ayant entretenu dans Pise ville du Peloponnése, un commerce secret avec Harpine fille d'Asope en eut un fils appellé Œnomaüs. Celui-ci n'eut pour enfans qu'une fille appellée Hippodamie. Quelques tems après étant allé consulter l'Oracle sur le tems de sa mort, il lui fut répondu qu'il ne finiroit ses jours que lorsque sa fille se marieroit. Œnomaüs craignant pour sa vie résolut de tenir sa fille dans un célibat perpétuel; puisque c'étoit la seule manière d'éviter le péril dont il étoit menacé. Il obligea donc au combat tous ceux qui la venoient demander en mariage; à condition que s'il étoit vainqueur, ils devoient mourir de sa main, mais il leur accordoit sa fille en cas qu'il fût vaincu. La loi du combat étoit qu'ils poussassent leurs chariots depuis la ville de Pise jusqu'à l'Isthme de Corinthe; & l'autel de Neptune étoit le but où se termineroit leur course. Cependant Œnomaüs, avant que d'entrer dans la carriére, immoloit d'abord un Bélier à Jupiter. Pendant le tems du sacrifice celui qui étoit venu demander sa fille en mariage faifoit partir à toute bride fon char attelé de quatre chevaux. Le facrifice fini, Œnomaüs montoit fur le fien que conduifoit fon cocher Myrtile; & tenant fa lance en main, il pourfuivoit avec vîteffe l'amant de fa fille. S'il parvenoit jufqu'à lui avant le terme de la courfe, il le frappoit de fa lance & le faifoit tomber mort. Il tua de cette forte plufieurs Princes amoureux d'Hippodamie, les ayant tous atteints à caufe de la vîteffe de fes chevaux. Enfin Pelops s'étant rencontré par hazard à Pife & y ayant vû Hippodamie, devint amoureux d'elle & la demanda en mariage. Il corrompit d'abord Myrtile cocher d'Œnomaüs qui lui donna le tems d'arriver à l'autel de Neptune avant fon maître. Ainfi Œnomaüs croyant l'Oracle déja accompli fe laiffa aller au defefpoir & fe donna lui-même la mort. Pelops époufa donc cette Princeffe, & devint en même tems Roi de Pife. Dans la fuite, comme il joignoit une grande intelligence à un grand courage, il augmenta de beaucoup fa puiffance, & il joignit a fes états plufieurs provinces du Peloponnéfe qui n'a même emprunté que de lui cette dénomination qui signifie Isle de Pelops. Mais avant que de sortir de l'histoire de Pelops nous dirons un mot de Tantale son pere, ne voulant rien omettre de ce qui est digne de la curiosité des Lecteurs. Tantale étoit fils de Jupiter, & il habitoit dans cette province de l'Asie que l'on appelle la Paphlagonie. Sa réputation & ses richesses l'élevérent fort au dessus du commun des hommes ; & l'on dit que l'avantage de sa naissance lui avoit attiré l'amitié de tous les Dieux. Son bonheur le rendit si insolent qu'ayant été admis à leurs festins, il ne fit aucun scrupule de divulguer ce qu'ils avoient dit entr'eux. Aussi les Dieux le punirent pendant sa vie ; & les histoires Mythologiques disent même qu'après sa mort il fut placé parmi les impies pour y subir un supplice convenable à sa vanité. Il eut un fils & une fille, Pelops & Niobé. Celle-ci fut mere de sept fils & d'autant de filles, qui toutes furent douées d'une beauté extraordinaire. Ce grand nombre d'enfans remplit Niobé d'orgueil, & elle se vanta d'être plus féconde que Latone. Cette Déesse irritée exigea d'Apollon qu'il tuât à coups de flêches tous les fils de Niobé, & de Diane qu'elle en fit autant des filles. Ces Dieux ayant obéi a leur mere, Niobé se vit privée en un moment de tous ses enfans, dont le nombre fut celui de ses malheurs. Au reste Tantale devenu l'objet de la haine des Dieux fut chassé de la Paphlagonie par Ilus fils de Tros, dont il est à propos d'exposer ici l'origine.

XXX. Origine des Rois de la Troade.

LE PREMIER Roi de la Troade fut Tencer fils du fleuve Scamandre & de la Nimphe Idæe, homme illustre qui donna son nom à ses sujets. Il eut une fille appellée Batée que Dardanus fils de Jupiter épousa. Ce Prince ayant succedé à son beau-pere donna à son tour son nom à ses sujets, & à la Ville de Dardane qu'il bâtit sur le bord de la mer. Il lui naquit un fils appellé Erichton que son bonheur & ses richesses ont rendu célébre. C'est de lui qu'Homere dit (1),

Des grands Biens il goûta les douceurs si chéries,
Et trois mille jumens paissoient dans ses prairies.

(1) Iliad. 20. Vers 220.

Tros fut fils d'Erichton : ses sujets furent aussi appellez Troyens de son nom. Il fut pere d'Ilus, d'Assaracus, & de Ganymede. Ilus bâtit dans une plaine la plus belle des Villes de la Troade à laquelle son nom fit prendre celui d'Ilion. Il fut pere de Laomedon qui eut pour fils Tithon & Priam. Tithon alla porter la guerre dans les parties Orientales de l'Asie, & l'on conte qu'étant venu dans l'Ethiopie il fut aimé de l'Aurore, & en eut un fils appellé Memnon. Celui-ci vint dans la suite porter du secours à la Ville de Troye, où il fut tué par Achille. Priam ayant épousé Hécube devint pere de plusieurs enfans, entre lesquels étoit Hector le plus fameux défenseur des Troyens. Assaracus fut Roi des Dardaniens, pere de Capys, & grand pere d'Anchyse. De ce dernier & de la Déesse Venus naquit Ænée le plus célebre des Princes de Troye. Et à l'égard de Ganymede, comme il étoit le plus beau de tous ses freres, il fut enlevé par les Dieux pour servir d'Echanson à Jupiter.

XXXI.
De Dædale. Nous parlerons ici de Dædale, du Minotaure & de la guerre que Minos alla faire en Sicile au Roi Cocalus.

Dædale étoit Athénien de Nation, & de la noble famille des Erechtides. Son pere s'appelloit Hymetion fils d'Eupalame Athénien, & petit-fils d'Erechtée. Dædale surpassa tous les hommes dans les ouvrages de la main, & sur tout dans la sculpture. Non-seulement il donna des régles très utiles pour la perfection des arts; mais encore il a laissé en différens endroits de la terre des ouvrages admirables de sa façon. En effet, ses statues étoient faites avec tant d'art, & imitoient la nature de si près, que les Mythologistes qui sont venus après lui ont dit qu'elles étoient parfaitement semblables à des êtres vivans, qu'elles voyoient, qu'elles marchoient, en un mot qu'elles avoient tous les mouvemens que l'on remarque dans l'homme qui vit & qui pense. Mais il ne faut pas être surpris qu'il ait excité l'admiration des premiers hommes ausquels il a fait voir des statues qui avoient un regard, une démarche, une action; au lieu que les autres statuaires s'étoient bornez à des représentations d'hommes qui avoient les yeux fermez & les bras collez au corps, suivant leur longueur. Cependant Dædale qui s'étoit fait admirer par l'excellence de son art, fut exilé par les Juges de l'Aréopage en punition d'un meurtre qu'il avoit commis: en voici le sujet. Dædale avoit un neveu appellé Talos fils de sa sœur, & qui n'étoit encore qu'un enfant lorsqu'il fut mis sous sa discipline. L'écolier devint plus habile que le maître; il inventa, pour son coup d'essai, la roue dont se servent les potiers de terre. Ayant ensuite rencontré la machoire d'un serpent, & s'en étant servi pour couper un petit morceau de bois, il tâcha d'imiter avec le fer l'apreté des dents de cet animal. C'est ainsi qu'il donna aux gens de sa profession la scie, qui est un de leurs instrumens les plus utiles. Enfin c'est de lui que nous vient le tour, & quantité d'autres inventions d'un grand usage dans les arts méchaniques. Dædale porta lui-même envie à son neveu, & craignant que sa réputation ne s'élevât au-dessus de la sienne, il s'en défit par trahison. Mais il fut découvert pendant qu'il enterroit ce corps; & ayant été interrogé sur ce qu'il faisoit, il répondit qu'il enterroit un serpent. Il y a lieu de remarquer ici que le même animal qui avoit donné occasion à ce jeune homme d'inventer la scie, servît aussi à déceler l'Auteur de sa mort. Au reste Dædale accusé de ce meurtre devant les Juges de l'Aréopage, & condamné par eux, s'enfuit d'abord dans un Bourg de l'Attique, dont les Habitans retiennent encore à présent le nom de Dædalides : Il se retira ensuite dans l'Isle de Créte, où sa grande habileté lui acquit bien-tôt l'amitié du Roi Minos.

LA FABLE dit que Pasiphaé femme de Minos étant devenue amoureuse d'un Taureau, Dædale pour favoriser cet horrible amour fit une figure de genisse assez ressemblante pour tromper le taureau même. On raconte que Minos, qui avoit coutume de sacrifier tous les ans à Neptune le plus beau de ses taureaux, voulut épargner celui-ci qui étoit d'une grande beauté ; & que Neptune irrité contre Minos rendit sa femme amoureuse du taureau qu'il devoit offrir à ce Dieu. Pasiphaé par le secours de Dædale jouit donc de ses infames amours, & enfanta le Minotaure. Ce monstre ressembloit à un taureau par la tête,

Histoire de Pasiphaé & du Minotaure. Le Labyrinthe ouvrage de Dædale.

mais des épaules en bas il ressembloit à un homme. On dit enfin que Dædale construisit pour l'enfermer un labyrinthe dont les routes égaroient tous ceux qui y entroient. Nous avons déja dit plus haut que l'on donnoit à dévorer au Minotaure sept jeunes garçons & sept jeunes filles que l'on envoyoit d'Athénes tous les sept ans. Cependant Dædale épouvanté des menaces de Minos, & craignant les effets de sa vengeance sur le moyen qu'il avoit fourni à sa femme de satisfaire sa passion monstrueuse, s'enfuit de l'Isle de Créte avec son fils Icare, sur un vaisseau que Pasiphaé lui avoit donné. Etant arrivez au bord d'une Isle très-éloignée de la terre ferme, Icare qui y descendoit avec précipitation, tomba dans l'eau, où s'étant noyé on donna à cette mer & à cette Isle le nom d'Icariennes. Dædale s'étant rembarqué aborda enfin dans cette partie de la Sicile dont Cocalaus étoit Roi; & ce Prince qui le connoissoit de réputation l'honora de son amitié. Quelques Mythologistes prétendent que Pasiphaé cacha quelque tems Dædale dans l'Isle de Créte, & que Minos qui vouloit le faire punir,

LIVRE IV.

nir, n'ayant pû le trouver dans la visite qu'il fit faire de tous les vaisseaux où il auroit pû chercher le moyen de fuir, promit une grande somme d'argent à celui qui le lui ameneroit : que Dædale craignant cette perquisition, & ne pouvant trouver aucun autre expédient pour sortir de l'Isle, attacha avec de la cire sur son dos & sur celui de son fils, des aîles faites avec un grand art, & traversa en volant la mer de Crête : mais qu'Icare ayant inconsidérément pris un vol trop haut, & donné lieu à l'ardeur du Soleil de fondre la cire de ses aîles, tomba dans la mer : qu'au contraire son pere qui ne voloit qu'à fleur d'eau & qui mouilloit même ses aîles de tems en tems se sauva dans la Sicile. Quoique ce récit paroisse fabuleux, nous n'avons pas cru qu'il nous fût permis de l'omettre. Au reste Dædale demeura long-tems en cette Isle chez le Roi Cocalus, & il se fit admirer des Siciliens par ses talens. L'on voit même encore à présent dans la Sicile plusieurs ouvrages dont il l'a embellie. En premier lieu il creusa près de Mégaride une piscine, à travers laquelle le fleuve Alabon se décharge dans la mer. Il bâtit enfuite fur le haut d'un rocher dans le Camique une Citadelle très-forte, & abfolument imprenable, au tour de laquelle on a bâti depuis Agrigente. Il en rendit les avenues fi étroites & fi obliques qu'il ne faut au plus que trois ou quatre hommes pour les garder. Cette fituation engagea Cocalus à placer là fon Palais, & à y mettre fes richeffes en fûreté. Dædale creufa enfuite une caverne dans le territoire de Selinunte, où il employa avec tant d'art & de bonheur les vapeurs des feux fouterrains, que les malades qui y entroient fe fentoient peu à peu provoquer à une fueur douce, & guériffoient infenfiblement, fans éprouver même l'incommodité de la chaleur. Le mont Eryx étoit fi efcarpé, & d'ailleurs fi entrecoupé dans toute fa hauteur, que les maifons qu'on avoit été obligé de bâtir autour du Temple de Venus fitué fur ce mont paroiffoient prêtes à tomber à chaque moment dans le précipice. Dædale augmenta beaucoup la largeur du fommet par des terres foutenuës d'une muraille. Il dédia enfuite à Venus Erycine une ruche d'or, qui imitoit une ruche véritable, d'une

Livre IV.

manière qu'on n'auroit pas cru possible à l'art. Il avoit fait dans la Sicile plusieurs autres ouvrages dont l'injure des tems nous a privez.

CEPENDANT Minos qui étoit alors maître de la mer ayant appris que Dædale s'étoit retiré dans la Sicile résolut d'y porter la guerre. Dans ce dessein il équipa une flotte où commandant lui-même, il aborda près d'Agrigente dans un endroit qui s'appelle encore aujourd'hui de son nom. Ayant fait débarquer ses troupes, il envoya demander au Roi qu'il lui livrât Dædale pour le punir. Mais Minos ayant ensuite accepté l'hospitalité que ce Prince lui fit offrir, en lui promettant de le satisfaire ; Cocalus l'engagea à se baigner, & le fit tenir si long-tems dans le bain qu'il y étouffa de chaleur. Cocalus rendit son corps à ses soldats, en leur disant qu'il étoit mort pour être tombé malheureusement dans un bain d'eau chaude. Ils enterrérent ce corps avec pompe, & ils élevérent en son honneur un tombeau double. Ses os reposoient dans la partie la plus secrette de ce monument, l'autre partie étoit un Temple consacré à Venus ; les Siciliens sa-

XXXII. Voyage de Minos en Sicile où il meurt à la poursuite de Dædale. Les troupes qu'il y avoit menée, y bâtissent une ville & un temple célébre.

H ij

voient fréquenté long-tems, seulement par rapport à cette Déesse; Car dans la suite le lieu de la sépulture de Minos ayant été decouvert pendant qu'on bâtissoit Agrigente; son tombeau fut entiérement démoli, & l'on rendit ses os aux Crétois. Théron étoit alors Roi des Agrigentins. Mais dans le tems de Minos, les Crétois qui l'avoient suivi en Sicile s'étant brouillez les uns avec les autres faute de maître, les Siciliens sujets du Roi Cocalus prirent ce tems pour aller brûler leurs vaisseaux, & leur ôtérent entiérement par-là l'espérance du retour. Ils prirent donc le parti de demeurer dans la Sicile, ils y bâtirent une Ville à laquelle ils donnérent le nom de Minos qui avoit été leur Roi. Quelques-uns d'eux néanmoins errérent dans les terres jusqu'à ce qu'ayant trouvé un lieu très-fort par sa situation, ils y élevérent une Ville qu'ils appellérent Engyon du nom d'un ruisseau qui la traversoit. Après la prise de Troye, Merion aborda en Sicile accompagné de plusieurs Crétois. Ils y furent bien reçus par les Habitans d'Engyon, comme étant les uns & les autres originaires du même pays; &

ils leur accordérent le droit de bourgeoisie dans leur Ville. Ayant fait tous ensemble quelques irruptions sur leurs voisins, ils conquirent un assez grand pays. Dans la suite rendus encore plus puissans, ils bâtirent un Temple en l'honneur des Déesses meres. Ils les eurent en grande vénération, & leur firent bien des offrandes. On dit que c'est de Créte, où ces Déesses étoient extrêmement réverées, que les Habitans d'Engyon ont apporté leur culte en Sicile. Les histoires Mythologistes racontent qu'elles avoient autrefois nourri Jupiter à l'insçu de son pere Saturne; & qu'en récompense de ce bienfait, ce Dieu les plaça dans le Ciel, & les transforma en ces Etoiles qui composent la grande Ourse. Le Poëte Aratus (1) a suivi cette opinion dans son Poëme des Phénomenes.

Ce sont elles qu'on voit vers le Pôle tournées,

Rouler avec le Ciel sur leur char entraînées.

---

(1) Aratus de Sole en Cilicie vivoit en la 125. Olympiade 276 ans avant J. C. Il a composé deux poëmes Grecs qui tiennent à l'Astronomie. Les Phénoménes, & les prognostiques Διοσημεία. Cicéron avoit fait du premier une traduction en vers latins dont il nous reste une grande partie.

S'il est quelque récit merveilleux & certain,
Jupiter leur a fait un si brillant destin,
Pour prix d'avoir tenu, dans un antre de Créte,
Loin d'un Pere jaloux, son enfance secrette,
Et, pour le bien commun de la terre & des cieux,
Nourri le souverain des mortels & des Dieux.

Nous ne sçaurions passer sous silence la grande célébrité que la dévotion des peuples a donnée à ces Déesses. Car non-seulement les Habitans d'Engyon, mais encore leurs voisins leur offrent des sacrifices magnifiques, & leur rendent des honneurs extraordinaires. Les Oracles d'Apollon ont même ordonné à plusieurs Villes de les honorer, en leur promettant toutes sortes de prospéritez, & une longue vie à leurs Habitans. Enfin leur culte s'est si fort accrédité, que dans le tems même que j'écris cette histoire les Habitans du pays leur portent souvent de nombreuses offrandes d'or & d'argent. Ils ont élevé en leur honneur un temple remarquable, non-seulement par sa grandeur, mais par l'élegance de sa construction. Comme ils n'avoient point chez eux d'assez belles pierres à leur gré pour cet édifice, ils les ont été chercher jusqu'au près de la ville des Agyrinæens quoiqu'elle soit éloignée de la leur d'environ cent stades. De plus le chemin est si inégal & si pierreux qu'ils ont été obligez de les apporter toutes sur des chariots à quatre roues, & traînez par cent paires de bœufs. Ils en ont eu le moyen par les dons faits aux Déesses, & qui surpassoient encore tous ces frais : Quelque tems avant ma naissance elles avoient trois mille bœufs sacrez, & une grande étendue de pays dont leur temple tiroit de grands revenus.

XXXIII.
Histoire d'Aristée.

Nous allons présentement raconter l'histoire d'Aristée : Il étoit fils d'Apollon & de Cyrene fille d'Ypsée & petite fille de Pénée. Il est rapporté dans les histoires Mythologiques qu'Apollon devint amoureux de Cyrene, qui étant encore fort jeune étoit élevée sur le mont Pelion ; & qu'il la transporta dans cet endroit de l'Afrique où l'on a depuis bâti la Ville de Cyrene : qu'Aristée étant né dans cet endroit, son pere chargea aussi-tôt les Nymphes de son éducation: qu'elles lui donnérent trois noms, sçavoir Nomius, Aristée & Agræ; & qu'elles lui enseignérent la maniére de faire cailler le lait, l'art d'élever les abeilles, & la culture des oliviers. Aristée, ajoute-t-on, fit bientôt part aux hommes de toutes ces connoissances; & en revanche les hommes lui rendirent les honneurs divins, & le regardérent comme un second Bacchus. Il alla ensuite dans la Bœotie où il épousa Autonoë fille de Cadmus. Il fut Pere d'Actéon de qui les fables disent qu'il fut dévoré par ses propres chiens. La cause de ce malheur fut selon quelques-uns, qu'étant dans le Temple de Diane, il dit qu'il vouloit faire son festin de nôces du tribut de la chasse qu'il apportoit à la Déesse; & selon d'autres, qu'il s'étoit vanté d'être plus habile chasseur que Diane même. Quoiqu'il en soit, il n'est pas surprenant que la Déesse se soit irritée de l'un ou de l'autre discours: Et ce fut avec justice qu'elle se vengea si rigoureusement d'un homme qui venoit jusque dans son Temple braver le choix qu'elle a fait de la virginité; ou qui se vanvoit de surpasser dans l'art de la chasse une Déesse à qui les Dieux cedent à cet égard. Diane l'ayant donc métamorphosé lui-même en bête fauve, il fut méconnu par ses propres chiens qui le déchirérent. Après la mort d'Actéon, Aristée alla consulter l'Oracle de son pere. Apollon lui ordonna d'aller dans l'Isle de Cos, & l'assura qu'il y recevroit de grands honneurs. Pour obéir à ces ordres Aristée prit la route de cette Isle. La peste desoloit alors toute la Gréce. Aristée offrit aux Dieux un sacrifice au nom de tous les Grecs, & à peine le sacrifice fut-il commencé que la peste cessa. C'étoit alors le commencement de la Canicule, tems auquel les vents Etésiens ont coutume de s'élever. On admirera là-dessus l'ordre du destin qui permit que le même homme, qui avoit vû déchirer son fils par des chiens, fut la cause du salut de sa patrie, en détournant de dessus ses Concitoyens les influences malignes du chien celeste. On dit qu'Aristée ayant laissé ses enfans dans l'Isle de Cos repassa en Afrique, & que de-là il alla en Sardaigne sur une flotte que la Nimphe sa mere avoit équipée. Cette Isle étoit inculte quand il y arriva. Cependant elle lui sembla si belle qu'il y établit sa demeure, & qu'il y planta toutes sortes d'arbres fruitiers. Il y eut deux fils, Charmus & Calæcarpe. Il visita ensuite plusieurs petites Isles, & il s'arrêta quelque tems dans la Sicile. Il fut si charmé de l'abondance des fruits, & des troupeaux qu'il vit dans ses campagnes, qu'il résolut de faire part de ses inventions aux Siciliens. C'est aussi pour cette raison que tous les Siciliens en général, mais plus particuliérement ceux qui cultivent les Oliviers lui rendent les honneurs divins. Après cela il alla rejoindre Bacchus dans la Thrace, & il lia avec lui une amitié parfaite. Ce Dieu même l'initia dans ses Mystéres, & lui communiqua ses découvertes. Enfin ayant demeuré quelques tems sur le mont Hæmus, Aristée devint invisible, & fut regardé comme un Dieu, non-seulement par les Barbares de ce canton, mais encore par les Grecs.

XXXIV. *D'Erix & du temple de Venus Erycine.* Nous devons parler ici d'Eryx & de Daphnis. Eryx homme très-illustre fut fils de Venus & de Buta Roi d'un petit pays de la Sicile. La naissance d'Eryx fut cause qu'une partie des Siciliens le choisirent pour Roi. Il bâtit sur une hauteur une Ville considérable à laquelle il donna son nom; & au milieu de la Citadelle un Temple qu'il dédia à sa mere, & qu'il enrichit d'un grand nombre de présens magnifiques. Les honneurs que Venus reçut de son fils, & la vénération que les Peuples avoient pour elle, lui plûrent si fort qu'elle aima cette Ville sur toutes les autres, & qu'elle voulut même porter le surnom d'Erycine. De tous ceux qui examineront de près la fortune de ce Temple il n'y en aura aucun qui n'en soit étonné: car tous les autres après avoir eu de la réputation pendant quelque tems l'ont enfin perdue, ou toute entiére ou en partie, par différentes révolutions; au lieu que celui-ci quoique très-ancien n'a jamais cessé d'être célébre, & même sa réputation s'est toujours accrue. Depuis le tems d'Eryx, Ænée qui alloit en Italie, ayant relâché dans cette Isle, laissa de grands dons dans ce Temple, comme étant aussi fils de Venus. Pendant plusieurs générations les Siciliens ont offert à Venus Erycine quantité de sacrifices & de présens. Dans la suite les Carthaginois, s'étant rendus maîtres d'une partie de cette Isle, ont entretenu le culte de cette Déesse avec beaucoup de pompe. Enfin les Romains ayant soumis à leur domination toute la Sicile, ont surpassé par les honneurs qu'ils ont rendus à ce temple toutes les Nations qui avoient possedé l'Isle avant eux. Ils s'y croyoient plus obligez que d'autres : Car rapportant leur origine à cette Déesse & lui attribuant le succès de toutes leurs entreprises, il étoit juste qu'ils lui en marquassent leur reconnoissance. A present même lorsque leurs Consuls, leurs Généraux, en un mot tous ceux qu'ils envoyent en Sicile revétus de quelque dignité font arrivez à Eryx, ils offrent de magnifiques sacrifices dans le temple de Venus. Se dépouillant ensuite de cette fierté qui leur est naturelle, ils se mêlent dans les assemblées de femmes & jouent avec elles ; croyant que c'est la seule maniére de faire agréer leur domination à cette Déesse. Enfin le Sénat pour signaler sa piété a ordonné que dix-sept des Villes de Sicile qui leur sont les plus fidéles apporteroient de l'or dans son temple, & qu'il seroit toujours gardé par deux cens hommes.

QUAND à Daphnis voici ce qu'on en raconte. Il y a dans la Sicile les monts Héræens que leur beauté, leur fertilité & leur situation rendent délicieux pendant l'Eté. Ils sont arrosez par un nombre infini de ruisseaux dont les eaux surpassent en douceur toutes les eaux du monde, & ils sont couverts d'arbres de toute espéce. Les chênes qui y croissent sont fort grands & portent des glands deux fois plus gros que ceux des autres chênes. On y trouve des arbres fruitiers, des vignes qui y croissent sans culture & un nombre incroyable de pommiers. On raconte que l'armée des Carthaginois, ayant eu beaucoup à souffrir de la faim, se rétablit dans cet endroit; le lieu fournissant sans s'épuiser la nourriture à plusieurs milliers d'hommes. Au milieu de ces montagnes est situé un agréable vallon rempli d'arbres & dédié aux Nymphes de même qu'un bois qui y tient. Les Mythologistes prétendent que ce fut-là que naquit de Mercure & d'une Nymphe, Daphnis, ainsi nommé à cause de la quantité de lauriers qui ornoient

XXXV.
De Daphnis.

le lieu de sa naissance. Cet enfant ayant été élevé par les Nymphes devint possesseur de plusieurs troupeaux de bœufs; & il fut même surnommé Bucolos, parce qu'il leur donnoit tous ses soins. Il avoit de grandes dispositions pour les vers, & il fut l'inventeur de cette espéce de Poësie que l'on appelle Bucolique, & qui est encore à présent fort estimée par les Siciliens (1). On dit que Daphnis alloit souvent à la chasse avec Diane: que sa compagnie plaisoit beaucoup à cette Déesse, & qu'il la divertissoit par sa flute & par ses Bucoliques: qu'il fut aimé d'une Nymphe qui lui prédit qu'il perdroit la vûe s'il s'attachoit jamais à quelqu'autre femme qu'elle. L'événement vérifia cette prédiction: car la fille d'un Roi l'ayant enivré, il eut commerce avec elle, & devint aveugle.

XXXVI. D'Orion & de ses ouvrages en Sicile.

IL EST AUSSI rapporté dans les histoires Mithologiques qu'Orion a surpassé les plus célébres Héros par la

———

(1) Theocrite le plus fameux des Poëtes Bucoliques parmi les Grecs, étoit de Sicile. Il a vécu du tems des deux premiers Ptolémées Rois d'Egypte. Moschus étoit du même Pays, & Bion quoique né à Smyrne a vécu dans la Sicile. Ces trois Poëtes ont été contemporains.

hauteur de sa taille & par sa force. Il aimoit la chasse, & il a fait plusieurs actions qui sont des preuves de son courage & de son amour pour la gloire. Zanclus régnoit alors en Sicile & il faisoit bâtir la Ville de Zancle, présentement Messine. Orion y fut l'auteur & le conducteur de plusieurs ouvrages. Il présida entr'autres à la construction de ce port de la Ville qui s'appelle Acté. À ce propos il est bon de dire ici quelque chose du détroit qui sépare la Sicile de l'Italie. Les anciens Mythologistes racontent que la Sicile étoit autrefois une presqu'Isle, & voici comme ils prétendent qu'elle est devenue Isle. Dans l'endroit le plus étroit de cet Isthme les vagues de la mer frapoient l'un & l'autre rivage avec tant de violence qu'elles se firent un chemin en rompant les terres qui les empêchoient de se joindre. Pour preuve de leur opinion, ils disent que depuis ce tems-là on a bâti sur ce détroit une Ville à laquelle on a donné le nom de Rhege, mot grec qui signifie rupture. Quelques Auteurs cependant ont écrit que cette séparation n'a été causée que par de violens tremblemens de terre.

Hesiode dit au contraire que pour garantir la côte de Sicile des fréquens débordemens de la mer, Orion forma par un grand transport de terres le Cap Pelore, sur lequel il bâtit ensuite le Temple de Neptune qui est fort réveré par les Habitans : qu'après avoir mis la derniere main à cet ouvrage, il alla dans l'Isle d'Eubœe, où il établit sa demeure: enfin qu'ayant été transporté au Ciel il y fut placé au nombre des Etoiles & jugé digne des honneurs immortels. Homere fait mention de lui en ces termes qu'il met dans la bouche d'Ulysse racontant sa descente aux enfers (1).

Là, j'apperçûs bien-tôt le Géant Orion
Poursuivant chez les Morts comme dans nos
    campagnes,
A travers les forêts, par dessus les monta-
    gnes,
Des animaux pareils à ceux dont autrefois,
Armé de sa massue, il dépeuploit les bois.

Il avoit déja fait juger de sa taille en lui comparant les Aloïades dont il dit qu'à l'âge de neuf ans, ils avoient l'é-

---

(1) Dans l'Histoire des morts, Odyss. l. 11. v. 5.

LIVRE IV. 185

paisseur de neuf coudées, & la longueur de neuf arpens (1).

Les deux fils d'Aloüs si hauts, si belliqueux,
Et qui ne connoissoient qu'Orion plus beau
   qu'eux.

Nous terminons ici le quatriéme livre, où suivant notre projet nous avons parlé suffisamment des demi Dieux & des Heros.

(1) Ibid. v. 308.

Fin du Livre IV.

HISTOIRE
UNIVERSELLE
DE
DIODORE DE SICILE.

LIVRE CINQUIÉME.

I.
AVANT-
PROPOS.

N Historien doit travailler sérieusement à acquérir toutes les qualitez necessaires à un bon écrivain. La principale est un grand ordre. Cette qualité n'est pas seulement avantageuse dans la conduite des affaires domestiques: Elle est encore très-importante pour bien écrire l'Histoire. Nous avons néanmoins quelques Auteurs, qui

sans se mettre beaucoup en peine de l'arrangement des faits qu'ils racontent, ne se sont étudiez qu'à faire briller un beau stile, & de vastes connoissances. Mais le Public qui leur a sçû gré de leur attention & de leurs recherches, leur a réproché d'avoir mal disposé leurs matériaux. On ne peut pas nier que Timée ne suive exactement l'ordre des tems, & qu'il ne se trouve beaucoup d'érudition dans ses écrits: mais ses critiques toujours trop longues & mal placées lui ont fait donner avec justice le surnom d'Epitimæ, c'est-à-dire correcteur. Ephore au contraire a réussi dans son histoire, non-seulement par la beauté du stile, mais encore par la manière dont il a arrangé ses faits. Sa méthode est de rapporter dans chaque livre ce qui concerne une Nation. Comme nous l'estimons la meilleure, nous tâcherons de la suivre autant qu'il nous sera possible. Ayant donc destiné ce cinquième livre à l'histoire des Isles (1) en général, nous commencerons par celle de la Sicile, qui certainement est une des plus grandes

(1) Dans la suite de ce Livre l'Auteur ne laisse pas de parler de bien d'autres pays que des Isles.

& des plus renommées dans l'ancienne Mythologie.

11. Description de la Sicile. La Sicile s'appelloit autrefois Trinacrie parce qu'elle a la figure d'un triangle. Elle fut ensuite nommée Sicanie par les Sicaniens qui l'habitérent; mais enfin les Siciliens ayant passé de l'Italie dans cette Isle, lui donnérent le nom de Sicile. Elle a environ quatre mille trois cens soixante stades de circonférence (1) : Car de ses trois côtez celui qui va du Cap Pelore au Promontoire Lilybée en a mille sept cens : celui qui s'étend du Promontoire Lilybée jusqu'au Promontoire Pachin dans le pays de Syracuse en a mille cinq cens : enfin le troisiéme en a onze cens quarante (2). Les Siciliens tiennent par tradition de leurs ancêtres que leur Isle est consacrée à Cerès & à sa fille Proserpine. Quelques Poëtes ont écrit qu'au mariage de Pluton & de Proserpine, Jupiter leur donna la Sicile pour présent de nôces. Les Historiens qui passent pour les plus fidéles, disent que les Sicaniens qui

(1) C'est environ 182 lieues de tour à 24 stades pour chaque lieue.

(2) Il en faudroit 20 de plus pour la somme totale 4360. Mais l'Auteur a dit, *environ*.

habitoient cette Isle étoient originaires du pays: que c'est dans la Sicile que Cerès & Proserpine se firent voir aux hommes pour la premiere fois; & que cette Isle est le premier endroit du monde où il ait crû du bled. Le plus célèbre des Poëtes a suivi cette tradition lorsqu'il dit en parlant de la Sicile (1).

Sans le travail du soc, sans le soin des semailles,
La terre fait sortir de ses riches entrailles
Tous ses dons arrosez aussi-tôt par les Cieux,

En effet on voit encore dans le Leontin & dans plusieurs autres lieux de la Sicile, du froment sauvage qui pousse de lui-même (2). Il étoit naturel d'attribuer à une terre si excellente l'ori-

(1) Odyss. l. 9. v. 109.
(2) Cette observation historique paroît formelle sur l'origine des bleds, dont quelques habiles gens font une question qui leur paroît encore indécise. Les *Gramen* qui naissent partout les enferment essentiellement. Mais je ne prétens pas dire que les *Gramen* de tous lieux puissent être portez par une culture continuée, jusqu'à devenir Froment, Orge, Seigle, &c Et il peut bien être que cet avantage ne fut propre qu'à ceux de la Sicile, de l'Egypte & de quelque autre terroir favorable. On sçait d'ailleurs que la culture de certains fruits les rend seulement plus beaux que les sauvages de la même espéce ; mais qu'elle en change d'autres jusqu'à les rendre méconnoissables. Il se peut faire mê-

gine des bleds; & l'on voit d'ailleurs que les Déesses qui nous en ont montré l'usage y sont dans une vénération particuliére. C'est là même qu'on a placé l'enlévement de Proserpine; parce que ces Déesses qui aimoient uniquement ce séjour, y avoient établi leur résidence. Ce fut dans les prairies d'Enna que Pluton ravit Proserpine. Ces prairies qui sont auprès de la Ville de ce nom sont dignes de curiosité, par les violettes & par les fleurs de toute espéce qui y croissent, & qui répandent une telle odeur dans l'air, qu'elle fait perdre aux chiens de chasse la piste des animaux qu'ils poursuivent. La superficie du terrain qui est plane dans le milieu, & traversée de plusieurs ruisseaux, s'éléve du côté des bords qui sont entourez de précipices. On prétend que cette plaine fait précisément le milieu de l'Isle; & c'est pour cette raison que quelques-uns l'appellent l'Umbilic de la Sicile. Non loin de là on voit des bois, des prez, des jardins, des ma-

---

me que les purs *Gramen* de la Sicile approchent plus qu'en nos climats, ou approchassent plus avant l'éruption des feux souterrains qu'aujourd'hui, de la figure du blé parfait, qui a tout prendre ne peut être qu'une production de la terre.

rais, & l'on trouve enfin une grande caverne dans laquelle il y a une ouverture souterraine tournée du côté du Nord. On dit que ce fut par cette ouverture que Pluton monté sur son char retourna aux enfers avec Proserpine qu'il enlevoit. Les violiers & les autres plantes dont cette campagne est couverte, portent des fleurs pendant toute l'année, & la rendent aussi charmante à la vûe qu'à l'odorat.

LES MYTHOLOGISTES racontent que Minerve, Diane & Proserpine, ayant résolu d'un commun accord de garder leur virginité, furent élevées dans ces prairies où elles s'entretenoient ensemble. Ils ajoutent qu'elles travaillérent de leurs mains un voile de fleurs dont elles firent présent à Jupiter; que l'amitié qu'elles se portoient leur fit trouver le séjour de cette Isle si agréable, qu'elles choisirent chacune un endroit pour y habiter : Que Minerve établit sa demeure près d'Hymere, & que les Nymphes voulant gratifier cette Déesse firent sortir de terre des sources d'eaux chaudes dans le tems de l'arrivée d'Hercule en Sicile. Les Siciliens ont depuis bâti en cet endroit une Ville qu'ils ont con-

III. Traditions Mythologiques sur les Déesses qui ont habité la Sicile.

sacrée à cette Déeſſe, & qui eſt même ſituée dans un champ que l'on appelle le champ de Minerve. Ces Auteurs diſent encore que Minerve & Proſerpine donnérent à Diane en particulier l'Iſle de Syracuſe que les Oracles & les hommes ont nommée Ortygye du nom de cette Déeſſe; & que les Nymphes firent auſſi-tôt paroître dans cette Iſle en faveur de Diane une fontaine appellée Arethuſe. Depuis un tems immémorial cette fontaine eſt fournie d'un nombre infini de poiſſons auſquels aujourd'hui encore perſonne n'oſeroit toucher, parce qu'ils ſont conſacrez à cette Déeſſe. Il eſt même arrivé que quelques-uns en ayant mangé pendant les deſordres de la guerre, la Déeſſe les a viſiblement punis par des calamitez extraordinaires. Mais nous en parlerons ailleurs plus amplement(1). Les Mythologiſtes ajoutent que Proſerpine partagea les prairies d'Enna avec les deux autres Déeſſes. On lui a conſacré près de Syracuſe une grande fontaine que l'on appelle Cyané, parce qu'on prétend que Pluton ayant

---

(1) Dans quelqu'un des Livres perdus entre le cinquiéme & le onziéme.

enlevé

enlevé Proserpine la conduisit jusqu'auprès de Syracuse : que là ayant entr'ouvert la terre, il prit avec elle le chemin des Enfers, & que de cette ouverture sortit cette fontaine appellée Cyané. Les Syracusains ont coutume tous les ans d'y offrir chacun en particulier des hosties proportionnées à leurs facultez ; après quoi ils immolent tous ensemble des taureaux qu'ils égorgent sur la fontaine même. Hercule fut le premier Auteur de ce sacrifice, lorsqu'emmenant avec lui les bœufs de Geryon, il traversa toute la Sicile. On raconte qu'après l'enlévement de Proserpine, Cerès qui ne sçavoit où trouver sa fille, ayant allumé des flambeaux aux flammes du mont Ætna parcourut une grande partie de la terre. Elle répandit ses bienfaits sur tous les hommes, mais principalement sur ceux qui lui accordérent l'hospitalité, & elle leur fit part de l'invention du bled. Les Athéniens, l'ayant reçue avec beaucoup plus d'affection que les autres peuples, furent aussi les premiers après les Siciliens ausquels elle découvrit le même secret. En reconnoissance de ce bienfait ces peuples ont institué en son honneur, non-seulement des sacrifices, mais encore les Mystéres d'Eleusine que leur sainteté & leur antiquité ont rendu recommandables. Les Athéniens communiquérent ensuite à divers peuples une nourriture si favorable à l'homme ; & leur ayant envoyé du froment pour le semer, ils en remplirent par ce moyen toute la terre.

IV. Fêtes établies dans la Sicile en l'honneur de Cérès & de Proserpine.

Au reste les Habitans de la Sicile, en mémoire du séjour que Cerès & Proserpine avoient fait chez eux, instituérent des fêtes en leur honneur. Il les célebrent d'une maniére convenable à un peuple auquel ces Déesses ont donné tant de marques de préférence ; & ils les placent en différens tems de l'année par rapport aux différentes façons qu'on donne aux bleds, pour marquer que c'est à ces Déesses que l'on en doit la culture. On célebre par exemple l'enlévement de Proserpine vers le tems de la récolte, & la recherche de Cerès dans le tems des semailles. Celle-ci dure (1) dix jours entiers : l'appareil en est éclatant & magnifique, mais dans

(1) Je sauve ici la répétition de quelques phrases qui ne disent que la même chose.

tout le reste le Peuple assemblé affecte de se conformer à la simplicité du premier âge. Il est aussi d'usage, tant que dure cette fête, de mêler dans les conversations quelques paroles libres & deshonnêtes ; parce que ce fut avec de tels propos que l'on fit rire Cerès, affligée de la perte de sa fille. Plusieurs Poëtes rapportent comme nous l'histoire de l'enlévement de Proserpine. Voici ce qu'en dit Carcinus (1) Poëte tragique, qui alloit souvent à Syracuse, & qui a été témoin de la dévotion avec laquelle les Siciliens célebroient les fêtes dont nous venons de parler.

    Quand du souverain des ombres
    Malgré soi blessant le cœur,
    Proserpine aux fleuves sombres
    Suivit le char du vainqueur :
    Cerès cherchant la Déesse,
    Remplit les villes de Grèce
    Du récit de son malheur :
    Et tous les ans la Sicile
    Depuis ce jour, moins fertile,
    En célébre la douleur.

(1) Il y a eu deux Carcinus Poëtes tragiques, qui ont vécu à peu près dans le même tems. Celui

Mais il ne seroit pas juste de passer sous silence les autres bienfaits de Cerès : car outre l'invention du bled, les Siciliens lui doivent encore les loix qui les ont formez à la pratique de la justice. C'est même pour cette raison qu'on lui a donné le nom de Thesmophore. Il n'étoit pas possible qu'elle fît aux hommes deux plus beaux présens que de leur fournir de quoi vivre, & de leur apprendre à bien vivre. Nous avons raconté assez au long ce que les Mythologistes Siciliens disent de Cerès & de Proserpine. Il est à propos de rapporter encore les différens sentimens qu'ont eus quelques Auteurs touchant les Sicaniens anciens Habitans de la Sicile.

V. Des Sicaniens premiers habitans de la Sicile.

PHILISTUS (1) a écrit que les Sicaniens étoient une colonie d'Ibe-

d'Athénes dont Aristophane se raille, & celui d'Agrigente en Sicile. Il paroit qu'il s'agit ici du dernier, puisqu'il alloit souvent à Syracuse.

(1) Philistus parent de Denys Tyran de Siracuse, avoit écrit l'histoire de Sicile depuis huit siécles jusqu'à son tems : il se tua lui-même après la perte d'une bataille où il défendoit le jeune Denys fils & successeur du précédent, que les Syracusains avoient chassé. Cicéron l'appelle le petit Thucydide. Diodore même parle de lui en son treiziéme Livre.

ryens (1), qui avant qu'ils vinssent s'établir en Sicile habitoient les rivages du fleuve Sicanus dont ils avoient pris leur nom. Mais Timée a relevé la méprise de cet Historien, & a bien prouvé que les Sicaniens étoient Autochthones ou originaires de leur pays. Il en allégue plusieurs preuves qu'il n'est pas, je croi, nécessaire de rapporter ici. Les anciens Sicaniens habitoient dans des bourgades & dans de petites Villes qu'ils bâtissoient sur des lieux hauts pour se garantir des coureurs. Ils n'obéissoient point tous à un même Prince ; mais chaque Ville avoit son Roi particulier. Ils occupérent au commencement l'Isle entiére que leurs travaux avoient rendu fertile dans toute son étendue. Mais le mont Ætna venant à s'embraser, & jettant au loin ses flammes, elles ravagérent d'abord la campagne des environs. Et comme l'embrasement s'étendoit de plus en plus ; les Sicaniens épouvantez abandonnérent les parties Orientales de l'Isle pour se retirer vers l'Occident. Long-tems après, une colonie de Siciliens sortant d'Italie traversa la mer & vint habiter cette par-

(1) L'Iberie est aujourd'hui l'Espagne.

tie de la Sicile qui avoit été abandonnée par les Sicaniens. L'envie d'étendre leur domination les porta à envahir les contrées qui leur étoient voisines & à déclarer la guerre aux Sicaniens. Mais enfin cette guerre s'appaisa d'un commun accord; & les deux partis réglérent entr'eux les confins de leurs possessions. Nous entrerons dans un plus grand détail sur ce sujet quand nous en serons à l'histoire de ces tems-là (1). Les Grecs ont été les derniers qui ayent envoyé des Colonies considérables dans la Sicile, & ils y ont bâti plusieurs Villes sur le rivage de la mer. Le nombre infini de Grecs qui abordoient chaque jour en Sicile, & le commerce qu'ils entretenoient avec les Naturels du pays, engagérent bientôt les Sicaniens à étudier la langue Grecque & à vivre comme les Grecs. Ils abandonnérent enfin leur ancien & premier nom pour prendre celui de Siciliens. Passons maintenant à l'histoire des Isles Æolides.

VI.
Des Isles Æolides, aujourd'hui *Lipari & Isles voisines*.

ON EN COMPTE sept, sçavoir Strongyle, Euonyme, Didyme, Phœnicuse, Hiere, Volcanie & Lipare, dans

(1) Dans les Livres perdus jusqu'au onziéme.

laquelle est la Ville de même nom. Elles sont situées entre la Sicile & l'Italie, & se suivent presqu'en ligne droite du Levant au Couchant. Elles ne sont éloignées de la Sicile que d'environ cent-cinquante stades. Leur grandeur est à peu près la même, & la plus étendue a seulement cent-cinquante stades de circuit. On voit encore aujourd'hui dans chacune de ces Isles de grandes ouvertures formées par les flammes qui en sont sorties. Outre cela on entend dans les gouffres de Strongyle & d'Hiere un vent impétueux & un bruit semblable à celui du tonnerre. Il s'en éléve même quelquefois des sables & des pierres brûlantes, comme des ouvertures du mont Ætna. Quelques Auteurs ont cru que ces Isles & le mont Ætna se joignoient par des communications souterraines, & ils ont remarqué qu'ordinairement leurs fourneaux jouoient tour à tour. On dit que les Isles Æolides étoient autrefois inhabitées ; mais que dans la suite Lipare fils du Roi Auson, ayant été détrôné par ses freres qui s'étoient révoltez contre lui, s'enfuit de l'Italie avec plusieurs grands vaisseaux & un bon nombre de soldats dans une de ces Isles, à laquelle il donna son nom. Il y bâtit une Ville qui fut aussi appellée Lipare, & il défricha les six autres Isles. Æole fils d'Hippotus aborda quelque tems après dans l'Isle de Lipare, & il épousa Cyané fille de ce Prince. Par ce mariage il fit obtenir à ceux qui l'accompagnoient la permission de demeurer dans la Ville de son beau-pere, & bien-tôt il en devint le maître : car Lipare ayant eu envie de revoir l'Italie, Æole lui aida à s'établir dans le pays de Surrente, où ce Prince mourut après y avoir régné quelque tems avec beaucoup de gloire. Il fut enseveli dans un superbe tombeau, & les Habitans du pays lui rendent les honneurs héroïques. On prétend que l'Æole dont nous parlons est le même que celui qui reçut chez lui Ulysse lorsqu'il erroit sur les mers. Il étoit, dit-on, fort religieux & fort équitable, & il traitoit ses hôtes avec beaucoup de générosité. Ce fut lui qui inventa l'usage des voiles dans la navigation; & on ajoute qu'il prédisoit avec certitude les vents qui devoient souffler, par la seule inspection des feux qu'il appercevoit fur la mer. C'eſt ce qui donna lieu à la fable de lui attribuer l'empire des vents. Sa piété lui fit donner le ſurnom d'ami des Dieux. Il eut ſix enfans, Aſtyochus, Xutus, Androclès, Pheræmon, Jocaſtès & Agathyrnus, que la gloire de leur pere & leurs propres vertus ont rendu à jamais illuſtres. Entre ces freres Jocaſtès ſe mit en poſſeſſion des rivages de l'Italie juſqu'à Rhege. Androclès & Pheræmon poſſedérent cette partie de la Sicile qui eſt entre le détroit de Meſſine & le Promontoire Lilybæe. Les Siciliens & les Sicaniens habitoient dans ce pays, les uns à l'Orient, & les autres à l'Occident; & ils étoient avant la venue des enfans d'Æole en de continuelles conteſtations. Mais dès que ces Princes ſe montrérent, la réputation de leur pere, & leur propre ſageſſe engagea ces Peuples à ſe ſoumettre à eux volontairement. Xuthus fut Roi du pays des Leontins, qui s'appelle encore aujourd'hui Xuthie du nom de ce Prince. Agathyrnus donna le nom d'Agathyrnite au pays qu'il gouverna, & il bâtit la Ville d'Agathyrne. Enfin Aſtyochus régna ſur l'Iſle de Lipare.

Fidéles imitateurs de l'équité & de la piété d'Æole, tous ces Princes s'acquirent une gloire immortelle. Leurs descendans jouirent pendant plusieurs générations des Royaumes de leurs ancêtres. Mais enfin la race des Princes de Sicile manqua absolument. Les Siciliens établirent alors chez eux le Gouvernement Aristocratique. Quant aux Sicaniens; partagez sur la forme du Gouvernement qu'ils devoient choisir, ils se firent les uns aux autres une guerre qui dura long-tems. Cependant comme les Isles Æolides se dépeuploient de jour en jour, les Cnidiens & les Rhodiens qui ne pouvoient plus supporter la dureté des Rois de l'Asie, résolurent entr'eux de passer en colonie dans ces Isles. Ils choisirent pour leur chef Pentathle qui rapportoit son origine à Hippote fils d'Hercule. Mais ceci n'arriva qu'en la cinquantiéme Olympiade dans laquelle le Lacédæmonien Epitelidas remporta le prix de la course. Pentathle s'étant embarqué avec ceux qui devoient l'accompagner, fit voile vers la Sicile, & prit terre enfin auprès du Promontoire Lilybæe. Les Ægestains & les Selinuntins étoient alors en guerre; Pentathle fut engagé par ces derniers à prendre leur parti : mais la bataille s'étant donnée il y perdit un grand nombre de ses gens & la vie même. Ceux qui restoient voyant les Selinuntins vaincus songérent à s'en retourner chez eux. Ils se rembarquérent sous la conduite de Gorgon, de Thestor & d'Epitherside amis de Pentathle. Voguant encore sur la mer de Toscane, ils relàchérent à l'Isle de Lipare, où les Habitans les reçurent à bras ouverts. Comme il ne restoit plus qu'environ cinq cens personnes de tous ceux qu'Æole avoit laissez dans cette Isle; les Lipariens persuadérent à ces étrangers de demeurer avec eux. Ils équipérent à frais communs une flotte suffisante pour aller combattre les Tyrrheniens qui infestoient la mer par leurs brigandages. Ayant ensuite séparé leurs fonctions entr'eux, les uns s'occupérent à cultiver leurs Isles, tandis que les autres faisoient tête aux Pirates. Leurs biens furent communs pendant quelque tems, & ils vivoient tous ensemble. Mais ensuite ils jugérent à propos de partager entr'eux l'Isle de Lipare dans laquelle étoit la Ville, en faisant toujours valoir en commun les autres Isles qu'ils possédoient. Ils firent enfin, de celle-ci même, un partage qui devoit durer vingt-ans, après lesquels le sort décideroit à qui d'entr'eux chacune de ces portions devoit échoir. Dans cet intervalle de tems ils battirent souvent les Thyrrheniens, & portérent plus d'une fois la dîme de leurs dépouilles au Temple de Delphes.

VII. *L'Isle de Lipare la plus célébre des Æolides.*

Il nous reste à présent à expliquer de quelle maniére La Ville des Lipariens est devenue si célébre & si puissante dans ces derniers tems. Premiérement la nature l'a ornée de beaux ports & de bains d'eaux chaudes, qui non-seulement sont très-favorables pour les malades, mais qui procurent même un très-grand plaisir à ceux qui s'y baignent. C'est pour cette raison que ceux des Siciliens qui ont quelques maladies extraordinaires passent dans l'Isle de Lipare, où les eaux leur rendent une santé dont ils sont surpris eux-mêmes. Les Lipariens & les Romains tirent de grands revenus des mines d'alun qui sont dans cette Isle. Car comme l'alun ne se trouve en aucun autre endroit du monde, & qu'on a souvent besoin de ce minéral ; les Lipariens qui sont les seuls qui en vendent, y mettent le prix qu'ils veulent, & en retirent par conséquent de grandes richesses. Il est pourtant vrai que l'Isle de Melo (1) a aussi une petite mine d'alun, mais elle n'est pas assez abondante pour en pouvoir fournir à plusieurs Villes. L'Isle de Lipare est petite, mais elle produit tout ce qui est nécessaire pour la nourriture des Habitans. On y pêche des poissons de toute espéce, & elle produit de grands arbres qui portent autant de fruits qu'on en peut souhaiter. Voilà ce que nous avons à dire de Lipare & des autres Isles d'Æole.

VIII. L'Isle des Os, pourquoi ainsi nommée.

PLUS AVANT dans la pleine mer, & vers le couchant, on rencontre une petite Isle deserte à qui l'avanture que nous allons rapporter a fait donner le nom de l'Isle des (2) Os. Dans le tems des longues & sanglantes guerres des Carthaginois contre les Syracusains, les premiers entre-

(1) Une des Sporades auprès de Créte.
(2) Cherchez Ostrodès,
dans le Dictionnaire Géographique de la Martinière.

tenoient des armées de terre & de mer composées de gens de toutes Nations, hommes turbulens, & toujours prêts à se révolter; sur tout lorsqu'on ne les payoit pas assez exactement. Il arriva enfin que ces troupes ne recevant point leur solde, six mille des plus insolens la demandérent d'abord à leurs Capitaines avec hauteur : mais les Capitaines n'ayant point d'argent à leur donner & les remettant de jour en jour, ils menacérent de prendre les armes contre les Carthaginois, & ils osérent même porter la main sur leurs Officiers. Le Senat instruit de ce desordre en témoigna son indignation; mais cela n'ayant servi qu'à enflammer d'avantage les esprits, le Senat envoya un ordre secret à ses Généraux de faire périr tous ces séditieux. Les Généraux s'embarquérent aussi-tôt avec eux sous prétexte de les conduire à une expédition. Mais quand ils furent arrivez devant l'Isle dont nous parlons, ils y débarquérent ces revoltez, & se remirent en mer. Ces misérables outrez en vain de ce qu'ils ne pouvoient se venger des Carthaginois, y périrent tous de faim & de misere. Au reste comme l'Isle où on les avoit laissez est fort petite, elle fut bien-tôt remplie des ossemens de tant de corps morts ; & c'est ce qui lui a fait donner le nom qu'elle porte. Exemple d'une punition terrrible qui peut passer pour une infidélité cruelle de la part des Carthaginois.

Nous décrirons à présent l'une après l'autre, les Isles placées des deux côtez de la Sicile. A son Midy on en découvre trois situées en pleine mer. Chacune d'elles a une Ville & des ports qui donnent une retraite sure aux vaisseaux battus de la tempête. La premiere est l'Isle de Malthe éloignée de huit cens stades de Syracuse, & qui a plusieurs ports très-avantageux. Les Habitans en sont très-riches. Ils s'appliquent à toutes sortes de métiers, mais sur tout ils font un grand commerce de toiles extrêmement fines. Les maisons de cette Isle sont belles, ornées de toits qui débordent, & toutes enduites de plâtre. les Habitans de Malthe sont une colonie de Phœniciens, qui commerçant jusque dans l'Océan Occidental, firent un entrepôt de cette Isle, que sa situation en pleine mer & la bonté

IX.
Des trois Isles, Melite, Gaulos & Cercine. Aujourd'hui Malthe, Gozze & Comine ou Chming.

de ses ports rendoit très-favorable pour eux. C'est aussi ce grand nombre de Marchands qu'on voit aborder tous les jours à Malthe qui a rendu ses Habitans si riches & si célébres. La seconde Isle s'appelle Gaulos, voisine de la premiére, & néanmoins absolument entourée de la mer : Ses ports sont très-commodes, c'est aussi une colonie des Phœniciens. Plus loin & du côté de l'Afrique est la troisiéme Isle appellée Cercine. Sa ville est bâtie avec symmétrie & proportion. Ses ports sont propres à recevoir non-seulement les vaisseaux marchands, mais encore les plus grands navires.

X.
De l'Isle Æthalie.

APRE'S avoir parlé des Isles situées au Midy de la Sicile, retournons à celles qui sont auprès de Lipare dans la mer de Toscane. On trouve dans cette mer & vis-à-vis une ville d'Italie appellée Poplonium, l'Isle Æthalie ainsi nommée de la quantité de Suye (1) qu'on y voit. Elle est éloignée de cent stades de l'Isle de Lipare. On y rencontre une sorte de pierre nommée Siderite, qui contient beaucoup de fer, & qu'on fend en

(1) αἰθαλις signifie Suye.

plusieurs morceaux pour en tirer ce métail. Les ouvriers ayant d'abord coupé une grande quantité de ces pierres les jettent dans des fourneaux d'une forme particuliére. Quand la chaleur a fondu ces pierres, ils les partagent en différens morceaux gros comme les plus grosses éponges; & on vend ces morceaux à des marchands qui les transportent à Dicæarche & en d'autres villes de commerce. Ceux qui ont acheté cette marchandise la donnent enfin à des ouvriers en fer qui lui font prendre toutes sortes de figures. Car les uns en fabriquent des représentations d'oiseaux, les autres des béches, des faulx, en un mot différentes sortes d'outils dont tous les pays où on les transporte ensuite, éprouvent l'utilité.

XI. De l'isle de Cyrne, aujourd'hui Corse.

A TROIS cens stades de l'Isle Æthalie est une autre Isle à laquelle les Grecs ont donné le nom de Cyrnos & que les Romains & ses propres habitans appellent l'Isle de Corse. L'abord de cette Isle est très-aisé, & son port qu'on appelle Syracuse est très-beau. On y voit deux villes; l'une nommée Calaris, & l'autre Nicée.

Calaris fut bâtie par les Phocéens (1) peu de tems avant que les Toscans les chassassent de cette Isle; l'autre fut bâtie par les Toscans dans le tems que ces peuples maîtres de la mer, soumirent à leur domination toutes les Isles situées dans la mer de Toscane. Le tribut ordinaire que les habitans de celle-ci payoient à leurs maîtres consistoit en résine, en cire & en miel qu'ils ont en abondance. Les esclaves que l'on tire de-là passent pour les meilleurs esclaves du monde. L'Isle de Corse est grande, montagneuse, pleine de bois, & arrosée par de grands fleuves. Ses habitans se nourrissent de miel, de lait & de viande que le pays leur fournit largement. Ils observent entr'eux les régles de la justice & de l'humanité avec plus d'exactitude que les autres Barbares. Celui qui le premier trouve du miel sur les montagnes & dans

---

(1) Palmérius veut ici qu'on change d'abord φωχαῖς qui est dans le texte en ρωχαῖς. Les premiers sont Grecs & ceux-ci sont Ioniens. Outre cela il observe que Calaris est une ville de Sardaigne & non de Corse. Ainsi sur le témoignage d'Herodote, l. 1. à Calaris il substitue Alalie. Je l'aurois employée dans la traduction si Cluvier au lieu d'Alalie ne disoit Alaris: ce qui forme une autre incertitude. *Cluverius in Corsica, p. 507.*

le creux des arbres, est assuré que personne ne le lui disputera. Ils sont toujours certains de retrouver leurs brebis sur lesquelles chacun met sa marque, & qu'ils laissent paître ensuite dans les campagnes, sans que personne les garde : le même esprit d'équité paroît les conduire dans toutes les rencontres de la vie. A la naissance de leurs enfans ils observent une cérémonie tout-à-fait bizarre. Ils n'ont aucun soin de leurs femmes pendant qu'elles sont en travail ; mais le mari se couche sur un lit, & s'y tient pendant un certain nombre de jours comme une accouchée. Il croît dans l'Isle de Corse une grande quantité d'un boüis d'une espéce toute différente de celle que nous connoissons, & qui rend amer tout le miel que l'on recueille dans cette Isle. Les Barbares qui l'habitent sont au nombre de trente mille, & la Langue dont ils se servent entr'eux est très-particuliére & très-difficile à apprendre.

TOUT AUPRE's de l'Isle de Corse est celle de Sardaigne. Cette Isle est presqu'aussi grande que la Sicile. Ses Habitans s'appellent Iolæens. On

XII.
Isle de Sardaigne.

croit qu'ils tirent leur origine de la colonie qu'Iolaüs & les Tespiades conduisirent en Sardaigne, & qui surpassoit en nombre d'hommes les Originaires du lieu. Car dans le tems qu'Hercule exécutoit ses fameux travaux ; on dit qu'il envoya dans cette Isle, selon l'ordre d'un Oracle, les enfans qu'il avoit eus des filles de Tespius, & avec eux un grand nombre de Grecs & de Barbares. Iolaüs neveu d'Hercule qui les conduisoit s'étant rendu maître du Pays, y bâtit plusieurs belles Villes, & l'ayant partagé entre ceux qu'il avoit amenez, il leur donna le nom d'Iolæens. Il construisit des lieux d'exercice, des Temples des Dieux, en un mot tout ce qui donne l'idée d'un peuple riche & heureux. Ces monumens subsistent encore aujourd'hui, & gardent même le nom de leur fondateur, que portent aussi les plus belles campagnes de leur Isle. L'Oracle qui avoit ordonné le départ de cette colonie assura que ceux qui s'y joindroient conserveroient à jamais leur liberté. L'événement justifie encore à présent cette prédiction. En effet quoique les Carthaginois devenus très-puiſſans ſe ſoient rendus maîtres de la Sardaigne, ils n'ont cependant jamais pu reduire ces peuples en ſervitude. Car les Iolæens s'enfuirent avec leurs troupeaux dans les montagnes, & y creuſérent des retraites ſouterraines. Ils s'y nourriſſoient de lait, de fromage & de la chair de leurs troupeaux. En quittant le ſéjour des vallées, ils ſe délivrérent en même tems des ſoins & des fatigues de l'Agriculture. En un mot, la hauteur de leurs montagnes & les détours de leurs cavernes les ont toujours préſervez d'être aſſervis par les Carthaginois, & même depuis par les Romains ; quelques nombreuſes armées que les uns & les autres ayent menées contr'eux ſucceſſivement. Au reſte Iolaüs ayant établi ſa colonie s'en retourna peu de tems après dans la Gréce : Quand aux Theſpiades, ils régnérent dans cette Iſle pendant pluſieurs générations ; mais enfin ils ſe retirérent en Italie, & ils établirent leur demeure près de Cumes. Les Habitans de l'Iſle redevenus barbares élurent pour les gouverner les plus diſtinguez d'entr'eux,

& ils ont conservé jusqu'à présent leur liberté (1).

XIII. *De l'Isle de Pityuse, aujourd'hui Ivica.*

L'ON RENCONTRE ensuite une Isle appellée l'Isle Pityuse à cause de la grande quantité de pins (2) qui y croissent. Elle est située dans la haute mer; & distante des colonnes d'Hercule de trois fois vingt-quatre heures de navigation, des côtes de l'Afrique de vingt-quatre heures, & de l'Espagne seulement de douze heures. Cette Isle est presque aussi grande que celle de Corfou & médiocrement fertile, elle porte fort peu de vignes, on n'y voit que quelques oliviers entez sur des oliviers sauvages; mais on vante extrêmement la beauté de ses laines. Elle est entrecoupée de collines & de vallées. Sa Ville qui s'appelle Erese, a été bâtie par les Carthaginois. Le Port en est très-beau, les murailles très-hautes, & les maisons fort commodes. Elle est habitée par des gens de toutes Nations, mais principalement par des Carthaginois qui y envoyèrent une

---

(1) Je retranche ici & en quelques autres endroits une phrase inutile de transition.

(2) πίτυς signifie Pin.

colonie cent soixante ans après la fondation de Carthage.

Auprès & vis-à-vis de l'Espagne sont deux autres Isles appellées par les Grecs Gymnesies, à cause que les Habitans y vivent nuds pendant tout l'Eté. Mais les Romains & les Naturels du pays leur ont donné le nom de Baleares d'un mot grec qui signifie jetter, parce que ces Insulaires excellent par dessus les autres Nations à lancer de très-grosses pierres avec la fronde. De ces Isles celle qui est la plus grande excede en étendue toutes les autres Isles de nos mers, excepté la Sicile, la Sardaigne, Chypre, Créte, l'Euboée, Corse & Lesbos : Elle n'est éloignée de l'Espagne que d'une journée de navigation. La plus petite, qui est plus Orientale, nourrit quantité d'animaux de toutes sortes, mais sur tout des mulets d'une espéce fort différente des nôtres, tant par leur grandeur que par leur cri. L'une & l'autre sont très-fertiles ; & nourrissent environ trente mille Habitans. Au reste il croît peu de vignes chez eux, & cette rareté du vin est cause qu'ils l'aiment beaucoup. Ils manquent absolument d'huile

XIV.
Des Isles Gymnesies ou Baleares, aujourd'hui Majorque & Minorque.

d'olive, & ils ne s'oignent que d'une espéce d'huile qu'ils tirent du lentisque, & qu'ils mêlent à de la graisse de porc. L'amour & l'estime qu'ils ont pour le sexe va si loin, que si les Corsaires leur enlévent une femme, ils ne font aucun scrupule de donner pour sa rançon trois ou quatre hommes. Leurs habitations sont souterraines, & ils ne les placent que dans les lieux escarpez : ainsi le même expédient les met à l'abri des injures de l'air & des incursions des Pirates. L'or & l'argent ne sont point en usage chez eux, & ils ne permettent pas que l'on en fasse entrer dans leur Isle. La raison qu'ils en apportent est qu'Hercule ne déclara autrefois la guerre à Geryon fils de Chrysaor que parce qu'il possedoit des trésors immenses d'or & d'argent. Pour mettre donc leurs possessions à couvert de l'envie, ils interdisent chez eux le commerce de ces métaux. Ce fut même pour conserver cette coutume que s'étant mis autrefois à la solde des Carthaginois, ils ne voulurent point rapporter leur paye dans leur patrie; mais ils l'employérent toute entiére à acheter des femmes & du vin qu'ils

amenérent

Livre V.

amenérent avec eux. Ils ont une étrange pratique dans leurs mariages. Après le festin des nôces, les parens & les amis vont trouver chacun à leur tour la mariée. L'âge décide de ceux qui doivent passer les premiers, mais le mari est toujours le dernier qui reçoive cet honneur. La cérémonie qu'ils observent quand il s'agit d'enterrer leurs morts n'est guéres moins particuliére. Ayant brisé d'abord à coups de bâton tous les membres du cadavre, ils le font entrer dans une urne, & le couvrent ensuite d'un grand tas de pierres. Leurs armes sont trois frondes : Ils en portent une autour de la tête, l'autre autour du ventre, & la troisiéme dans leurs mains. Dans les expéditions militaires ils jettent de plus grosses pierres, & avec plus de violence que les machines mêmes. Quand ils assiégent une place ils atteignent aisément ceux qui gardent les murailles; & dans les batailles rangées ils brisent les boucliers, les casques & toutes les armes défensives de leurs ennemis. Ils ont une telle justesse dans la main, qu'il leur arrive peu souvent de manquer leur coup. Ce qui les rend si forts & si adroits dans cet exercice est que les meres mêmes contraignent leurs enfans, quoique fort jeunes encore, à manier continuellement la fronde. Elles leur donnent pour but un morceau de pain pendu au bout d'une perche, & elles les font demeurer à jeun jufqu'à ce qu'ayant abbattu ce pain, elles leur accordent la permiffion de le manger.

XV.
D'une grande Isle de l'Océan. L'Auteur ne donne point de nom à cette Isle; mais on voit que c'est l'Isle Atlantide de Platon.

APRE'S avoir parlé des Isles de la Méditerranée nous allons parcourir celles qui font dans l'Océan, & au-delà des colonnes d'Hercule. A l'Occident de l'Afrique on trouve une Isle diftante de cette partie du monde de plufieurs journées de navigation. Son terroir fertile eft entrecoupé de montagnes & de vallées. Cette Isle est traverfée par plufieurs fleuves navigables. Ses jardins font remplis de toutes fortes d'arbres, & arrofez par des fources d'eau douce. On y voit quantité de maifons de plaifance, toutes meublées magnifiquement & dont les parterres font ornez de berceaux couverts de fleurs. C'eft là que les Habitans du pays fe retirent pendant l'Eté pour y joüir des biens que la campagne leur fournit en abondance. Les montagnes de cette Isle font couverres d'épaisses forêts d'arbres fruitiers; & ses vallons sont entrecoupez par des sources d'eaux vives qui contribuent, non-seulement au plaisir des Insulaires, mais encore à leur santé & à leur force. La chasse leur fournit un nombre infini d'animaux différens qui ne leur laisse rien à desirer dans leurs festins, ni pour l'abondance, ni pour la délicatesse. Outre cela la mer qui environne cette Isle est féconde en poissons de toute espéce; ce qui est une propriété générale de l'Ocean. D'ailleurs on respire là un air si temperé que les arbres portent des fruits & des feuilles pendant la plus grande partie de l'année. En un mot cette Isle est si délicieuse qu'elle paroit plûtôt le séjour des Dieux que des hommes. Autrefois elle étoit inconnue à cause de son grand éloignement, & les Phœniciens furent les premiers qui la découvrirent. Ils étoient de tout tems en possession de trafiquer dans toutes les mers; ce qui leur donna lieu d'établir plusieurs colonies dans l'Afrique & dans les pays Occidentaux de l'Europe. Tout leur succédant à souhait, & étant devenus extrêmement puissans, ils tentérent de passer les colonnes d'Hercule & d'entrer dans l'Océan. Ils bâtirent d'abord une Ville dans une presqu'Isle de l'Europe voisine des colonnes d'Hercule, & ils l'appellérent Cadix. Ils y construirent tous les édifices qu'ils jugérent convenables au lieu. Entr'autres ils y élevérent un Temple superbe qu'ils dédiérent à Hercule, & où ils instituérent de pompeux sacrifices à la maniére de leur pays. Ce Temple est encore à présent en fort grande vénération. Plusieurs Romains que leurs exploits ont rendu illustres y sont venus rendre hommage à Hercule du succès de leurs entreprises. Au reste les Phœniciens ayant passé le détroit, & voguant le long de l'Afrique furent portez par les vents fort loin dans l'Océan. La tempête ayant duré plusieurs jours, ils furent enfin jettez dans l'Isle dont nous parlons. Ayant connu les premiers sa beauté & sa fertilité, ils la firent connoître aux autres Nations. Les Toscans devenus les maîtres de la mer voulurent aussi y envoyer une colonie; mais ils en furent empêchez par les Carthaginois. Ces derniers craignoient déja qu'un trop grand

Cadix.

nombre de leurs compatriotes attirez par les charmes de ce nouveau pays ne desertassent leur patrie. D'un autre côté, ils le regardoient comme un azile pour eux si jamais il arrivoit quelque desastre à la Ville de Carthage. Car ils espéroient qu'étant maîtres de la mer, comme ils l'étoient alors, ils pourroient aisément se retirer dans cette Isle sans que leurs vainqueurs qui ignoreroient sa situation pussent aller les inquiéter là. Revenons maintenant en Europe.

XVI. L'Angleterre.

AU DE-LA des Gaules, & vis-à-vis des monts Hercyniens (1), qu'on dit être les plus hauts de toute l'Europe, sont plusieurs Isles dont la plus grande est l'Angleterre. Aucune Nation étrangère ne s'étoit autrefois emparée de cette Isle. Bacchus, Hercule, ni aucun des autres demi Dieux ou Héros n'y avoient jamais porté la guerre. Jules Cesar que ses belles actions ont fait mettre au rang des Dieux, est le premier de tous les vainqueurs qui l'ait soumise à ses armes : Ayant défait les Anglois il les rendit tributaires des Romains. Nous rapporterons cette

(1) Ainsi nommez de la forêt Hercynie dans la Germanie.

expédition dans son tems (1), & nous nous contenterons ici de parler de la figure de cette Isle, & de l'étain qu'elle produit. L'Angleterre est triangulaire comme la Sicile, mais tous ses côtez sont inégaux. On appelle Cantium (2) celui de ses Promontoires qui est le plus proche du continent, & qui n'en est même éloigné que de cent stades : C'est là qu'est l'ouverture du détroit. L'autre Promontoire appellé Belerion (3) est éloigné de la Terre-Ferme de quatre journées de navigation. Le dernier qui s'appelle Orcan (4) s'avance dans la pleine mer. Le plus petit côté de l'Angleterre est parallèle à la Terre-Ferme de l'Europe & a sept mille cinq cens stades de longueur : Le second depuis sa base jusqu'à sa pointe vers le Nord quinze mille, & le dernier vingt mille ; de telle sorte que cette Isle a quarante deux mille cinq cens stades de circonférence (5). On dit que les Anglois sont originaires du pays ; & qu'ils con-

(1) Dans quelqu'un des Livres perdus après le vingtiéme.
(2) Douvre sur le pas de Calais.
(3) Vis-à-vis les Sorlingues ; & la Terre-Ferme est la Gaule.
(4) Vis-à-vis les Isles Orcades au Nord de l'Ecosse.
(5) Environ 1770 lieues.

servent encore leurs premiéres coutumes. A la guerre ils se servent de chariots comme les Héros Grecs qui assiégeoient Troye ; & leurs maisons sont pour la plûpart bâties de chaume & de bois. Ils ont coutume quand ils moissonnent de couper la tête à tous les épis & de les enfermer dans des caves souterraines. Ils se nourrissent des plus anciens épis, en les réduisant en farine à mesure qu'ils en ont besoin. Leurs mœurs sont simples & fort éloignées de la perversité des nôtres. La sobriété règne chez eux, & ils ignorent encore à présent cette molle délicatesse que les richesses amenent avec elles. L'Angleterre est fort peuplée ; mais l'air y est extrêmement froid, cette Isle étant située sous la grande Ourse. Elle est gouvernée par plusieurs Rois qui gardent presque toujours la paix entr'eux. Nous parlerons de leurs loix & des autres particularitez du pays, lorsque nous écrirons l'histoire de l'expédition de César en Angleterre. Les Habitans du Promontoire aiment les Etrangers: Aussi le grand nombre de marchands qui y abordent de toutes parts rend ces peuples beaucoup plus policez que les autres nations de l'Angleterre. Ce sont eux qui tirent l'étain d'une mine qu'ils entretiennent avec soin. Elle est extrêmement pierreuse, mais cependant coupée de veines de terre. Dès qu'ils ont tiré l'étain, ils le purifient en le faisant fondre. Lui ayant ensuite donné la figure de dez à jouer, ils le transportent sur des chariots dans une Isle voisine de l'Angleterre appellée Ictis (1) en prenant pour y arriver le tems où la mer est basse. Car une particularité que l'on remarque dans toutes les Isles qui sont entre l'Europe & l'Angleterre est que dans les hautes marées elles sont entiérement environnées d'eau : Mais ensuite lorsque l'Océan se retire, la langue de terre qui les joint à la terre-Ferme se découvre entiérement, & elles ne sont plus alors que des Presqu'Isles. Enfin les marchands Etrangers qui ont acheté l'étain dans l'Isle Ictis, le font transporter dans la Gaule où ils le chargent sur des chevaux, après quoi il mettent trente jours à la traverser depuis les côtes qui regardent l'Angleterre jusqu'à l'embouchure du Rhône.

(1) L'Isle de Wich, Ouich.

QUANT à l'ambre qui nous vient de ces cantons-là, voici ce qu'on en raconte. A l'opposite de la Scythie & au-delà des Gaules est une Isle appellée Basilée (1) ou Royale. C'est dans cette Isle seule que les flots de la mer jettent l'ambre. Les anciens ont debité sur cette matiére des fables tout-à-fait incroyables & dont l'expérience a découvert la fausseté. Car la plûpart des Poëtes & des Historiens disent que Phaëton fils du Soleil n'étant encore qu'en sa premiére jeunesse, conjura son Pere de lui confier pendant un jour la conduite de son char. Ayant obtenu sa demande il monta sur ce char ; mais bien-tôt les chevaux sentirent qu'ils étoient menez par un enfant qui n'avoit pas la force de les retenir, & ils quittérent leur route ordinaire. Errans dans le Ciel ils l'embrasérent d'abord, & y laissérent cette trace qu'on appelle la Voye Lactée. Ils brûlérent aussi une gran-

XVII. De l'Ambre des pays du Nord.

(1) C'est apparemment quelque Isle ou presqu'Isle de la Scandinavie sur la mer Baltique qui peut avoir tiré son nom de *Basileia*. En effet quelques anciens Géographes ont placé dans ces cantons l'Isle de Baltea : ou enfin ils ont entendu par l'un ou l'autre mot la Scandinavie entiére qu'ils croyoient être une Isle. Voyez le Dictionnaire de la Martiniére au mot *Basileia*.

de partie de la terre : Mais Jupiter indigné foudroya Phaëton & remit le Soleil dans la voye qui lui est prescrite. Phaëton tomba à l'embouchure du Pô appellé autrefois l'Eridan. Ses sœurs pleurérent amérement sa mort; leurs regrets, dit-on, furent si grands qu'elles changérent de nature, & furent métamorphosées en peupliers. L'on dit que cette espéce d'arbre jette tous les ans des pleurs au tems de la mort de Phaëton ; & que ces larmes épaissies font l'ambre, espéce de gomme qui surpasse en beauté toutes les autres. L'on ajoûte même que l'ambre de ces peupliers se renouvelle toutes les fois qu'on prend le deuil de quelque jeune homme mort dans le pays. Mais le tems a démontré que ceux qui ont forgé cette fable nous ont trompez. La vérité est que l'ambre se recueille sur les rivages de l'Isle Basilée, comme nous l'avons dit plus haut ; & que les habitans de cette Isle le transportent au continent voisin, d'où ensuite on l'envoye dans nos cantons.

XVIII. Digression sur l'origine des Celtes ou Gaulois.

APRE's avoir parlé des Isles Occidentales, nous croyons à propos de faire une courte digression sur les nations de l'Europe, que nous avons omises dans les Livres précédens. On raconte qu'autrefois un Roi fameux de la Celtique avoit une fille d'une taille & d'une beauté extraordinaire. Cette Princesse que ces avantages rendoient très-fiére ne jugea digne d'elle aucun de ceux qui la recherchoient. Hercule qui faisoit la guerre à Geryon, s'étoit pour lors arrêté dans la Celtique où il bâtissoit la ville d'Alesie. La Princesse ayant vû que ce Héros surpassoit le commun des hommes autant par la noblesse de sa figure & par la grandeur de sa taille que par son courage, elle fut éprise d'un violent amour pour lui; & ses parens y consentant avec joye elle reçût Hercule dans son lit. De cette union nâquit une fils nommé Galatés qui fut supérieur à tous les habitans de ce pays par sa force & par ses vertus. Quand il eut atteint l'âge d'homme, il monta sur le trône de ses peres. Il augmenta son Royaume de plusieurs états voisins, & il s'acquit beaucoup de réputation à la guerre. Enfin il donna à ses sujets le nom de Galates, & au pays de sa domination celui de Galatie ou de Gaules. A l'égard des peuples, voici ce qu'on en rapporte. Les Gaules sont présentement habitées par une infinité de Nations plus ou moins nombreuses les unes que les autres. Les plus fortes sont de deux cens mille hommes, & les plus foibles d'environ cinquante mille. Entre toutes ces Nations, il y en a une qui conserve de tous tems pour les Romains une amitié inviolable & qui y persévére encore aujourd'hui. Comme les Gaules sont fort Septentrionales, l'Hyver y dure long-tems & le froid y est extrême. Car dans cette saison de l'année lorsque le tems est couvert, il y tombe de la neige au lieu de pluye, & quand le Ciel est serein il y gèle avec tant de force que les fleuves glacez & endurcis y servent comme de ponts à eux-mêmes. La glace est si épaisse que non-seulement elle soutient quelques voyageurs: mais que des armées entiéres passent dessus en toute sûreté avec les chariots & le bagage. On voit couler dans les Gaules plusieurs fleuves qui font divers tours dans les campagnes. Les uns ont leurs sources dans des lacs profonds, & les autres dans les montagnes.

LIVRE V.

Quelques-uns de ces fleuves vont se rendre dans l'Océan & les autres dans la Méditerranée. Le plus grand des fleuves qui se déchargent dans cette derniére mer est le Rhône. Ses sources sont dans les Alpes & il se jette dans la Méditerranée par cinq embouchures. Le Danube & le Rhin sont les plus grands de ceux qui vont se rendre dans l'Océan (1). De notre tems Jules César ayant jetté par un travail incompréhensible un pont sur le Rhin fit passer ce fleuve à son armée, & alla dompter les Gaulois qui habitent de l'autre côté. Plusieurs autres riviéres navigables traversent le pays des Celtes, mais il seroit trop long d'en faire la description. Au reste toutes ces riviéres gêlent aisément & deviennent par-là une chemin très-ferme; d'autant plus même que l'on y répand de la paille sans quoi ceux qui passent dessus courroient risque de glisser souvent. On remarque en divers endroits des Gaules un Phénoméne trop particulier pour ometre d'en parler ici. Les vents du cou-

---

(1) Le Danube se jette dans la mer noire : ainsi l'Océan est sans doute ici un nom général des mers Occidentales.

chant d'Eté & ceux du Nord ont coutume d'y souffler avec tant de violence qu'ils enlevent de la terre des pierres grosses comme le poing & une poussiére qui semble être du gravier. En un mot les vents y sont si impétueux qu'ils dépouillent les hommes de leurs armes & de leurs habits, & qu'ils font perdre la selle aux Cavaliers. Le froid est si violent dans les Gaules (1) qu'altérant la température de l'air il empêche qu'il ne croisse en ce pays-là ni vignes ni oliviers. C'est pourquoi les Gaulois absolument privez de ces deux sortes de fruits font avec de l'orge un beuvage qu'ils appellent de la bierre. Ils ont encore une autre boisson qu'ils font avec du miel détrempé dans de l'eau. Comme ils ne recueillent pas de vin ils enlevent avidement tous ceux que les marchands apportent dans leur pays. Ils en boivent outre mesure, & jusqu'à ce que devenus yvres ils tombent dans un profond sommeil ou dans des transports furieux. La plûpart des marchands Italiens naturel-

---

(1) Il parle des Gaules Septentrionales qui portoient plus particuliérement ce nom, & qui s'étendoient jusques aux confins de la Scythie, comme il le dira plus bas. Art. 2.

lement attentifs à leurs intérêts, ne manquent pas de tirer avantage de la passion que les Gaulois ont pour le vin. Car ils font remonter les leurs dans des batteaux sur les riviéres navigables, ou bien ils les conduisent sur des chariots dans le plat pays. Echangeant ensuite un vase de vin contre un esclave, ils en tirent des profits considérables.

IL N'Y A aucune mine d'argent dans toutes les Gaules : mais on y trouve abondamment de l'or que l'on y ramasse sans employer les travaux que ce métail coûte ailleurs aux hommes. Comme les fleuves de cette contrée se font passage avec violence entre des rochers & des montagnes ; il arrive souvent que les eaux emportent avec elles de grands morceaux de mine remplis de fragmens d'or. Ceux qui sont occupez à recueillir ce métail rompent & broyent ces morceaux de mine. Ayant ensuite ôté toute la terre par le secours de l'eau, ils font fondre le métail dans des fourneaux. Ils amassent de cette sorte une grande quantité d'or qui sert à la parure des femmes & même à celle des hommes. Car ils en font non-seule-

XIX.
Des mines des Gaules.

ment des anneaux ou plûtôt des cercles qu'ils portent aux deux bras & aux poignets, mais encore des colliers extrêmement massifs, & même des cuirasses. Les peuples qui habitent la Celtique supérieure donnent un exemple singulier de fidélité. Dans leur pays le pavé des Temples est semé de piéces d'or qu'on a offertes aux Dieux. Mais quoique tous les Celtes soient extrêmement avares, pas un d'eux n'ose y toucher, tant la crainte des Dieux est imprimée dans leur ame.

XX.
Mœurs & Coutumes des Gaulois par rapport à la guerre.

Tous les Gaulois sont d'une grande taille : ils ont la peau fraîche & extrêmement blanche. Leurs cheveux sont naturellement roux ; & ils usent encore d'artifice pour fortifier cette couleur. Ils les lavent fréquemment avec de l'eau de chaux, & ils les rendent aussi plus luisants en les retirant sur le sommet de la tête & sur les tempes ; de sorte qu'ils ont vraiment l'air de Satyres & d'Ægypans. Enfin leurs cheveux s'épaississent tellement qu'ils ressemblent aux crins des chevaux. Quelques-uns se rasent la barbe, & d'autres la portent médiocrement longue ; mais les nobles se rafent les joues, & portent néanmoins des mouſtaches qui leur couvrent toute la bouche. Auſſi il leur arrive ſouvent que lorſqu'ils mangent leur viande s'embarraſſe dans leurs mouſtaches, & lorſqu'ils boivent elles leur ſervent comme de tamis pour philtrer leur boiſſon. Ils ne prennent point leurs repas aſſis ſur des chaiſes, mais ils ſe couchent par terre ſur des couvertures de peaux de loups & de chiens; & ils ſont ſervis par leurs enfans de l'un & de l'autre ſexe qui ſont encore dans la premiére jeuneſſe. A côté d'eux ſont de grands feux garnis de chaudieres & de broches où ils font cuire de gros quartiers de viandes. On a coutume d'en offrir les meilleurs morceaux à ceux qui ſe ſont diſtinguez par leur bravoure. C'eſt ainſi que chez Homere les Héros de l'armée Grecque récompenſent Ajax, qui s'étant battu ſeul contre Hector l'avoit vaincu. Ils invitent les étrangers à leurs feſtins; & à la fin du repas ils les interrogent ſur ce qu'ils ſont, & ſur ce qu'ils viennent faire. Souvent leurs propos de table font naître des ſujets de querelles, & le mépris qu'ils ont pour la vie est cause qu'ils ne se font point une affaire de s'appeller en duel. Car ils ont fait prévaloir chez eux l'opinion de Pythagore, qui veut que les ames des hommes soient immortelles, & qu'après un certain nombre d'années elles reviennent animer d'autres corps. C'est pourquoi lorsqu'ils brûlent leurs morts ils adressent à leurs amis & à leurs parens défunts des lettres qu'ils jettent dans le bucher, comme s'ils devoient les recevoir & les lire. Dans les voyages & dans les batailles ils se servent de chariots à deux chevaux où monte un cocher pour le conduire, outre l'homme qui doit combattre. Ils s'adressent ordinairement aux gens de cheval, en les attaquant avec ces traits qu'ils appellent saunies, & descendant ensuite pour se battre avec l'épée. Quelques-uns d'entr'eux bravent la mort jusqu'au point de se jetter dans la mêlée, n'ayant qu'une ceinture autour du corps, & étant du reste entiérement nuds. Ils ménent avec eux à la guerre des serviteurs de condition libre, mais pauvres, qui dans les batailles conduisent leurs chariots, & leur servent de gardes.

Les Gaulois ont coutume avant que de livrer bataille de courir à la rencontre de l'armée ennemie, dont ils défient les plus apparens à un combat singulier, en branlant leurs armes, & en tâchant de leur inspirer de la frayeur. Si quelqu'un accepte le défi, alors ils commencent à vanter la gloire de leurs Ancêtres & leurs propres vertus : Au contraire ils abaissent tant qu'ils peuvent celle de leurs adversaires, & ils trouvent effectivement le moyen d'affoiblir le courage de leur ennemi. Ils pendent au col de leurs chevaux les têtes des soldats qu'ils ont tués à la guerre. Leurs serviteurs portent devant eux les dépouilles encore toutes couvertes du sang des ennemis qu'ils ont défaits, & ils les suivent en chantant des chants de joye & de triomphe. Ils attachent ces trophées aux portes de leurs maisons, comme ils le font à l'égard des bêtes féroces qu'ils ont prises à la chasse : mais pour les têtes des plus fameux Capitaines qu'ils ont tuez à la guerre ils les frottent d'huile de cedre, & les conservent soigneusement dans des caisses. Ils se glorifient aux yeux des étrangers à qui ils les montrent avec oftentation, de ce que ni eux, ni aucun de leurs ancêtres, n'ont voulu changer contre des tréfors ces monumens de leurs victoires. On dit qu'il y en a eu quelques-uns qui par une obftination barbare ont refufé de les rendre à ceux mêmes qui leur en offroient le poids en or. Mais fi d'un côté une ame généreufe ne met point à prix d'argent les marques de fa gloire, de l'autre il eft contre l'humanité de faire la guerre à des ennemis morts. Les Gaulois portent des habits très-finguliers, comme des tuniques peintes de toutes fortes de couleurs, & des hauts de chauffes qu'ils appellent *bracques*. Par-deffus leur tunique ils mettent une cafaque d'une étoffe rayée ou divifée en petits carreaux, épaiffe en hyver, & legére en été, & ils l'attachent avec des agraffes. Leurs armes font des boucliers auffi hauts qu'un homme, & qui ont tous leur forme particuliére. Comme ils en font non-feulement une défenfe, mais encore un ornement, on y voit des figures d'airain en boffe qui repréfentent quelques animaux & qui font travaillées avec beaucoup d'art.

Leurs casques faits du même métail sont surmontez par de grands pennaches afin d'en imposer davantage à ceux qui les regardent. Les uns font mettre sur ces casques de vrayes cornes d'animaux, & d'autres des têtes d'oiseaux ou de bêtes à quatre pieds. Ils se servent de trompettes qui rendent un son barbare & singulier, mais convenable à la guerre. La plûpart d'entr'eux ont des cuirasses composées de chaînes de fer ; mais quelques-uns contens des seuls avantages qu'ils ont reçus de la nature combattent tout à fait nuds. Ils portent de longues épées qui leur pendent sur la cuisse droite par des chaînes de fer ou d'airain. Quelques-uns ont cependant des baudriers d'or ou d'argent. Ils se servent aussi de certaines piques qu'il appellent lances, dont le fer a une coudée ou plus de longueur, & deux palmes de largeur. Leurs saunies ne sont guéres moins grandes que nos épées, mais elles sont bien plus pointues. Entre ces saunies les unes sont droites & les autres ont différens contours ; de telle sorte que dans le même coup, non-seulement elles coupent les chairs, mais aussi elles les hachent ; & enfin on ne les retire du corps qu'en augmentant considérablement la playe.

Mœurs & Coutumes des Gaulois entr'eux & en tems de paix.

EN GEN'E'RAL les Gaulois font terribles à voir, ils ont la voix groſſe & rude ; ils parlent peu dans les compagnies, & toujours fort obſcurement, affectant de laiſſer à deviner une partie des choſes qu'ils veulent dire. L'hyperbole eſt la figure qu'ils employent le plus ſouvent, ſoit pour s'exalter eux-mêmes, ſoit pour rabaiſſer leurs adverſaires. Leur ſon de voix eſt menaçant & fier ; & ils aiment dans leurs diſcours l'enflure & l'exagération qui va juſqu'au tragique : Ils ſont cependant ſpirituels & capables de toute érudition. Leurs Poëtes qu'ils appellent Bardes s'occupent à compoſer des poëmes propres à leur muſique ; & ce ſont eux-mêmes qui chantent ſur des inſtrumens preſques ſemblables à nos lyres, des louanges pour les uns, & des invectives contre les autres. Ils ont auſſi chez eux des Philoſophes & des Théologiens appellez Saronides (1), pour leſquels ils ſont remplis de vénération. Ils eſtiment fort ceux qui dé-

(1) Quelques-uns liſent ici Druides.

Livre V.

couvrent l'avenir, soit par le vol des oiseaux, soit par l'inspection des entrailles des victimes; & tout le peuple leur obéit aveuglément. La manière dont ils prédisent les grands évenemens est étrange & incroyable. Ils immolent un homme à qui ils donnent un grand coup d'épée au-dessus du diaphragme ; ils observent ensuite la posture dans laquelle cet homme tombe, ses différentes convulsions & la manière dont le sang coule hors de son corps ; en suivant sur toutes ces circonstances les régles que leurs ancêtres leur en ont laissées. C'est une coutume établie parmi eux que personne ne sacrifie sans un Philosophe : car persuadez que ces sortes d'hommes connoissent parfaitement la nature divine, & qu'ils entrent pour ainsi dire en communication de ses secrets, ils pensent que c'est par leur ministére qu'ils doivent rendre leurs actions de graces aux Dieux, & leur demander les biens qu'ils desirent. Ces Philosophes de même que les Poëtes ont un grand crédit parmi les Gaulois, dans les affaires de la paix & dans celles de la guerre ; & ils sont également estimez des Nations alliées & des Nations ennemies. Il arrive souvent que lorsque deux armées sont prêtes d'en venir aux mains, ces Philosophes se jettant tout à coup au milieu des piques & des épées nues, les combattans apaisent aussi-tôt leur fureur comme par enchantement, & mettent les armes bas. C'est ainsi que même parmi les peuples les plus barbares, la sagesse l'emporte sur la colere, & les muses sur le Dieu Mars.

XXI. Distinction des Celtes & des Gaulois confondus par les Romains.

IL EST bon de rapporter ici quelques circonstances qui sont inconnues à un grand nombre de personnes. On appelle Celtes les peuples qui habitent au-dessus de Marseille entre les Pyrenæes. Mais ceux qui demeurent au Nord de la Celtique le long de l'Océan, & de la forêt Hercynie jusqu'aux confins de la Scytie sont appellez Gaulois : Cependant les Romains donnent indifféremment ce nom, & aux vrais Gaulois & aux Celtes. Parmi les premiers les femmes ne cedent en rien à leurs maris du côté de la force & de la taille. Les enfans à leur naissance sont très-blonds, mais ils deviennent aussi roux que leurs peres à mesure qu'ils avancent en âge. Ceux qui

qui habitent au Septentrion & dans le voisinage de la Scythie sont extrêmement sauvages. On dit qu'ils mangent les hommes, comme font aussi les Anglois qui habitent l'Iris (1). D'ailleurs ils se sont fait connoître par leur courage & par leur férocité;& l'on prétend que les Cimmeriens qui ont ravagé toute l'Asie, & que depuis on a appellé Cimbres par corruption, sont les même que les Gaulois dont nous parlons. De toute ancienneté ces peuples se plaisent au brigandage, aiment à porter le fer & le feu dans les pays voisins, & méprisent toutes les autres Nations. Ce sont eux qui ont pris Rome, pillé le Temple de Delphes, & rendu tributaire une grande partie de l'Europe & de l'Asie. Ils occupoient ordinairement le pays des peuples qu'ils avoient vaincus, & leur melange avec les Habitans naturels de la Grece leur a fait même donner le nom de Gallo-Grecs. Enfin ils ont plusieurs fois défait les Romains en bataille rangée. Au reste leur cruauté paroît encore davantage dans les sacrifices qu'ils offrent à leurs Dieux. Car après qu'ils ont gardé leurs

(1) l'Irlande selon Ortelius.

criminels pendant cinq ans, ils les empalent en l'honneur de leurs Divinitez, & les brûlent ensuite sur de grands buchers avec d'autres offrandes. Ils immolent aussi les prisonniers qu'ils ont faits à la guerre, & avec eux ils égorgent, ils brûlent ou ils font périr de quelqu'autre manière les bestiaux mêmes qu'ils ont pris sur leurs ennemis. Quoique leurs femmes soient parfaitement belles, ils ne vivent avec elles que rarement, mais ils sont extrêmement adonnez à l'amour criminel de l'autre sexe, & couchez à terre sur des peaux de bêtes sauvages, souvent ils ne sont point honteux d'avoir deux jeunes garçons à leurs côtez. Mais ce qu'il y a de plus étrange, c'est que sans se soucier en aucune façon des loix de la pudeur, ils se prostituent avec une facilité incroyable. Bien loin de trouver rien de vicieux dans cet infame commerce, ils se croyent deshonorez si l'on réfuse les faveurs qu'ils présentent.

XXII. *Des Celtibériens ou Espagnols mêlez aux Celtes.*
Passons maintenant à l'histoire des Celtiberiens voisins de Celtes. L'on raconte que ces derniers & les Iberiens se firent long-tems la guerre au sujet de leur habitation, mais que

ces Peuples s'étant enfin accordez ils habitérent en commun le même pays; & s'alliant les uns aux autres par des mariages, ils prirent le nom de Celtiberiens composé des deux autres. L'alliance de deux Nations si belliqueuses, & la bonté du terroir qu'ils cultivoient, contribuérent beaucoup à rendre les Celtiberiens fameux: & ce n'a été qu'après plusieurs combats, & au bout d'un très-long tems qu'ils ont été vaincus par les Romains. On convient non-seulement que leur Cavalerie est excellente, mais encore que leur Infanterie est des plus fortes & des plus aguerries. Les Celtiberiens s'habillent tous d'un sayon noir & velu, dont la laine ressemble fort au poil de chevre. Quelques-uns portent de legers boucliers à la Gauloise, & les autres des boucliers creux & arrondis comme les nôtres. Ils ont tous des espéces de bottes faites de poil, & des casques de fer ornez de pennaches de couleur de pourpre. Leurs épées sont tranchantes des deux côtez, & d'une trempe admirable. Ils se servent encore dans la mêlée de poignards qui n'ont qu'un pié de long. La maniére dont ils travaillent leurs armes est fort particuliére. Ils cachent sous terre des lames de fer, & ils les y laissent jusqu'à ce que la rouille ayant rongé les plus foibles parties de ce métail, il n'en reste que les plus plus dures & les plus fermes. C'est de ce fer ainsi épuré qu'ils fabriquent leurs excellentes épées & tous leurs autres instrumens de guerre. Ces armes sont si fortes qu'elles entament tout ce qu'elles rencontrent, & qu'il n'est ni bouclier, ni casque, ni à plus forte raison aucun os du corps humain, qui puisse resister à leur tranchant. Dès que la Cavalerie des Celtiberiens a rompu les ennemis, elle met pied à terre, & devenue Infanterie, elle fait des prodiges de valeur. Ils observent une coutume étrange: Quoiqu'ils soient très-propres dans leurs festins, ils ne laissent pas d'être en ceci d'une malpropreté extrême: Ils se lavent tout le corps d'urine; ils s'en frottent même les dents, estimant que cette eau ne contribue pas peu à la netteté du corps. Par rapport aux mœurs, ils sont très-cruels à l'égard des malfaiteurs & de leurs ennemis: Mais ils sont pleins d'humanité pour leurs hôtes. Ils accordent non-seulement avec plaisir l'hospitalité aux étrangers qui voyagent dans leur pays, mais ils souhaitent qu'ils descendent chez eux, ils se battent à qui les aura, & ils regardent ceux à qui ils demeurent comme des gens favorisez des Dieux. Ils se nourrissent de différentes sortes de viandes succulentes, & leur boisson est du miel détrempé dans du vin, car leur pays leur fournit du miel en abondance; mais le vin leur est apporté d'ailleurs par des marchands étrangers. Les plus policez des Peuples voisins sont les Vaccæens (1). Ces Peuples partagent entr'eux chaque année le pays qu'ils habitent. Chacun ayant cultivé le morceau de terre qui lui est échu, rapporte en commun les fruits qu'il a récueillis. Ils en font une distribution égale, & l'on punit de mort ceux qui en détournent la moindre chose.

LA PLUS courageuse nation des Cimbres (2) est celle des Lusitaniens*.

XXIII.
Des Cimbres.
* Les Portugais.

(1) Peuple d'Espagne entre les Asturies & le fleuve Douro. Voyez Plin. l. 4. c. 20.
(2) Rhodoman contre l'autorité du texte met ici Celtiberiens, mais l'Auteur les distingue en comparant quelques lignes plus bas les armes des Cimbres avec celles des Celtiberiens. Il se

L iij

Ceux-ci portent à la guerre de très-petits boucliers faits de cordes de boyau aſſez ſerrées pour garantir parfaitement le corps. Ils s'en ſervent adroitement dans les batailles pour parer de tous côtez les traits qu'on leur lance. Leurs ſaunies ſont toutes de fer & faites en forme d'hameçon: mais leurs caſques & leurs épées ſont ſemblables à celles des Celtiberiens. Ils lancent leurs traits avec une grande juſteſſe; & quoiqu'ils ſoient fort éloignez de leurs ennemis, les bleſſures qu'ils leur font ſont toujours conſidérables. De plus ils ſont très-légers à la courſe; ſoit qu'il s'agiſſe d'éviter ou d'atteindre leur adverſaire: Mais ces mêmes hommes font paroître dans les adverſitez moins de courage que les Celtiberiens. En tems de paix ils s'exercent à une eſpéce de danſe fort légére, & qui demande une grande ſoupleſſe dans les jarrets. Quand ils vont à la guerre ils obſervent toujours la cadence dans leurs marches, & ils chantent

pourroit faire que la ville de Coimbre eut conſervé ce nom de celui de Coimbres ou de Cimbres qu'auroient porté les côtes Occidentales de l'Eſpagne; pays différent de celui des Cimbres Septentrionaux que l'on croit être les Danois.

ordinairement des hymnes dans le moment de l'attaque. Les Iberiens (1) & surtout les Lusitaniens ont une coutume assez singuliére. Ceux d'entr'eux qui sont à la fleur de leur âge ; mais plus particuliérement ceux qui se voyant dénuez des biens de la fortune se trouvent de la force & du courage, ceux-là, dis-je, ne prenant avec eux que leurs armes seules s'assemblent sur des montagnes escarpées : formant ensuite de nombreux corps de troupes, ils parcourent toute l'Iberie, & s'enrichissent par leurs vols & par leurs rapines. Ils se croyent même à l'abri des dangers dans cette expédition : car étant armez à la légére, & d'ailleurs extrêmement agiles, il est très-difficile de les surprendre ; d'autant plus qu'ils se retirent fréquemment dans les creux de leurs rochers qui sont pour eux des lieux de sureté, & où l'on ne sçauroit conduire des troupes réglées. C'est pourquoi les Romains qui les ont souvent attaquez ont bien réprimé leur audace ; mais ils n'ont jamais pû faire entiérement cesser leurs brigandages. On trouve dans le pays des Ibe-

(1) Les Espagnols.

riens beaucoup de mines d'argent: & ceux qui y travaillent deviennent extrêmement riches.

XXIV. Des Pirenæes.

NOUS AVONS fait mention dans le livre précedent des montagnes de l'Espagne que l'on nomme les Pyrenæes, lorsque nous avons rapporté les actions d'Hercule (1). Ces montagnes surpassent toutes les autres par leur hauteur & par leur continuité. Car séparant les Gaules de l'Espagne ou du pays des Celtiberiens, elles s'étendent vers le Nord l'espace de trois mille stades, depuis la mer du Midi jusqu'à l'Océan. Autrefois elles étoient couvertes d'une épaisse forêt: mais quelques pasteurs y ayant mis le feu, elle fut entiérement consumée. L'embrasement ayant duré plusieurs jours, la superficie de la terre parut brûlée; & c'est pour cette raison que l'on a donné à ces montagnes le nom de Pyrenæes (2). Des ruisseaux d'un argent ra-

---

(1) Je ne sçache pas que Diodore ait nommé là les Pyrenæes. Ainsi il peut y avoir eu dans le texte du Livre précédent quelque phrase oubliée par les Copistes: ou l'Auteur lui-même ayant parlé de tant de choses qui tiennent peu les unes aux autres, confond dans sa mémoire ce qu'il a dit & ce qu'il n'a pas dit.

(2) πυρ en Grec signifie *feu*.

finé & dégagé de la matiére qui le renfermoit, coulérent fur cette terre. Les Naturels du pays en ignoroient alors l'ufage, & les Phéniciens qui en connoiſſoient le prix leur donnérent en échange d'autres marchandifes de peu de valeur. Tranfportant enfuite cet argent dans l'Afie, dans la Gréce, & en d'autres endroits, ils en retirérent des profits immenfes. Leur avidité pour ce métail fit qu'en ayant amaſſé plus qu'ils n'en pouvoient charger fur leurs vaiſſeaux; ils s'aviférent d'ôter tout le plomb qui entroit dans la fabrique de leurs anchres & d'employer à cet ufage l'argent qu'ils avoient de trop. Les Phéniciens ayant continué ce commerce pendant un fort long-tems devinrent fi riches qu'ils envoyérent plufieurs colonies dans la Sicile & dans les Ifles voifines, dans l'Afrique, dans la Sardaigne & dans l'Iberie même. Mais enfin les Iberiens ayant reconnu les avantages de ce métail, creuférent de profondes mines & en tirérent de l'argent parfaitement beau, & en aſſez grande quantité pour fe faire des revenus très-confidérables.

L v

Nous rapporterons ici de quelle manière on conduit ce travail.

XXV. Travail des mines d'Espagne.

IL Y A dans l'Iberie plusieurs mines d'or, d'argent & de cuivre. Ceux qui travaillent à ces derniéres en retirent ordinairement la quatriéme partie de cuivre pur. Les moins habiles de ceux qui entreprennent les mines d'argent en rendent en l'espace de trois jours la valeur d'un talent Euboïque (1). Car les morceaux de mines sont pleins d'un argent fort compacte & très-brillant, de sorte que la fécondité de la nature est là aussi merveilleuse que l'adresse des hommes. Les naturels du pays s'enrichissoient beaucoup autrefois à ce travail auquel l'abondance de la matiére les attachoit extrêmement. Mais dépuis que les Romains ont subjugué l'Espagne, ses Provinces ont été remplies d'un nombre infini d'Italiens qui en ont rapporté des richesses immenses. Car achetant des esclaves en grand nombre ils les met-

---

(1) Le talent étoit communément composé de 60 mines de différence valeur comme nos monnoyes, selon les lieux. C'est ce qui lui faisoit donner les noms de talent Euboïque, Tyrien, Babylonien, &c.

tent sous la conduite des Intendans des mines. Ceux-ci leur faisant creuser en différens endroits des routes ou droites ou tortueuses trouvent bien-tôt des veines d'or & d'argent. Ils donnent à leurs mines non seulement la longueur de plusieurs stades, mais encore une profondeur extraordinaire, & ils tirent ainsi leurs trésors des entrailles de la terre. Au reste si l'on compare ces mines avec celles de l'Attique, quelle différence ne trouvera-t'on pas entre les unes & les autres ? Dans ces derniéres outre un travail excessif, on est encore obligé à de grandes dépenses : souvent même au lieu d'en tirer le profit qu'on en esperoit, on y perd le bien qu'on possedoit, comme le chien de la Fable (1). Au contraire ceux qui travaillent aux mines de l'Espagne ne sont jamais trompez dans leurs espérances ; & pourvû qu'ils rencontrent bien en commençant, ils découvrent à chaque pas

---

(1) Le mot d'Enigme sans nom d'Auteur, qui est employé dans le Grec, a fair penser à Rhodoman que Diodore avoit en vûe l'Enigme des pêcheurs dans la vie d'Homére attribuée à Hérodote. Mais outre que l'allusion seroit basse & rebutante ; celle de la fable du Chien dans Esope me paroît beaucoup plus juste.

qu'ils font une matiére coûjours plus abondante : & les veines semblent s'entrelasser les unes avec les autres. Les ouvriers trouvent assez souvent quelques-uns de ces fleuves qui coulent sous terre. Pour en diminuer la violence ils les détournent dans des fossés qui vont en serpentant; & l'avidité du gain les fait venir à bout de leur entreprise. Ce qu'il y a de plus surprenant c'est qu'ils dessêchent entiérement ces fleuves par le moyen de la roue ou de la vis Egyptienne qu'Archiméde de *Syracuse* inventa dans son voyage en Egypte. Ils s'en servent pour faire monter continûment ces eaux jusqu'à l'entrée de la mine, & ayant mis à sec l'endroit où elles couloient, ils y travaillent à leur aise. En effet cette machine est si artistement inventée que par son moyen on transporteroit aisément un fleuve entier d'un lieu profond sur une plaine élevée. Mais ce n'est pas seulement en ceci qu'on a lieu d'admirer Archiméde ; nous lui devons encore plusieurs autres machines qui ont rendu son nom fameux par toute la terre. Nous en ferons un détail exact lorsque nous serons parvenus à l'histoire de sa vie (1). Les Esclaves qui demeurent dans les mines rapportent, comme nous l'avons dit, des revenus considérables à leurs maîtres : Mais la plûpart d'entre eux meurent de misére après avoir été excessivement tourmentez pendant leur vie. On ne leur donne aucun relâche ; & les hommes qui les commandent les contraignent par les coups à des travaux qui passent leur force, jusqu'à ce qu'ils y laissent leur malheureuse vie. Ceux d'entr'eux dont le corps est plus robuste & l'ame plus patiente ont à souffrir plus longtems, en attendant une mort que l'excès des maux qu'ils endurent leur doit faire préférer à la vie. Entre les différentes choses que l'on observe dans ces mines, celle-ci ne me semble pas une des moins remarquables. On n'en voit aucune qui soit nouvellement ouverte ; mais elles le furent toutes par l'avarice des Carthaginois, du tems que ces peuples étoient les maîtres de l'Espagne. Ce fut par le moyen de l'argent qu'ils tirérent de ces mi-

---

(1) Dans quelqu'un des Livres perdus après le vingtiéme.

nes qu'ils eurent à leur solde des soldats courageux dont ils se servirent dans les grandes expéditions qu'ils firent alors. Car les Carthaginois avoient pour maxime de ne se fier jamais ni à leurs propres soldats ni à ceux de leurs alliez. Combattant à force d'argent, ils ont prodigieusement inquiété les Romains, les Siciliens & les Africains. Au reste il semble qu'on puisse dire que la passion des Carthaginois pour les richesses leur a fait chercher tous les moyens d'en acquérir, & que celle des Romains a été de ne rien laisser à personne. On trouve aussi de l'étain en plusieurs endroits de l'Espagne, non pas sur la superficie de la terre, comme l'ont faussement écrit quelques Historiens, mais dans des mines d'où il faut le tirer pour le faire fondre comme l'or & l'argent. La plus grande abondance de ce métail est dans des Isles de l'Espagne situées au-dessus de la Lusitanie & qu'on nomme pour cette raison les Isles Cassiterides (1).

(1) Ces Isles à mines d'étain ne se trouvent point là; & quelques-uns regardent cette opinion comme une erreur de l'ancienne Géographie. Voyez le Dictionnaire de la Martinière au mot Cassiterides.

LIVRE V.

Il y en a aussi quantité dans l'Isle Britannique située vis-à-vis des Gaules. Les marchands (1) chargent l'étain sur des chevaux & le transportent au travers de la Celtique jusqu'à Marseille & à Narbonne. Cette derniére Ville est une colonie des Romains : Sa situation & ses richesses la rendent la plus commerçante de toutes les Villes de ces cantons.

LES LIGURIENS (1) qui viennent ensuite habitent un canton sauvage & stérile. Ils menent une vie misérable travaillant assidument à des ouvrages rudes & fâcheux. Comme leur pays est couvert d'arbres ils sont obligez de passer tout le jour à les couper. Pour cet effet ils se servent de haches extrêmement fortes & pesantes. Ceux qui travaillent à la terre sont le plus souvent occupez à casser les pierres qu'ils y rencontrent : Car ce terroir est si ingrat qu'il seroit impossible d'y trouver une seule motte de terre qui fut sans pierre. Cependant quelque ru-

XXVI.
Des Liguriens.

---

(1) On auroit pu retrancher cette phrase qui se trouve déja dans l'article de l'Angleterre art. 17.

(2) Nous avons déja dit sur le Livre 4. Art. 6. que la Ligurie étoit le Piémont, l'État de Gênes, &c.

des que soient leurs travaux, la longue habitude les leur fait paroître supportables. Ils achettent une très-petite récolte par beaucoup de peines & de fatigues. L'assiduité au travail & le défaut de nourriture les rend extrêmement maigres, mais en même tems très-nerveux. Leurs femmes les aident dans leurs travaux, car elles ne sont pas moins laborieuses que leurs maris. Les Liguriens vont fréquemment à la chasse, & ils réparent par le nombre des bêtes qu'ils y tuent la disette de fruits qui régne chez eux. Comme dans leurs chasses ils sont souvent obligez de passer sur des montagnes couvertes de neige & par des lieux très-escarpez, leurs corps en deviennent plus forts & plus agiles. La Ligurie étant pour ainsi dire, un pays inconnu à Cérès & à Bacchus, la plûpart de ses habitans ne boivent que de l'eau, & ne mangent que de la chair des animaux domestiques ou sauvages, & quelques herbes qui croissent dans leurs campagnes. Ils passent ordinairement la nuit couchez à platte terre, rarement dans des cabanes, mais plus souvent dans les fentes des

rochers, ou dans des cavernes creu-
fées naturellement & capables de les
garantir des injures de l'air. Au reste
ils conservent en ceci comme en toute autre chose leurs premiéres & plus
anciennes façons de vivre. On peut
dire en général que dans la Ligurie
les femmes y sont aussi fortes que
les hommes, & que les hommes y
ont la force des bêtes féroces. Aussi
leur entend-t-on souvent dire qu'à la
guerre le plus foible Ligurien ayant
appellé à un combat singulier le Gaulois le plus grand & le plus fort, ce
dernier a presque toujous été vaincu
& tué. Les Liguriens sont armez plus
à la légére que les Romains. Ils portent un bouclier à la Gauloise & une
épée d'une médiocre grandeur. Par
dessus leur tunique ils mettent un
ceinturon, & leurs habillemens sont
de peaux de bêtes fauves. Cependant
quelques-uns d'eux ayant servi sous
les Romains ont changé l'ancienne
forme de leurs armes pour se conformer aux usages de leurs Chefs. Ils
font paroître leur courage non-seulement dans la guerre mais encore
dans toutes les rencontres périlleuses
de la vie. Ils courent des risques in-

finis lorsqu'ils vont négocier dans les mers de Sardaigne & d'Afrique, s'exposant aux plus horribles tempêtes, dans des barques ordinaires & qui n'ont point les agrêts nécessaires à la navigation.

XXVII.
Des Tyrrheniens ou Toscans.

Les Tyrrheniens ou Toscans recommandables autrefois par leur valeur, ont été possesseurs d'un très-grand pays & fondateurs de plusieurs Villes. Comme ils avoient une flotte très-puissante qui les rendoit maîtres de la mer, ils donnérent leur nom à celle qui borde l'Italie. Ce sont eux aussi qui pour les combats sur terre ont inventé une trompette excellente, & qui fut nommée Tyrrhenienne de leur nom. Pour relever la dignité de leurs Généraux ils leur donnérent des Licteurs, le chariot d'yvoire & la robe de pourpre. Ils ont imaginé les premiers de faire construire des portiques au devant de leurs maisons; invention commode pour éloigner le bruit que font d'ordinaire le peuple qui passe, les esclaves & les autres domestiques du maître. Les Romains qui les ont imitez en plusieurs choses, ont pris d'eux cette idée & l'ont portée à une plus grande magnificence. Les Toscans se sont appliquez avec soin à l'étude des belles Lettres & à la Philosophie : mais ils se sont adonnez plus particuliérement que les autres peuples à la connoissance des présages qui se tirent de la foudre. Aussi jusques à présent les Chefs de toutes les Nations les ont toujours respectez, & ont toujours eu recours à eux pour l'interprétation des coups de tonnerre qu'ils avoient entendus. La Toscane est un pays très-fertile & parfaitement bien cultivé. C'est ce qui fait qu'ils ont des fruits autant qu'il en faut non-seulement pour leur nourriture, mais encore pour l'abondance & la superfluité de leurs tables. Ils s'y mettent deux fois par jour, & à chaque fois elles sont servies avec délicatesse & avec luxe. Leurs lits sont garnis d'étoffes à fleurs. Ils ont chez eux quantité de vases d'argent, & un très-grand nombre de domestiques. Parmi ces esclaves les uns sont remarquables par leur taille & par leur beauté, les autres par leurs habits extrêmement propres & fort au-dessus de leur condition. Les jeunes gens & même les esclaves occupent des appartemens séparez, & tous infiniment commodes. Mais enfin ils ont entiérement perdu ce courage par lequel leurs Peres se sont autrefois si distinguez, & ils passent maintenant leur vie dans la débauche & dans la fainéantise. La fertilité de leur terroir ne contribue pas peu à les entretenir dans la molesse, en leur fournissant toutes sortes de fruits. En effet la Toscane est un pays abondant, & composé de vastes plaines entrecoupées de quelques collines aisées à labourer. Enfin cette contrée demeure toujours un peu humide non-seulement pendant l'Hyver mais encore pendant l'Eté.

XXVIII. De l'Arabie & des Isles de la mer qui est à son Midy.

Aprés avoir suffisamment parlé des Isles de l'Ocean & des pays situez à l'Occident & au Septentrion, nous devons passer aux Isles de cette mer que l'Arabie voit à son Midi, mais en déclinant un peu vers son Levant, & du côté de la Gédrosie. l'Arabie est un pays rempli d'un nombre presque infini de villages & de quantité de villes parfaitement belles, toutes situées sur des collines de différente élévation. Les plus grandes de ces villes sont considérables par la beauté des Palais du Prince, par le nombre des Habitans, & par la richesse de chacun d'eux. Les campagnes de l'Arabie rapportent avec abondance toutes sortes de fruits, & les troupeaux de toutes les espéces n'y manquent jamais de pâturages. La quantité de fleuves qui traversent ce pays contribue beaucoup à l'excellence des fruits que l'on y recueille: ainsi c'est avec justice qu'on a donné le nom d'Arabie heureuse à la principale de ses provinces. Assez près des rivages de cette contrée on trouve dans l'Ocean un grand nombre d'Isles; & il y en a trois principales qui méritent une place dans cette histoire. La première s'appelle l'Isle sacrée: Il est défendu d'y enterrer les morts; & on les transporte dans l'Isle voisine qui est la seconde & qui n'en est éloignée que de sept stades. L'Isle sacrée produit peu de fruits; mais en revanche elle rapporte de l'Encens en si grande quantité que ce que l'on en recueille suffit pour le culte que l'on rend aux Dieux par toute la terre. On y trouve aussi beaucoup de Myrrhe & différens autres parfums qui répandent tous une excellente odeur. L'arbre qui porte l'Encens est fort bas & semblable à la féve blanche d'Egypte : fa feüille reſſemble à celle du ſaule & ſa fleur eſt de couleur d'or. L'Encens ſort de cet arbre en forme de larme. La figure de l'arbre qui porte la Myrrhe approche fort de celle du Lentiſque ; mais ſes feüilles ſont beaucoup plus minces & plus ſerrées ; & la Myrrhe découle de ſes racines quand on a creuſé la terre à l'entour. Dans le terroir le plus favorable ces arbres rapportent deux fois par an, ſavoir au Printems & en Eté ; mais le ſuc qui en découle dans cette derniére ſaiſon (1) eſt de couleur blanche, au lieu qu'au Printems il eſt de couleur rouſſe, à cauſe de la roſée qui tombe deſſus. Les Inſulaires recueillent le fruit du jonc marin, & il leur ſert non-ſeulement de nourriture & de breuvage, mais c'eſt encore pour eux un excellent reméde contre la diſſenterie. L'Iſle eſt partagée entre les habitans ; mais le Roi en a la meilleure partie, & le dixiéme des fruits que l'on recueille dans les autres lui appartient encore. On dit que cette Iſle a

---

(1) Le texte porte pendant l'Hyver ; mais je crois que c'eſt une faute, & °qu'il faut changer χ‑μευὶς en θερὶς.

deux cens stades de largeur. Ses habitans appellez Panchæens apportent à la terre-ferme leur Myrrhe & leur Encens, & le vendent là à des Marchands Arabes : D'autres Marchands ayant acheté des Arabes ces marchandises les transportent dans la Phénicie, dans la Cœlé-Syrie & dans l'Egypte, d'où enfin on les envoye dans tous les pays du monde. La troisiéme Isle qui est fort grande & qui a plusieurs stades de longueur est éloignée de l'Isle sacrée de trente stades vers l'Orient, mais son terrain s'avance beaucoup du même côté. On ajoûte que lorsque l'on regarde les Indes du Promontoire Oriental de cette Isle, tout ce pays ne paroît que comme une nuée à cause de son grand éloignément.

ON RACONTE plusieurs choses mémorables de l'Isle, qu'on appelle Panchaïe (1). Elle est habitée non-seulement par les Naturels du pays, mais encore par des Indiens, par des Scythes & par des Crétois. C'est là qu'est une ville très-belle & très-riche nommée Panara. Ses Citoyens sont appellez

XXIX.
Description particuliére de l'isle Panchaïe.

(1) On trouvera dans le Dictionnaire de la Martiniére le nom de cette Isle, & le soupçon fondé sur l'autorité de Plutarque, que c'est une Isle fabuleuse.

les supplians de Jupiter Triphylien. De tous les Panchæens ce sont les seuls qui ayent des loix qui leur soient particulieres. Ils n'obéissent à aucun Roi; mais tous les ans ils élisent trois Magistrats à qui appartiennent tous les Jugemens qui ne vont pas à la mort; mais ils renvoyent les causes capitales aux Prêtres. Le Temple de Jupiter Triphylien situé dans une plaine, est à soixante stades de Panara: il est considérable non-seulement par son ancienneté & par ses richesses, mais encore par la beauté du terrain qui l'environne. Le champ sacré est couvert d'arbres de toute espéce, tant fruitiers que stériles, mais tous agréables à la vûë: En effet on y voit des Cyprés d'une grande hauteur, des Planes, des Lauriers & des Myrthes, continuellement arrosez par des eaux vives; car dans le bois qui tient au temple il y a une fontaine qui en jette une si prodigieuse quantité qu'elle forme non loin de sa source un fleuve déja navigable. Ces eaux se partageant en plusieurs canaux & arrosant par ce moyen tout le champ sacré, elles y font croître un grand nombre de très-beaux arbres qui laissent entr'eux des espaces vuides

des où l'on peut s'assembler. La plûpart des Habitans passent l'Eté sous ces ombrages & une infinité d'oiseaux admirables par la variété de leurs couleurs & de leurs chants, y viennent faire leurs nids. Enfin la diversité des plantes & des fleurs qui ornent les jardins & les prairies de cette contrée en font un séjour delicieux & digne d'être la demeure des Dieux-mêmes. On y voit aussi de grandes allées de Noyers & de Palmiers qui fournissent une grande abondance d'excellens fruits. Outre cela on y trouve quantité de vignes de différentes espéces, qui s'élévant fort haut & diversement entrelassées surprennent agréablement la vûe & forment un paysage charmant.

LE TEMPLE est superbe & tout bâti de pierres blanches. Sa longueur est de deux arpens sur une largeur proportionnée. Il est soutenu par des colomnes très-massives mais que la sculpture a extrêmement embellies. Les statues des Dieux remarquables par leur grandeur & par leur poids énorme, sont autant de chef-d'œuvres de l'art. A l'entour du Temple on voit les maisons de ceux qui le desservent ; & le frontispice fait face à une avenue lon-

Le temple de Jupiter Tripoylien, & ses Prêtres.

gue de quatre stades sur trente toises de large. Les deux côtez de cette avenue sont ornez de grandes statues d'airain posées sur des bases quarrées, & elle est terminée par les sources qui forment le fleuve dont nous venons de parler. Ses eaux qui sont fort claires & fort douces ne contribuent pas peu à la conservation de la santé. On les appelle eaux du Soleil. Les sources de ce fleuve sont par tout revétues de pierre blanche jusqu'à la longueur de quatre stades de chaque côté, & il n'est permis à aucun homme excepté aux Prêtres d'entrer dans cette enceinte. La plaine où est situé le Temple est toute consacrée aux Dieux & les revenus en sont destinez aux frais des Sacrifices. Cette plaine est terminée par une montagne fort haute & aussi consacrée aux Dieux. On la nomme le char d'Urane ou l'Olympe Triphylien. On dit qu'autrefois Urane tenant l'Empire du monde, se plaisoit à venir sur cette montagne contempler le Ciel & les Astres. Elle fut enfin nommée l'Olympe Triphylien à cause des trois Nations qui l'habitent, savoir; les Panchæens, les Oceanites, & les Doïens. Ces derniers furent chassez par Ammon, qui de plus rafa entiérement les villes de Doïa & d'Afterufie (1) qui leur appartenoient. On raconte que tous les ans les Prêtres font fur cette montagne un Sacrifice plein de cérémonies très-religieufes. Au-delà de cette montagne & dans le refte de la Panchaïe on trouve, dit-on, des bêtes de toute espéce, comme des Eléphans, des Lions, des Léopards, des Chevreuils, & quantité d'autres animaux remarquables par leur figure & par leur force. Cette Ifle a encore trois grandes Villes, favoir, Hyracie, Dalis, & Océanis. Le terroir en eft excellent & on y recueille toutes fortes de vins.

LES HOMMES y font courageux & combattent fur des chariots à la maniére des Anciens. Il font partagez en trois clafles; la premiére eft celle des Prêtres, à laquelle on joint celle des Artifans; la feconde eft celle des Laboureurs, & la troifiéme comprend les Soldats & les Bergers. Les Prêtres gouvernent tout; ce font eux qui jugent les procès & dont les Ordonnances font la Loi publique. Les Laboureurs apportent en commun tous les

Mœurs & Coutumes de toute l'Ifle.

(1) Villes d'Afrique.

M ij

fruits qu'ils ont recueillis; & ceux qui paroissent avoir cultivé leur champ avec le plus de soin, sont distinguez avantageusement dans le partage qu'on fait des provisions annuelles. Les Prêtres nomment le premier, le second, le troisiéme jusqu'à dix de ceux qui ont mérité cette distinction, pour donner de l'émulation à tous les autres. Tout de même les Pasteurs rendent publiquement en nombre ou en valeur les troupeaux & les victimes dont on leur a confié l'entretien. Car il n'est permis à personne de posseder rien en propre à l'exception de sa maison & de son jardin. Les Prêtres reçoivent tous les revenus de l'Etat & le partagent également entre les particuliers, en retenant pour eux une double part. Les Panchæens sont habillez d'étoffes très-douces, à cause que les brebis de leur Isle ont la laine beaucoup plus fine que celles des autres pays. Les hommes portent ainsi que les femmes plusieurs ornemens d'or comme des colliers, des brasselets, & des anneaux qu'ils passent dans leurs oreilles à la façon des Perses. Leur chaussure la même pour tous, est ornée d'un mélange agréable de couleurs. Les Soldats partagent entr'eux la garde du pays, où ils élévent des forts & des retranchemens contre les incurſions des voleurs qui occupent un canton de l'Iſle, & qui étant adroits & courageux attaquent les Laboureurs & leur font une eſpéce de guerre. Les Prêtres ſe traitent avec beaucoup plus de delicateſſe & de ſomptuoſité que le reſte du peuple. Leurs habits ſont d'un lin très-blanc & très-fin, & quelquefois d'une laine preſque auſſi fine que le lin même. De plus ils ornent leur têtes de mitres d'or filé, & leurs piés de ſandales faites avec un très-grand art. Ils portent ſur eux des bijoux d'or en auſſi grand nombre que les femmes, & ſurtout des pendans d'oreille. Leur principale occupation eſt de ſervir les Dieux, de chanter des Hymnes en leur honneur & de célébrer en vers leurs actions & les biens dont les hommes leur ſont redevables. Ils diſent qu'ils tirent leur origine de Créte, & que Jupiter, lorſque vivant parmi les hommes il regnoit ſur toute la terre, les transféra dans l'Iſle de Panchaïe. Pour prouver ce qu'ils avancent, ils font voir qu'ils ont conſervé dans leur langue pluſieurs mots Crétois, &

qu'ils entretiennent avec ce peuple une amitié & une liaison qui leur a été recommandée par leurs Ancêtres. Ils montrent aussi des caractéres que Jupiter, disent-ils, a tracez de sa propre main, lorsqu'il jetta les premiers fondemens de leur Temple. La Panchaïe a plusieurs mines d'or, d'argent, d'airain & de fer : mais il n'est pas permis de transporter hors de l'Isle aucun de ces métaux. Il est même défendu aux Prêtres de sortir hors de l'espace consacré aux Dieux ; & s'ils en sortent, chacun de ceux qui les rencontrent a droit de les tuer. Le Temple est rempli d'offrandes d'or & d'argent que la suite des tems a prodigieusement accumulées. Les portes sont ornées d'ouvrages d'or, d'argent, d'yvoire & du bois de l'arbre qui porte l'Encens. Le lit du Dieu a six coudées de long & quatre de large. Il est d'or massif & d'un travail très-recherché & très-fini. Sa table n'est pas moins magnifique, & elle est presqu'aussi grande que le lit auprès duquel elle est placée. Au pied du lit vers le milieu s'éléve une haute colomne d'or dont l'inscription est en caractéres que les Egyptiens nomment sacrez. Elle contient l'histoire d'Uranus, de Jupiter, de Diane & d'Apollon, le tout écrit de la propre main de Mercure. Nous n'en dirons pas davantage sur les Isles voisines de l'Arabie.

Nous commencerons la description des Isles Grecques situées dans la mer Ægée, par la Samothrace. Quelques-uns disent que cette Isle s'appelloit autrefois Samos : mais que depuis on l'a nommée Samothrace, pour la distinguer de l'Isle voisine où la ville de Samos (1) a été bâtie. Les Habitans de la Samothrace sont indigénes ; c'est pourquoi il ne nous est resté rien de certain de l'histoire ancienne de ce pays. D'autres prétendent qu'elle a tiré son nom des colonies de Samos & de la Thrace, qui vinrent s'y établir en même tems. Elle conserve encore dans les cérémonies sacrées plusieurs termes de sa langue originale. Ses Historiens racontent qu'avant les déluges des autres pays, elle en avoit souffert un très-grand par les eaux qui étoient venues d'abord de la séparation des Cyanées (2) & qui

XXX. De l'Isle de Samothrace & de sa distinction avec l'Isle de Samos.

(1) Celle-ci est plus Meridionale & placée vis-à-vis la Ville d'Ephése ; elle s'appelle aujourd'hui Samo, & la premiére Sarmadachi.
(2) Détroit de Constantinople.

s'étendirent jusqu'à l'Hellespont (1). On dit que la mer de Pont (2), autrefois fermée, comme un lac, fut pour lors tellement grossie par les eaux des fleuves qui s'y jettent, qu'elle s'éleva impétueusement par-dessus ses rivages, & répandit sur les campagnes de l'Asie, *les eaux qui forment aujourd'hui la Propontide* (3).' On ajoûte qu'une grande partie de la Samothrace en fut aussi submergée ; de telle sorte que long-tems après, quelques Pêcheurs tiroient encore dans leurs filets des chapitaux de colomnes, qui marquoient que cette mer couvroit des ruines de Villes. Les lieux les plus élevez de l'Isle servirent seuls de réfuge contre ce débordement. Mais la mer montant toujours, les Insulaires eurent recours aux Dieux ; & ayant obtenu d'eux leur salut ; ils marquérent les bornes de l'inondation, & y dressèrent plusieurs Autels où ils sacrifient encore aujourd'hui. Par-là, dit-on, il est clair que la Samothrace a été habitée avant le dernier (4) de

---

(1) Détroit de Gallipoli.
(2) La Mer Noire.
(3) Mer de Marmara. J'ajoûte cette demi-phrase, pour l'éclaircissement de la chose.
(4) Postérieur à cette rupture qui a fait la communication des deux Mers.

nos déluges. On raconte que Saon fils de Jupiter & d'une Nymphe, ou selon d'autres, de Mercure & de Rhene rassembla ensuite les habitans de cette Isle qui vivoient épars dans les campagnes. Leur ayant donné des loix, il les distribua en cinq tribus qu'il distingua par les noms de ses cinq fils, & prit pour lui le nom du pays même. Ce fut alors que Jupiter ayant eu commerce avec Electre l'une des filles d'Atlas, fit naître chez eux Dardanus, Iasion, & Harmonie. Dardanus homme entreprenant passa le premier en Asie sur un petit vaisseau. Il y bâtit d'abord une Ville qui porta son nom, & construisit un palais dans le lieu qui fut ensuite appellé Troye; mais les peuples gardérent le nom de Dardaniens. Il gouverna plusieurs Nations dans l'Asie, & fonda même la colonie des Dardaniens de la Thrace. Jupiter voulant distinguer aussi le second de ses fils lui enseigna les Mystéres sacrez; ils étoient déja établis dans l'Isle; mais il y ajoûta alors des circonstances qui ne sont connues que des Initiez. Iasion paroît être le premier qui y ait admis des Etrangers, ce qui donna un très-grand lustre à cette initiation. Environ ce tems-là Cadmus fils d'Agenor cherchant Europe passa jusques dans la Samothrace, où s'étant fait initier il épousa Harmonie sœur d'Iasion, & non sœur de Mars, comme le disent les Mythologistes Grecs. Ce furent les premiéres nôces au festin desquelles les Dieux voulurent bien assister. Cerès qui chérissoit tendrement Iasion donna du bled pour présent aux mariez, Mercure leur apporta la Lyre, Minerve son fameux collier, son voile & la flute: Electre (1) y célébra les Mystéres de la mere des Dieux, & y fit danser les Orgies au bruit des tambours & des tymbales. Apollon ensuite joua de la lyre, les Muses l'accompagnérent avec leurs flutes, & les autres Dieux applaudirent tous à ce mariage par des acclamations de joye. Au sortir de-là Cadmus suivant l'ordre d'un Oracle vint bâtir Thébes en Bœotie. Quant à Iasion on dit qu'il épousa Cybéle, & qu'il eut de cette Déesse un fils nommé Corybas (2); mais peu après ayant été mis au rang des

(1) Mere de la Mariée.
(2) Le Grec dit les Corybantes, mais la suite fait voir qu'il s'agit de Corybas.

Dieux; Dardanus, Cybéle & Corybas portérent en Asie, & particuliérement en Phrygie les Mystéres de la mere des Dieux. Cybéle épousa ensuite le premier Olympus qui la rendit mere d'Alée à laquelle elle donna son nom de Cybéle. Corybas de son côté se maria avec Thebé fille de Cilix, & donna le nom de Corybantes à ceux qui entroient dans une espéce de fureur en célébrant les Mystéres de la Déesse. C'est avec ces Mystéres que l'usage des flutes (1) passa en Phrygie: La Lyre de Mercure fut transportée dans la ville de Lyrnesse qu'Achille prit & saccagea depuis. On lit dans la fable que Plutus fut fils d'Iasion & de Cerès. Mais c'est une pure allégorie dont le vrai sens est que les bleds de Cérès donnez à Iasion aux nôces d'Harmonie, sont la source des richesses désignées par Plutus. A l'égard des autres interprétations, il n'y a que les Initiez qui les sachent. On a beaucoup fait valoir les apparitions dont les Dieux les ont favorisez, & les secours qu'ils ont reçûs d'eux, en les invoquant dans les périls. Il est vrai du moins que l'ini-

(1) Le Grec porte ἄλλως: mais il faut lire αὐλῶν.

tiation les rend plus religieux, plus juftes, & meilleurs en toute maniére qu'ils ne l'étoient auparavant. C'eſt pour cela que les anciens Héros & les Demi-Dieux les plus célébres ont aſpiré à cet honneur; & c'eſt par la faveur des Dieux attachée à cette cérémonie qu'Iaſion, les Dioſcures, Hercule & Orphée ont réuſſi dans leurs entrepriſes les plus périlleuſes.

XXXI. *De l'Iſle de Naxos, aujourd'hui Naxie.*

Nous sommes conduits naturellement de l'Iſle de la Samothrace à celle de Naxos. Cette derniére qui s'appelloit d'abord Strongyle fut habitée en premier lieu par des Thraces & voici à quelle occaſion. Selon les Mythologiſtes Borée eut pour fils de deux meres différentes Lycurgue & Butès. Celui-ci dreſſa des embuches à ſon aîné. Ayant été découvert, ſon Pere ne lui impoſa aucune autre peine que de s'embarquer avec ſes complices, & d'aller chercher une autre habitation. Butès raſſemblant quelques Thraces ſe mit en mer, & ayant été jetté vers les Cyclades, il prit terre dans l'Iſle de Strongyle où ſes compagnons & lui vécûrent du métier de Pirates. Mais comme ils n'avoient point de femmes ils en allérent chercher dans les Isles du voisinage. Ensuite la plûpart des Cyclades étant desertes, & les autres peu habitées ; ils tentérent de plus longues courses. Repoussez dans l'Eubée, ils abordérent en Thessalie, où ils se trouvérent au milieu des nourrices de Bacchus qui célébroient les Orgies au pié d'une montagne nommée Drios, située dans l'Achaïe Phtiotide. A leur aspect les unes s'enfuirent le long de la mer après y avoir jetté les instrumens sacrez ; & les autres se sauvérent sur la montagne. Cependant une d'elles nommée Coronis fut saisie & amenée à Butès qui s'en rendit maître par force. Elle eut recours, pour se venger de l'affront qu'elle venoit de recevoir, à l'invocation de Bacchus. Ce Dieu envoya tout-à-coup à Butès un transport de phrénésie qui le fit précipiter dans un puits où il mourut. Malgré un exemple si effrayant les Thraces enlevérent quelques-autres femmes dont les plus considérables furent Iphimédée femme d'Aloeus & sa fille Pancratis ; & ils retournérent dans Strongyle avec leur proye. Là ils élûrent pour Roi à la place de Butès, Agassamenus à qui ils firent épouser la belle Pancratis fille d'Aloeus. Avant cette élection deux des principaux Thraces nommez Sicelus & Ecetor s'étoient déja tuez l'un l'autre en se disputant cette Princesse. Quant à Iphimedée, Agassademus la donna en mariage à un de ses amis qu'il avoit nommé son Lieutenant. Cependant Aloeus envoya ses deux fils Otus & Ephialte à la recherche de sa femme & de sa fille. Ces Princes ayant fait une descente dans Strongyle, vainquirent les Thraces & prirent leur Ville. Pancratis mourut peu de tems après; Otus & Ephialte entreprirent de s'établir dans l'Isle, & même de s'en rendre les maîtres. Ils en vinrent à bout, & changérent le nom de Strongyle en celui de Die (1). Dans la suite les deux freres s'étant fait mutuellement la guerre, & ayant perdu beaucoup de monde, ils y périrent eux-mêmes, & reçûrent après leur mort le nom & les honneurs de Héros. Les Thraces avoient occupé cette Isle plus de deux cens ans lorsqu'une grande sécheresse la leur fit abandonner. Les Cariens chassez de l'Isle qu'on appelle aujourd'hui Lat-

(1) Isle Sacrée.

mie (1) vinrent habiter celle de Die, & leur Roi Naxius fils de Polemon changea ce nom en celui de Naxos tiré du sien. Ce Naxius homme vertueux & illustre laissa un fils nommé Leucippe, dont le fils nommé Smardius regna sur l'Isle. C'est ce Roi qui reçût chez lui Thesée venu de Créte à Naxos avec Ariane : Et c'est là même que Thesée ayant été averti par un songe menaçant de renoncer à Ariane, la laissa en effet, & se rembarqua. Bacchus dès la même nuit la transporta sur le mont Arius. Il disparut aussi-tôt, & Ariane disparut bien-tôt après lui. Les habitans de Naxos prétendent que ce Dieu a été nourri chez eux, que leur Isle lui a toujours été chére, & qu'elle est appellée par quelques-uns Dionysiade. Ils content que Sémelé ayant été consumée par la foudre, Jupiter sauva son fruit en l'enfermant dans sa cuisse; que le terme de la naissance étant arrivé, il choisit Naxos pour cacher cet enfant à Junon, & qu'il en confia le soin à trois Nymphes de cette Isle, Philie, Coronis & Cleïde. On ajoûte

(1) Correction de Palmerius sur le texte qui porte *Lamis*.

qu'il frappa Sémelé de la foudre avant son accouchement ; afin que Bacchus passant pour être né de Pere Dieu & de mere Déesse reçut l'immortalité dès sa naissance. Ces Peuples se vantent aussi d'avoir été récompensez de l'éducation qu'ils ont donnée à Bacchus par la longue félicité de leur Isle : en effet les habitans de Naxos ont eu de grandes forces maritimes. Ce furent eux qui les premiers se détachérent de l'alliance de Xercès ; & par-là ils contribuérent beaucoup à la défaite de son armée navale ; enfin ils se distinguérent parmi les Alliez à la bataille de Platées. Ils alléguent même l'excellence de leur vin comme une marque évidente de la reconnoissance & de la faveur de Bacchus.

XXXII. *De l'Isle de Syme.*

L'Isle de Syme auparavant deserte eut pour premiers habitans ceux qui vinrent avec Triopas sous la conduite de Cthonius fils de Neptune & de Syme, de laquelle l'Isle a tiré son nom. Elle a eu pour Roi le beau Nirée fils de Charops & d'Aglée (1) ; il gou-

(1) Iliad. 2. Vers 671. C'est sans doute de cette Nymphe que l'Isle avoit pris le nom d'Æglé qu'elle portoit aussi parmi les Anciens. *Cherchez* Æglé dans le Dictionnaire Géographique de la Martiniére.

vernoit aussi une partie de la Cnide; ce fut lui qui accompagna Agamemnon au siége de Troye. Après cette guerre les Cariens devenus maîtres de la mer le devinrent aussi de cette Isle. La sécheresse les en ayant chassez depuis, ils se retirérent dans un lieu nommé Urane, & la Syme demeura déserte jusqu'à ce qu'une flote de Lacédémoniens & d'Argiens y vînt aborder. On raconte ainsi la maniére dont elle fut repeuplée. Entre ceux qui suivoient Hippotus, un nommé Nausus qui n'avoit point eu de part dans la distribution des terres que ce Capitaine avoit faite à ses autres camarades, se mit à la tête d'un nombre de gens qui n'étoient pas mieux partagez que lui, & alla s'établir avec eux dans Syme qu'ils trouvérent abandonnée. Ils reçûrent là quelques compatriotes qui vinrent pour la même raison qu'eux sous la conduite de Xuthus. On dit même qu'il se trouva dans cette Colonie des Cnidiens & des Rhodiens.

XXXIII.
Des Isles Calydne & Nisyre.

Les Isles de Calydne & de Nisyre (1) furent d'abord occupées par des

(1) Deux petites Isles voisines l'une de l'autre dont

Cariens : mais dans la suite Thessalus fils d'Hercule s'empara de l'une & de l'autre. C'est pourquoi ses fils Antiphus & Phidippe Rois de Cos se trouvent chefs des Habitans de ces deux Isles dans le dénombrement de l'armée greque au Siége de Troye (1). Au retour de cette guerre quatre des vaisseaux d'Agamemnon échouérent contre Calydne, & ceux qui les montoient furent reçûs & admis dans l'Isle au nombre des Citoyens. Les Insulaires de Nisyre étoient tous péris par un tremblement de terre : Mais ceux de Cos la repeuplérent comme Calydne. La peste ayant ensuite ravagé Nisyre; l'habitation fut rétablie par une Colonie de Rhodiens. A l'égard de Carpathe (2), Minos le premier des Grecs qui se fut rendu maître de la mer, y établit une partie de ses Soldats : & plusieurs siécles après lui, Joclès fils de Démoleon, Argien d'origine, y envoya une Colonie.

XXXIV. De l'Isle de Rhode.

L'ISLE de Rhode fut premiérement

on croit même que la derniére avoit été détachée de l'Isle de Cos par des courans. Ortelius.

(1) Voyez les Vers 678 & 679. du second Livre de l'Iliade.

(2) Petite Isle entre Créte & Rhodes, qui avoit donné le nom à la mer Carpathienne.

habitée par des hommes nommez Telchins. Selon la Fable ils étoient fils de la Mer; & l'on conte qu'ils élévérent Neptune conjointement avec Caphire fille de l'Océan, parce que Rhée leur avoit confié cet enfant. On leur atrribue l'invention de plusieurs arts utiles aux hommes. Ils ont les premiers dreflé des statues aux Dieux; & l'on en voit encore quelques-unes qui portent leur nom. Il y a chez les Lindiens un Apollon Telchinien (1), chez les Jalysiens une Junon & des Nymphes Telchiniennes, & une autre Junon surnommée de même chez les peuples de Camire. On prétend aussi qu'ils étoient enchanteurs comme ceux qu'on appelle Mages, & qu'il ne tenoit qu'à eux de rassembler les nuages, & de faire tomber de la pluye, de la gréle & de la nége. Ils changeoient de forme à leur gré, & ils faisoient d'ailleurs un secret de tous leurs arts. Neptune parvenu à l'âge d'homme aima Alie sœur des Telchins; & il en eut six fils & une fille nommée Rhode qui donna son nom à l'Isle. Ce fut, dit-on, dans sa partie Orien-

(1) Rhodoman a oublié de traduire les deux ou trois lignes suivantes.

tale que naquirent les Géans. Après leur défaite Jupiter devint amoureux d'une autre Nymphe fœur des Telchins & en eut trois fils, Spartée, Cronius & Cutus. Dans leur jeuneſſe, Vénus paſſant de Cythére dans l'Iſle de Chypre & voulant relâcher à Rhode, les fils de Neptune furent aſſez téméraires & aſſez inſolens pour lui interdire l'entrée du port. La Déeſſe pour s'en venger jetta ſur eux un vertige pendant lequel ils firent violence à leur propre mere, & commirent d'autres excès à l'égard de leurs concitoyens. Neptune apprenant ces déſordres en voulut couvrir la honte en cachant ſes fils dans la terre, où on leur donna le nom de Génies orientaux. Alie leur mere s'étant jettée dans la mer fut appellée Leucothée, & acquit les honneurs divins. Dans la ſuite les Telchins prévoyant une inondation prochaine abandonnerent l'Iſle & ſe diſperférent. Lycus étant venu dans le pays qu'on a depuis nommé Lycie, y bâtit le Temple d'Apollon Lycien ſur le fleuve Xanthus. Ceux qui étoient demeurez dans l'Iſle périrent par les eaux qui couvrirent tout ce qu'il y avoit de plaine. Quelques-uns cependant se sauvérent sur les montagnes, & entr'autres les fils de Jupiter. Enfin Hélius nom qui signifie le Soleil devenu amoureux de Rhode, desfécha l'Isle & lui donna le nom de sa maitresse. Le sens naturel de cette fable est que le terrain de cette Isle est humide & marécageux par lui-même; mais que le Soleil ayant diminué peu à peu cette humidité, y a rendu la terre si féconde, que les peuples en sont autochthones, & qu'elle a produit en particulier les sept freres Héliades. En conséquence de cette opinion l'Isle de Rhode a été consacrée au Soleil: & ses habitans, qui croyent lui devoir leur origine, se sont vouez plus particuliérement à son culte qu'à celui des autres Dieux. Au reste les sept Héliades ou fils du Soleil dont nous venons de parler, furent Ochime, Cercaphe, Macar, Actin, Ténages, Triopas & Candale. Il leur faut joindre une sœur nommée Electrione qui étant morte pendant sa virginité reçut de la part des Rhodiens les honneurs héroïques. Lorsque les Héliades eurent atteint l'âge d'homme, le Soleil leur prédit que Minerve habiteroit toûjours parmi les peuples qui les premiers feroient des sacrifices en son honneur. Les Athéniens furent instruits de cet Oracle dans le même tems; en sorte que les Héliades se pressant trop oublièrent d'apporter le feu avant la victime ; au lieu que Cécrops Roi des Athéniens disposa (1) mieux le sacrifice qu'il faisoit de son côté. Quoiqu'il en soit, cette méprise donna lieu à une cérémonie particulière à l'Isle de Rhode, & ils ont chez eux la statue de la Déesse. Voila à peu près ce que racontent les Mythologistes Rhodiens & surtout Zenon (2) qui a mis en ordre tout ce qui concernoit cette Isle.

XXXV. Digression sur les Héliades.

CEPENDANT les Héliades se distinguérent des autres hommes par divers genres de connoissances & surtout par l'astronomie. Ils firent une science de la navigation, & ils partagérent l'année en saisons. Tenagès le plus habile d'entr'eux périt par la jalousie de ses freres. Le crime ayant été découvert, tous ses Auteurs prirent la fuite. Ma-

(1) Rhodoman que je suis ici, aide un peu au texte qui paroît défectueux.

(2) Ce Zenon selon Vossius l. 1. c. 16. est le troisième des huit dont Diogène Laerce a fait mention : Il vivoit du tems du premier Ptolémée fils de Lagus.

car se retira à Lesbos & Candale dans l'Isle de Cos. Actin étant passé en Egypte y bâtit la ville d'Héliopolis en l'honneur du Soleil son pere, & enseigna le cours des Astres aux Egyptiens. Un grand déluge arrivé alors en Gréce, emporta non-seulement des peuples entiers, mais encore tous les monumens littéraires, & l'intelligence même des Lettres. Les Egyptiens profitant de cette perte & de cet oubli se sont attribué l'invention de l'Astronomie, & les Grecs ne trouvant rien à leur opposer, cette opinion a prévalu, & est devenue générale. Les Athéniens mêmes quoiqu'ils eussent bâti en Egypte une ville appellée Saïs, ne paroissent pas avoir mieux conservé que les autres Grecs leurs anciennes connoissances. Bien long-tems depuis ce déluge, l'histoire dit que Cadmus fils d'Agénor fut celui qui porta le premier les lettres de Phénicie en Gréce ; & elle ne laisse aux Grecs de ces tems-là qu'elle représente tous comme également ensévelis dans l'ignorance, que l'avantage d'avoir toûjours ajoûté quelque chose à ce qu'ils apprenoient des Egyptiens. Triopas venant dans la Carie se saisit d'un promontoire qui fut dès-lors appellé Triopeon. Pour les autres Héliades qui n'avoient point eu de part au meurtre de leur frere, ils demeurerent dans l'Isle de Rhode : & bâtirent la ville d'Achaïe dans un territoire appellé Jalyſie. Leur aîné & leur Roi nommé Ochime épouſa Hégétorie une des Nymphes de l'Isle. Il en eut pour fille Cydippe qu'on nommâ depuis Cyrbie (1). Cercaphus l'ayant épouſée dans la ſuite ſuccéda à la Couronne de ſon frere ; & il eut lui-même pour ſucceſſeurs ſes trois fils Lyndus, Jalyſus & Camirus. La partie de l'Iſle appellée Cyrbe ayant été ſubmergée ils partagérent le reſte entr'eux ; & bâtirent chacun dans la portion qui lui étoit échue un Ville de ſon nom.

XXXVI. Suite de l'Hiſtoire de Rhode.

VERS CES tems-là Danaüs fuyant de l'Egypte avec ſes filles vint aborder

(1) Palmerius croit qu'il y a ici une tranſpoſition ; & que c'eſt la ville d'Achaïe nommée plus haut qui fut depuis appellée Cyrbie ou Cyrbe, & non pas la Princeſſe Cydippe.

Au reſte je ne prens des remarques de Palmerius & d'autres Auteurs que celles qui vont à corriger ou à éclaircir le texte.

Car pour les faits hiſtoriques ou mythologiques rapportez autrement par d'autres Ecrivains de l'antiquité que par Diodore, ce ſeroit un travail d'une autre eſpéce, & qui ſeroit inutile après les recherches de M. de Meſiriac, de M. le Clerc & de M. l'Abbé Banier.

dans

dans l'Isle de Rhode au port de Lindus. Il fut bien reçû des Habitans; & il bâtit un Temple à Minerve dans lequel il consacra la statue de cette Déesse. Des filles de Danaüs il y en eut trois qui moururent pendant leur séjour à Lindus; & les autres accompagnérent leur Pere à Argos. Ce fut à peu-près dans le même tems que Cadmus cherchant Europe, par l'ordre du Roi Agénor son pere, débarqua à Rhode. Il échapoit actuellement d'une grande tempéte, pendant laquelle il avoit fait vœu de bâtir un Temple à Neptune. Il accomplit ce vœu dans Rhode même, où il laissa des Prêtres Phéniciens pour desservir le Temple. Ces Prêtres s'habituérent aisément avec les Jalisiens, & formérent même des familles d'où sont sortis tous leurs successeurs au Sacerdoce. Cadmus fit aussi des présens à la Minerve Lindienne, entre lesquels est une superbe chaudiére d'or de forme ancienne. On y voit une inscription en ces premiers caractéres Phéniciens qu'on dit avoir été transportez de Phénicie en Gréce. On raconte que l'Isle de Rhode produisit dans la suite de grands Serpens qui devorérent une partie des Insulaires. Là-dessus ils envoyérent en l'Isle de Délos consulter le Dieu sur le moyen de détourner ce fleau : Apollon leur ordonna d'aller chercher Phorbas & de l'amener lui & tous les siens dans leur Isle. Ce Phorbas fils de Lapithe se trouvoit alors dans la Thessalie, à la tête d'un grand nombre de gens qui cherchoient une habitation convenable. Les Rhodiens lui ayant rapporté la réponse qui leur avoit été faite, il accepta l'offre qu'ils lui faisoient de leur Isle, où il s'établit après en avoir exterminé les Serpens. Il leur procura encore d'autres avantages qui lui acquirent après sa mort les honneurs héroïques. Quelque tems après Althæmenès fils de Catreus Roi de Créte étant allé consulter l'Oracle sur quelques doutes, il lui fut prédit qu'il tueroit son Pere de sa propre main. Pour prévenir ce malheur, il s'exila volontairement de Créte suivi d'une troupe de gens qui cherchoient fortune. Ils arrivérent dans l'Isle de Rhode au port de Camire, & ils bâtirent sur la montagne d'Atamyre(1), le Temple de Ju-

---

(1) Palmerius lit Atabyre & Atabyrien, sur l'autorité de Pindare, confirmée par Bochard.

piter surnommé dès-lors Atamyrien. Ce Temple qui est situé sur une hauteur d'où l'on découvre l'Isle de Créte, est encore aujourd'hui dans une grande vénération. Althæméne s'établit donc avec sa suite dans l'Isle de Rhode où il s'acquit l'estime de tous les Habitans. Cependant Catreus son pere qui l'aimoit beaucoup & qui n'avoit point d'autre enfant mâle, vint à Rhode pour le chercher & pour le ramener en Créte. Mais conduit par la fatalité de l'Oracle, il aborda la nuit dans l'Isle de Rhode, & sa descente ayant excité du tumulte & donné lieu à un combat entre lui & les Insulaires : Althæméne son fils qui venoit à leurs secours porta un coup de lance à son pere sans le connoître, & le tua. Quand il eut éclairci le fait il n'en put soutenir l'horreur, & fuyant l'aspect des hommes, il s'alla cacher dans des lieux déserts, où il mourut de chagrin & de désespoir. Mais dans la suite un autre Oracle ordonna aux Rhodiens de lui rendre les honneurs héroïques. Peu de tems avant la guerre de Troye, Tlépoléme fils d'Hercule, s'exila aussi volontairement d'Argos pour avoir tué Licymnius sans le vouloir. Après avoir consulté les Dieux sur le lieu de son exil, il vint avec ses compagnons dans l'Isle de Rhode : & y ayant été bien reçû, il y établit son séjour. Etant Roi de l'Isle entiére il en partagea également les possessions entre les Habitans, & fit d'autres réglemens dignes d'un Prince équitable. Enfin partant avec Agamemnon pour la guerre de Troye, il laissa le gouvernement de l'Isle à Butès qui l'avoit accompagné lorsqu'il sortit d'Argos. Pour lui après s'être distingué dans cette guerre il mourut dans la Troade.

XXXVII. *De la Chersonése de la Carie.*

COMME l'histoire de Rhode est mêlée avec celle de la Chersonése, située à l'opposite (1), il est à propos de passer de l'une à l'autre. La Chersonése, selon quelques-uns, a pris autrefois ce nom de sa forme de presqu'Isle. Mais selon d'autres, c'est un Roi du pays qui portoit ce même nom, & qui le lui a donné. Peu de tems après son régne, cinq Curétes passérent de l'Isle de Créte dans la Chersonése : On dit qu'ils descendoient de ceux qui ayant reçu Jupiter des mains de Rhéa

---

(1) On appelloit Chersonése cette partie de l'A- | sie mineure où étoit la Carie.

LIVRE V.

sa mere, le nourrirent sur les monts Idéens. S'étant munis d'une escorte suffisante pour leur dessein, ils chassérent les Cariens habitans naturels de la Chersonése pour s'y établir eux-mêmes. Ils partagérent le pays en cinq Provinces, & chacun d'eux bâtit dans la sienne une Ville à laquelle il donna son nom. Quelque tems après, Io fille d'Inachus Roi d'Argos ayant disparu, son Pere envoya un de ses Officiers Généraux nommé Cyrnus à la tête d'une armée considérable pour chercher sa fille, en quelque endroit qu'elle put être, avec ordre de ne point revenir sans elle. Cyrnus ayant parcouru bien des pays sans la trouver passa dans la Chersonése de Carie. Renonçant alors à sa Patrie il se fit Roi, moitié par force & moitié par insinuation, d'une partie de cette terre étrangére, & il y bâtit une ville appellée Cyrnus comme lui. S'étant rendu populaire & bienfaisant il s'acquit l'amour & l'estime de ses sujets. Ce ne fut qu'après ce tems-là que Triopas un des fils du Soleil & de Rhode, fuyant à cause du meurtre de son frere Tenagès, vint dans la Chersonése, d'où après avoir obtenu du

Roi Melissès l'expiation de son crime, il passa dans la Thessalie, pour offrir ses armes aux enfans du Deucalion. Il leur aida a en chasser les Pélasgiens, & pour sa récompense il partagea avec les vainqueurs le territoire appellé Dotion. Là étoit construit un temple de Cerès qu'il abbatit, & dont il employa les matériaux à se construire un palais. S'étant attiré la haine publique par ce sacrilège il fut obligé de sortir de la Thessalie; & il vint avec plusieurs de ses anciens compagnons dans Cnide. Il y bâtit un fort qui fut nommé Triopium. Etant ensuite passé dans la Chersonése, il s'en rendit maître aussi-bien que d'une partie de la Carie qui lui est limitrophe. Au reste les Histoirens & les Poëtes ne sont pas tous d'accord sur l'Origine de Triopas. Car quelques-uns le font fils de Neptune & de Canacé fille d'Æole, & d'autres lui donnant pour pere Lapithe fils d'Apollon & pour mere Stibé fille de Penée.

XXXVIII. *Histoire du temple d'Hemithée dans la Carie.*

Il y a dans une ville de la Chersonése appellée Castabe, un temple d'Hemithée de laquelle il faut ici faire mention. On conte diversement son histoire, mais la maniére la plus reçûe par les Habitans du pays même est celle-ci. On dit que Staphyle & Chryfothemis eurent trois filles; Molpadie, Rhoio, & Parthenie. Rhoio fut aimée d'Apollon & devint grosse. Son pere s'en apperçut, & entrant dans la même fureur que si elle avoit eu affaire à un homme, il enferma sa fille dans un coffre & la jetta ainsi dans la mer. Le coffre ayant été comme guidé vers l'Isle de Delos, il en sortit avec la mere un enfant mâle qu'elle nomma Anius. Rhoio sauvée contre toute espérance déposa son enfant sur l'autel du Dieu; & le conjura de le conserver s'il le reconnoissoit pour son fils. On dit qu'Apollon prit alors cet enfant & le cacha: Qu'ensuite pour lui donner une éducation distinguée il lui apprit la divination, ce qui le mit dans la plus haute estime parmi les hommes. Cependant Molpadie & Parthenie sœurs de Rhoio, gardant un jour le vin de leur Pere, don nouvellement fait aux hommes, vinrent à s'endormir. Durant leur sommeil des pourceaux qu'on nourrissoit dans leur maison briserent malheureusement le vase de terre où étoit ce vin; de sorte qu'il fut répandu jusqu'à la derniére goute. Ces pauvres filles voyant ce desastre & craignant l'humeur violente de leur pere, coururent au bord de la mer, & s'y jettérent du haut d'un rocher. Apollon qui s'interressoit à elles en considération de leur sœur, les reçut dans leur chûte & les transporta en deux Villes différentes de la Chersonése; sçavoir Pathenie à Bubaste où elle a son temple & son culte, & Molpadie à Castabe où cette protection du Dieu lui a procuré le nom d'Hemithée, *demi-Déesse* & la vénération de tous les Habitans de la contrée. En mémoire même de l'avanture du vin, on lui fait des offrandes de cette liqueur mêlée avec du miel. Mais de plus il n'est pas permis à un homme qui a mangé du porc, ou qui même en a touché, d'entrer dans le temple d'Hemithée. Les honneurs de ce temple se sont accrus dans la suite au point que non-seulement il est singuliérement révéré dans le pays, mais qu'on vient même de fort loin y faire de pompeux sacrifices, & y offrir de riches présens. Bien plus, les Perses qui sont les maîtres de l'Asie & qui ont pillé tous les temples des Grecs, ont respecté celui-ci. Les Brigans mêmes qui n'épargnent rien se sont toujours abstenus de toucher à ses trésors; quoique ce temple soit sans murailles & qu'on pût le piller impunément. Cette distinction est fondée sur l'intérêt commun du genre humain : Car on prétend que tous les malades qui y dorment se trouvent guéris à leur réveil, & que plusieurs y ont été délivrez de maux inconnus & incurables : On dit surtout que la Déesse est propice aux femmes dont les accouchemens sont difficiles & périlleux. Aussi son temple est-il plein des marques de reconnoissance qu'on y a portées dans tous les tems : dépôt mis en plus grande sûreté par la religion de tous les hommes qu'il ne le seroit par des murs & par des gardes. En voilà assez pour Rhode & pour la Chersonése. Il s'agit maintenant de l'Isle de Créte.

LES HABITANS de cette Isle disent que leurs premiers ancêtres s'appelloient Eteocretes, & étoient Autocthones. Leur Roi nommé Crès fut Auteur de plusieurs inventions très-considérables, & toutes utiles à l'Isle en particulier & aux hommes en gé-

XXXIX. De l'Isle de Créte, aujourd'hui Candie.

néral. Selon leur Mythologie la plûpart des Dieux font nez chez eux, & furtout ceux qui ont acquis les honneurs divins par leurs bienfaits. Nous rapporterons ici leurs actions en abrégé, dans l'ordre qu'ont fuivi les plus célébres Hiftoriens de la Créte. Les premiers Crétois dont la mémoire fe foit confervée habitoient fur le mont Ida, & s'appelloient Dactyles Idéens. Selon quelques-uns ils étoient au nombre de cent : mais felon d'autres, le nom de Dactyles qu'on leur a donné, marque qu'ils n'étoient que dix, ou autant que l'homme a de doigts à fes deux mains. Quelques Hiftoriens, entre lefquels eft Ephore, prétendent néanmoins que les Dactyles Idéens font nez fur le mont Ida de Phrygie, & qu'ils pafferent en Europe à la fuite de Minos. Comme ils étoient magiciens, ils s'appliquoient avec foin aux enchantemens & pratiquoient des cérémonies fecretes ; de forte qu'étant allez dans la Samothrace, ils étonnérent extrêmement ces infulaires par leurs preftiges. Orphée né dans ce tems-là avec un talent extraordinaire pour la poëfie & pour la mufique fut leur difciple, & porta le premier en Gréce les Myſtéres ſacrez. Les Dactyles Idéens paſſent pour avoir découvert l'uſage du feu, du cuivre & du fer, & l'art de travailler ces métaux, dans la montagne de Berecynthe au pays des Antiſapteres en Créte; & c'eſt par ce ſervice important rendu aux hommes qu'ils ont mérité les honneurs divins. On ajoûte que l'un d'eux fut nommé Hercule, & qu'ayant ſurpaſſé tous les autres en réputation il inſtitua les jeux Olympiques: qu'ainſi ce n'eſt que par une équivoque de nom, que la poſtérité attribue cette inſtitution à Hercule fils d'Alcmene. Ils en allèguent pour preuve les paroles & les anneaux d'enchantement que pluſieurs femmes empruntent encore aujourd'hui de ce Dieu, comme ayant été maître dans l'art magique & dans les Myſtéres Sacrez; ce qui ne convient aucunement à l'Hercule fils d'Alcmene. Après les Dactyles Idéens on place neuf Curétes. Les uns les font naître de la terre, & les autres les donnent pour fils des Dactyles. On croit qu'ils habitoient ſur des montagnes couvertes de forêts ou dans des rochers coupez en précipice; en un mot on leur suppose des retraites formées par la nature, sur ce qu'on n'a jamais découvert aucun indice de leur demeure. On vante beaucoup leur intelligence & leurs inventions. Ils ont les premiers assemblé des troupeaux de moutons; ils ont assujetti au service des hommes des animaux autrefois sauvages; ils ont enseigné la manière d'entretenir des ruches à miel; ils ont introduit l'usage de l'arc & de la chasse; ils ont enfin appris aux hommes mêmes à vivre ensemble, & à mettre de l'union & de la régle dans leur société. Ce sont eux aussi qui ont inventé l'épée aussi-bien que les danses militaires : C'est par le bruit qui accompagne celles-ci qu'ils empêchérent Saturne d'entendre les cris de Jupiter enfant, dont l'éducation leur avoit été confiée par Rhéa sa mere, à l'insçu de son mari. Pour raconter cette histoire avec ordre, nous devons remonter un peu plus haut.

XI.
Histoire des Titans.

LA MYTHOLOGIE de Créte dit que les Titans nâquirent pendant la jeunesse des Curétes. Ils habitoient d'abord le pays des Gnossiens, où l'on montre encore les fondemens du palais de Rhea & un bois antique. La famille des Titans étoit compofée de fix garçons & de cinq filles, tous enfans du Ciel & de la Terre; ou felon d'autres, d'un des Curétes, & de Titæé; de forte que leur nom vient de leur mere. Les fix garçons furent Saturne, Hyperion, Coïus, Japet, Crius, & Oceanus. Et les cinq filles étoient Rhéa, Thémis, Mnemofyne, Phœbé & Thétis. Ils firent tous préfent aux hommes de quelque découverte; ce qui leur attira de leur part une mémoire & une reconnoiffance éternelle. Saturne l'aîné des Titans devint Roi, & après avoir donné des mœurs & de la politeffe à fes Sujets qui menoient auparavant une vie fauvage, il porta fa réputation & fa gloire en différens lieux de la terre. Il établit partout la juftice & l'équité; & les hommes qui ont vécu fous fon empire paffent pour avoir été doux, bienfaifans & par conféquent très-heureux. Il a régné furtout dans les pays Occidentaux où fa mémoire eft encore en vénération. En effet les Romains, les Carthaginois lorfque leur ville fubfiftoit, & tous les peuples de ces cantons, ont inftitué des fêtes & des sacrifices en son honneur, & plusieurs lieux lui sont consacrez par leur nom même. La sagesse de son gouvernement avoit en quelque sorte banni les crimes, & faisoit goûter un empire d'innocence, de douceur & de félicité. Le poëte Hésiode en fait la description en ces termes (1).

Dans le tems que Saturne au Ciel tenoit sa cour
La Terre même étoit un céleste séjour.
L'homme n'éprouvoit point la longue incertitude
Des fruits qu'on ne doit plus qu'au travail le plus rude.
La Nature en bienfaits surpassant les desirs,
Prévenoit les besoins, prodiguoit les plaisirs :
On n'adoroit les Dieux qu'avec réjouissance.
Après avoir enfin vieilli dans l'innocence ;
Sans perdre par les ans la force, ou le sommeil,
On passoit à celui qui n'a plus de réveil.

Hypérion le second des Titans découvrit par l'assiduité de ses observations, le cours du Soleil, de la Lune,

(1) Opera & dies, l. 1.

& des autres Aſtres : il régla par eux les tems & les ſaiſons, & tranſmit cette connoiſſance aux autres hommes. On l'a même appellé le Pere des Aſtres & il a été du moins le Peré de l'Aſtronomie. Latone fut fille de Coïus & de Phœbé. Japet fut Pere de Promethée celui qui déroba le feu du Ciel pour en faire part aux hommes ; le vrai ſens de cette fable eſt qu'il a trouvé les matiéres combuſtibles propres à allumer & à entretenir le feu. On attribue à la Titanide Mnemoſyne l'art du raiſonnement, & l'impoſition des noms convenables à tous les êtres, de ſorte que nous les indiquons & nous en converſons ſans les voir ; invention pourtant que d'autres attribuent à Mercure. Mais on accorde généralement à Mnemoſyne le premier uſage de tout ce qui ſert à rappeller la mémoire des choſes dont nous voulons nous reſſouvenir, & ſon nom même l'indique aſſez. Thémis a établi la divination, les ſacrifices, les loix de la Religion & même tout ce qui ſert à maintenir l'ordre & la paix parmi les hommes : d'où vient que l'on appelle encore Légiſlateurs ou Dépoſitaires des loix ; tous ceux qui veillent au culte des Dieux, & aux mœurs publiques. Lorsqu'on veut dire qu'Apollon va donner des réponses on se sert en grec d'un mot où entre le nom de Thémis (1), comme étant l'inventrice des Oracles. Ainsi les Dieux, par leurs bienfaits à l'égard des hommes, non-seulement ont acquis les honneurs divins ; mais on juge qu'ils sont entrez les premiers dans le ciel, au sortir de cette vie humaine. De Saturne & de Rhéa nâquirent Vesta, Cerès & Junon, & ensuite Jupiter, Neptune & Pluton. Vesta, appellée en Grec Estia, mot qui signifie foyer, introduisit la coutume d'habiter dans des maisons : aussi n'y en a-t-il presque point où l'on ne voye sa statue à laquelle on fait des sacrifices. Cérès est la première qui ait fait croître séparément le bled confondu auparavant dans les champs avec les herbes les plus négligées ; & elle nous a enseigné à le semer, à le cultiver & à le garder. Elle avoit fait cette découverte avant que de mettre au monde Proserpine. Mais après le rapt que Pluton fit de cette Déesse sa fille, elle brûla elle-

(1) θεμιστευειν.

même les moissons, s'en prenant à Jupiter de la cruelle perte qu'elle avoit faite. Cependant elle se réconcilia avec lui dès qu'elle eut retrouvé Proserpine, & elle communiqua à Triptoléme fils de Jupiter toute la pratique de son art, à condition d'en faire part aux hommes jusqu'à la moindre circonstance. Quelques-uns disent aussi qu'elle leur donna les loix selon lesquelles ils se rendent justice les uns aux autres, & que c'est là le fondement de son surnom de Thesmophore. Après de semblables présens il ne faut pas s'étonner de la solemnité des sacrifices qu'on fait en son honneur, & du grand concours qu'on voit à ses fêtes, non-seulement chez les Grecs mais encore chez les Barbares; puisqu'ils ont tous également profité de ses dons. Il n'y a de dispute à cet égard entre les peuples, que sur l'honneur d'avoir les premiers possédé cette Déesse & joui de ses bienfaits.

XLI. Dispute entre les différens peuples de la terre sur les premiers qui ont eu

LES EGYPTIENS par exemple soutiennent que Cerès & Isis ne sont qu'une même divinité; & que le bled a commencé à croître chez eux à la faveur des eaux du Nil & de la tempé-

l'usage du bled. rature de leur climat. Les Athéniens qui ne nient pas qu'on ne leur ait apporté du bled d'ailleurs, assûrent qu'il en étoit déja cru dans l'Attique. Ce qu'il y a de vrai est que le territoire d'Eleusine a tiré ce nom du verbe ἐλευθ venir: Car c'est le premier endroit de leur domination où il soit venu du bled étranger. Enfin les Siciliens dont l'Isle est consacrée à Cerès & à Proserpine disent qu'il est naturel de penser que la Déesse a gratifié de ce don avant tous les autres pays, celui qui étoit le plus cher; & qu'il est hors de toute vraisemblance qu'ayant choisi pour sa demeure une Isle tres-abondante en toute autre sorte de fruits, elle lui eût refusé le plus considérable de tous, ou n'eût pas du moins communiqué cette découverte à ses propres Concitoyens pendant qu'elle en faisoit part à d'autres peuples. En effet ce fut en Sicile même, selon le témoignage universel que Proserpine fut enlevée. Enfin le terroir de cette Isle est singuliérement propre à la production du bled: Ce qui a fait dire au Poëte. Odyss. L. 9. V. 109.

Là sans l'aide du fer, sans le travail des mains,
De lui-même le bled croit & s'offre aux humains.

Voilà ce que les Mythologistes nous apprennent de Cerès.

A L'E'GARD des autres enfans de Saturne & de Rhéa : les Crétois prétendent que Neptune est le premier qui se soit embarqué sur la mer, dont il a mérité l'Empire, en y conduisant une armée navale. C'est pourquoi Saturne lui a donné tout pouvoir sur cet élément, & c'est aussi ce qui fait que les Nautonniers lui adressent leurs vœux & leurs sacrifices. On attribue aussi à Neptune l'art de dompter les chevaux ; & c'est de-là que lui vient le surnom d'Hippeus. Quant à Pluton on prétend que c'est lui qui le premier a établi l'usage d'ensevelir les corps, de les transferer dans un sépulcre, & de rendre d'autres honneurs aux morts dont on ne prenoit aucun soin. Il a mérité par-là d'être appellé leur Dieu, & d'obtenir l'inspection & la domination des Enfers. On est moins d'accord sur le sort & sur la Royauté de Jupiter. Les uns disent que sans avoir employé aucune violence contre Saturne, il a succedé par droit de naissance à son Pere, lorsqu'il quitta la terre pour monter aux Cieux; & qu'ainsi il acquit légitimement les

XLII. *De Neptune, de Pluton & principalement de Jupiter.*

honneurs du Thrône. Mais d'autres racontent qu'il fut prédit à Saturne au tems de la naissance de son premier fils, qu'il arracheroit un jour le Sceptre des mains de son Pere. Cet Oracle porta Saturne à se défaire de tous ses enfans à mesure qu'il venoient au monde. Rhéa désolée de ne pouvoir guérir son mari de sa prévention & de sa cruauté, étant enfin accouchée de Jupiter, le porta secrettement sur le Mont Ida. Là elle le confia aux Curétes qui habitoient autour de cette montagne; & ceux-ci le remirent à des Nymphes qui se rétiroient dans un antre, en leur recommandant de prendre un très-grand soin de cet enfant. Ces Nymphes le nourrissoient d'une composition de miel & de lait, & outre cela elles empruntérent le secours d'une chévre nommée Amalthée pour l'allaiter. Il reste encore dans l'Isle de Créte plusieurs indices de cette premiére éducation de Jupiter. Car on dit qu'ayant été porté là en sortant du ventre de sa mere, le cordon umbilical de l'enfant tomba auprès du fleuve Triton; que cet endroit consacré dès-lors en prit le nom d'Omphalos (1), &

(1) Ce mot en grec signifie nombril.

tout le terrain d'alentour celui d'Omphaleien. L'antre des Nymphes où le Dieu a été nourri est un lieu saint, & les ports du pied de la montagne sont aussi regardez comme tels. Je n'omettrai pas une autre circonstance très-singuliére qui concerne les abeilles. On raconte que Jupiter voulant que l'on conservât la mémoire de son séjour sur le Mont Ida, changea leur couleur naturelle, & leur en fit prendre une autre qui approche du bronse doré : que d'ailleurs cette montagne étant extrêmement haute & fort exposée aux vents & aux neiges; il rendit les abeilles de cette montagne insensibles à toutes les injures de l'air & à toute l'intempérie de leur séjour. Il voulut aussi consacrer la mémoire de la chévre qui l'avoit nourri : & lui-même en a pris le surnom d'Ægiochus (1). Etant parvenu à l'âge d'homme il bâtit une Ville auprès de Dicta, où l'on dit qu'il étoit né : Et quoique cette Ville ait été abandonnée depuis, les fondemens en sont encore visibles. Au reste ce Dieu s'est toûjours distingué de tous les autres par son courage,

---

(1) Ce mot où entre celui d'αἴξ chévre, signifie qui porte l'Ægide.

par son intelligence, par son équité, enfin par toutes les vertus. Quand il fut monté sur le Thrône de son Pere il combla les hommes de ses bienfaits. Il leur enseigna à observer la justice entr'eux, au lieu des violences continuelles qu'ils exerçoient les uns contre les autres, & il établit parmi eux des Arbitres & des Juges pour terminer leurs différends. Il les soumit enfin à des Loix, & il assura la tranquillité publique, en gagnant les bons & en tenant les méchans en crainte. Il parcourut presque toute la terre exterminant les voleurs & les scélérats & établissant partout l'égalité & la démocratie. On dit même que c'est dans cette expédition qu'il vainquit les Geans & entr'autres Mylinus dans la Créte, & Typhon dans la Phrygie. Avant le combat qu'il leur livra en Créte, il sacrifia un bœuf au Soleil, au Ciel, & à la Terre. Toutes les indications du sacrifice furent favorables. La désertion qui devoit arriver du côté des Geans pour passer dans son parti, y étoit pronostiquée ; & sur-tout la victoire complete qui en devoit être la suite. Musée fut du nombre de ces déserteurs, & il fut reçû du vainqueur avec beaucoup de considération. Mais les Diéux firent périr tous ceux qui demeurérent du côté des ennemis. Il se renouvella pourtant une autre guerre des Geans contre Jupiter auprès de Palléne en Macédoine & dans les champs d'Italie qu'on nommoit autrefois Phlegréens, à cause des vapeurs enflammées qui s'en élévent; c'est ce qu'on appelle aujourd'hui le pays de Cumes. Jupiter châtiâ là encore une fois ces malfaicteurs publics, qui abusoient de la grandeur de leur taille & de leur force corporelle, pour commettre toutes sortes dinjustice, pour réduire leurs voisins en servitude, pour se mettre au-dessus de toutes les Loix, & sur-tout pour attaquer ceux que leurs bienfaits plaçoient d'avance au au rang des Dieux. Jupiter ne s'occupoit pas seulement à détruire les impies & les méchans; il avoit soin aussi de faire rendre des honneurs convenables & proportionnez au plus distinguez d'entre les Dieux & les Héros, & même aux excellens hommes. Ainsi c'est par l'éclat de ses actions & par la grandeur de sa puissance qu'il a mérité d'un commun accord une Royauté sans fin, & le séjour du Ciel. C'est à lui que l'on offre des sacrifices plus considerables qu'à tous les Dieux; & les biens que les hommes ont reçûs de lui ont imprimé dans tous les esprits la pensée que depuis qu'il habite le Ciel, il est l'arbitre de tout ce qui se passe au-dessus de la Terre; & que c'est de lui que viennent les tonnerres, les foudres & les pluyes. C'est pour cela qu'on l'appelle *Zeus* vivant, comme étant l'Auteur de la vie des hommes, & comme conduisant par un mélange proportionné des liqueurs tous les fruits à leur perfection. On l'appelle aussi Pere, par ce qu'on est persuadé qu'il veille sur tous les hommes, & qu'il préside à la propagation du genre humain. On l'appelle enfin Seigneur & Roi pour marquer la supériorité de son Empire, & Proviseur universel à cause de sa sagesse & de l'étendue de sa providence.

XLIII. Naissance de Minerve. Nôces de Jupiter & de Junon. Enfans de l'un & de

LA MYTHOLOGIE dit aussi que Minerve naquit de Jupiter dans l'Isle de Créte à la source du fleuve Triton, d'où lui est venu le surnom de Tritogéne. On voit même encore un un Temple de cette Déesse auprès de ces sources & dans le lieu même de sa naissance. On ajoûte que les nôces de Jupiter & de Junon furent célébrées dans le territoire des Cnossiens près du fleuve Théréne, où l'on voit aujourd'hui un Temple entretenu par des Prêtres du pays. On y solemnise ces nôces tous les ans par une réprésentation fidelle de ce qui s'y passa selon les traditions qui en restent. Les Déesses filles de Jupiter furent Vénus, & les Graces, ensuite Lucine, Diane son associée, & les Heures, sçavoir Eunomie, Dicé & Iréne. Les Dieux ses fils se nommérent Vulcain, Mars, Apollon & Mercure. Jupiter, voulant rendre immortelle la mémoire des uns & des autres, leur communiqua ses propres découvertes & leur en laissa tout l'honneur. C'est même par eux qu'il fait passer les différens dons qu'il veut faire au genre humain. Vénus par exemple, qui a toute la beauté des filles prêtes à marier, est le principal objet des sacrifices & des cérémonies que l'on fait en cette occasion. On s'adresse néanmoins d'abord à Jupiter & à Junon, considérez comme principe & comme fin de

l'autre: & premiérement des Déesses.

toutes choses. Le partage des graces est la modestie des regards & la bienséance de la personne; en y joignant l'empressement à prévenir les désirs des autres, & la vive reconnoissance des plaisirs qu'on nous a faits. Lucine a soin des femmes qui sont dans le travail de l'enfantement, & c'est à elle qu'elles ont recours dans cet état. On prétend que Diane veille à la première éducation des enfans, qu'elle leur procure une nourriture convénable, & qu'on l'a même surnommée nourrice. Chacune des Heures est chargée des différens tems de la vie de l'homme, & elles l'avertissent par leurs trois noms, que rien ne peut la lui procurer heureuse, que l'ordre, la justice & la paix (1). On attribue à Minerve la culture des Oliviers aussibien que l'adoucissement & l'usage de leur fruit. Car avant elle les olives étoient laissées au rang des fruits sauvages, faute de sçavoir les préparer. C'est aussi Minerve qui a établi la décence des habits, c'est elle qui a donné naissance à l'architecture, & qui a beaucoup contribué au progrès de toutes les connoissances humaines.

(1) C'est la signification de leurs noms Grecs.

Elle a même eu part à l'invention des flutes & des autres inſtrumens de Muſique ; & les amateurs des beaux arts l'ont ſurnommée Ergane, c'eſt-à-dire ouvriére par excellence. Les Muſes ont reçû de leur Pere l'art d'écrire, & le talent des compoſitions Poëtiques. Et à l'égard de ceux qui diſent que les Syriens ſont les inventeurs des Lettres qu'ils ont tranſmiſes aux Phéniciens : Que ceux-ci les apportérent dans la Gréce lorſqu'ils ſuivirent Cadmus à ſon paſſage en Europe; & que c'eſt pour cela que les Grecs eux-mêmes nomment Phéniciens les caractéres de l'écriture : on répond à ces Auteurs que les (1) Syriens n'ont point réellement inventé les Lettres, & que la dénomination de Phéniciennes que les Grecs leur ont donnée vient ſeulement de ce que les Phéniciens ont changé leur ancienne forme en une autre que la plûpart des peuples ont adoptée.

VULCAIN eſt le premier Auteur des ouvrages de fer, d'airain, d'or,

XLIV.
Des Dieux fils de Jupiter & de Junon.

---

(1) Je mets ici les Syriens au lieu des Pheniciens qui ſont dans le texte : Car ceux qui ſoutiennent l'opinion qu'on réfute ici, donnent les Syriens & non pas les Phéniciens pour inventeurs des lettres.

O ij

d'argent, en un mot de toutes les matiéres fufibles. Il enfeigna auffi tous les ufages que les ouvriers & les autres hommes peuvent faire du feu. C'eft pour cela que tous ceux qui travaillent en métaux ; ou plutôt les hommes en général donnent au feu le nom de Vulcain, & offrent à ce Dieu des facrifices en reconnoiffance d'un préfent fi avantageux. Mars a le premier employé les armes & formé des corps de troupes, qu'il a conduits lui-même, & avec lefquels il a exterminé ceux qui réfiftoient aux Dieux. Apollon a inventé la Lyre & les airs qui lui font propres : Mais de plus il a donné aux hommes la Médecine, & fur-tout celle qui fe fait par divination, & qui a réuffi autrefois fur tant de malades. C'eft à lui auffi que les Crétois doivent l'arc & la maniére d'en tirer. Ils donnent à cette arme le nom de Scythique, & elle fait un des exercices où ils fe piquent le plus de réuffir. Efculape fils d'Apollon & de Coronis ayant appris la Médecine de fon Pere, y ajoûta la Chirurgie, la préparation des remédes, & l'emploi des Simples. Il la porta enfin à un fi haut degré de perfection qu'il a passé pour en être le Chef & l'Auteur. Mercure dirige l'envoi des Hérauts en tems de guerre, les propositions de paix & les traitez. On lui donne pour signal le Caducée que portent ceux qui sont chargez de ces sortes de commissions, & qui fait leur sureté au milieu même de leurs ennemis. C'est par-là que l'épithéte de commun convient à Mercure ; puisque ceux qui s'entremettent de la paix travaillent à l'utilité commune des deux partis. On dit aussi que ce Dieu a établi le premier les mésures, les balances & tout ce qui sert à regler le gain du commerce ; de sorte même qu'on lui a attribué l'adresse de faire passer l'avantage de son côté dans les échanges. Il a été regardé d'ailleurs comme l'Ambassadeur des Dieux & un excellent Interpréte (1) de leurs volontez & de leurs ordres. Aussi ce dernier nom est-il devenu le sien propre ; non qu'il ait inventé les mots & les phrases, comme le disent quelques-uns, mais parce qu'il expose avec une clarté parfaite & avec une éloquence inimitable le sens des commissions dont il est chargé.

(1) Ἑρμῆς, Mercure. Ἑρμηνεὺς, Interpréte.

On rapporte encore à Mercure l'institution de la lutte; & l'on prétend qu'il plaça sur une grande écaille de tortue la Lyre d'Apollon; ce qui forme un corps de guittarre (1). Il fit ce changement après la dispute d'Apollon & de Marsyas, lorsqu'Apollon vainqueur ayant tiré de son adversaire une vengence outrée, se répentit de sa cruauté, & abandonna la Musique pour quelque tems.

XLV. *Autres enfans de Jupiter. Bacchus & deux Hercules.*

BACCHUS inventeur de la vigne & du vin que l'on en tire, nous a enseigné aussi a garder la plûpart des fruits d'Automne & à en faire provision pour le besoin. Les Crétois soutiennent qu'il est né chez eux de Jupiter & de Proserpine, & les Mystéres d'Orphée indiquent qu'il a été déchiré par les Titans. Mais il y a eu plusieurs Bacchus dont nous avons parlé assez au long en des endroits plus convenables. Cependant les Crétois alléguent pour preuve de la naissance de ce Dieu en Créte, les deux Isles qu'il a formées dans le voisinage au lieu qu'on appelle les deux Sinus : il les

---

(1) Rhodoman dans ses notes se défie de cet endroit du texte ; mais il paroît recevable dans le sens que je lui donne.

a même nommé Dionyſiennes, faveur qu'il n'a faite à aucun autre pays du monde. Leurs Mythologiſtes ajoûtent qu'un Hercule fils de Jupiter eſt né en Créte bien des années avant le fils de l'Argienne Alcméne. Qu'à la verité ils n'ont pas pu découvrir quelle étoit la Mere du premier; & & qu'ils ſçavent ſeulement que ſurpaſſant les autres hommes en force de corps, il avoit parcouru toute la terre, en puniſſant les malfaicteurs, ou en délivrant diverſes contrées des bêtes ſauvages qui les rendoient inhabitables. Après avoir mis ainſi tous les hommes en ſureté, il devint lui-même invincible & invulnérable; & la mémoire de ſes bienfaits lui procura les honneurs divins. L'Hercule fils d'Alcméne a pris celui-là pour objet de ſon émulation, & il eſt parvenu à l'immortalité par les mêmes voyes: de ſorte que la longueur du tems & la reſſemblance du nom ont fait confondre non-ſeulement leurs exploits, mais encore leur perſonne; & qu'à l'exception de quelques-uns qui ſçavent la vérité du fait, le nouveau a recueilli à l'égard des autres hommes toute la gloire de l'ancien. Les Egyptiens reconnoissent ce premier Hercule ; ils se ressouviennent encore des grandes choses qu'il a faites en Egypte , & ils nomment une Ville qu'il y a bâtie.

<small>Britomartis ou Dictynne.</small> BRITOMARTIS surnommée Dictynne est née à Cœnone en Créte de Jupiter & de Carmé fille d'Eubule fils de Cerès. Elle inventa les filets pour la chasse, d'où lui vient le surnom de Dictynne (1). Elle eut de grandes liaisons avec Diane : & quelques-uns les ont prises pour une seule & même Déesse ; mais Dictynne a son Temple & ses sacrifices en particulier chez les Crétois. Ainsi on ne sçauroit excuser d'une erreur grossiére les Historiens qui avancent qu'elle fut appellée Dictynne de ce qu'elle se cacha dans des filets de Pêcheur, pour se dérober aux poursuites peu chastes de Minos. Car il n'est point croyable qu'une Déesse fille du plus grand des Dieux eût besoin d'aucun secours humain pour défendre sa virginité ; & d'autre part il est injurieux à la réputation de sagesse & de justice dont Minos a toujours été très-jaloux, de lui imputer un dessein si impie.

(1) Δικτύον rets, filets.

Livre V.

Plutus est né de Cerès & d'Iasion dans un lieu qu'on appelloit le Tripode de Créte, & l'on raconte sa naissance en deux maniéres. Les uns disent qu'Iasion ayant jetté diverses sémences sur la terre & leur ayant donné la culture convenable, il en sortit des fruits de toute espéce avec une abondance à laquelle il donna le nom de Plutus (1) : de sorte qu'il a passé en usage de dire de celui qui a plus de bien qu'il ne lui en faut, qu'il possede Plutus, ou les richesses. Mais d'autres prétendent que Plutus fils de Cerès & d'Iasion, fut le premier qui s'avisa d'amasser des richesses, précaution négligée par les hommes de l'ancien tems. Voilà ce que les Crétois racontent des Dieux qu'ils disent être nez parmi eux : ils croyent donner une preuve invincible qu'ils sont les premiers Auteurs de leur culte, de leurs sacrifices, & de leurs Mystéres par l'observation suivante. C'est qu'au lieu que l'on accompagne d'un grand secret l'Initiation d'Eleusine en Gréce, la plus célébre de toutes, aussibien que celle de Samothrace & celle des Ciconiens de la Thrace,

Plutus.

(1) De πλύω remplir.

compatriotes d'Orphée, qui établit cette cérémonie en ce pays là ; chez les Cnossiens de Créte au contraire l'Initiation se reçoit publiquement, les Mystéres sacrez se célébrent à la vue de tout le monde, & l'on ne cache rien à ceux qui veulent s'instruire de leur signification.

XLVI. Voyages des Dieux en divers endroits de la Terre.

MAIS LES DIEUX sortant de Créte ont voyagé en divers endroits de la terre, pour rendre tous les hommes participans de leurs découvertes & de leurs bienfaits. Cerès par exemple, passa dans l'Afrique, de-là dans la Sicile, & enfin dans l'Egypte; & communiquant à tous ces peuples l'art de cultiver les bleds & les fruits, elle s'est attiré leur reconnoissance & leurs hommages. Vénus habita de même au pied du mont Eryx en Sicile, à Paphos en Cypre, dans l'Isle de Cythére, & dans la Province de Syrie en Asie : Et ces différentes Nations s'appropriant cette Déesse, lui ont donné chacune de leur côté les surnoms d'Erycine, de Cythérée, de Paphie & de Syrienne. Apollon séjourna aussi à Délos, à Delphes, & en Lycie : Diane à Ephése, dans le Pont, en Perse, & dans l'Isle de Créte ; & à cause de leur séjour dans ces lieux ou des actions mémorables qu'ils y ont faites ; le premier a été surnommé Délien, Pythien (1), & Lycien ; comme Diane a été surnommée Ephésienne, Tauropole, Persique & Crétoise ; quoique l'un & l'autre soient nez en Créte. Cette Déesse est extrêmement révérée en Perse ; & ces Barbares célébrent encore aujourd'hui en l'honneur de Diane Persienne les mêmes Mystéres qui sont en usage chez d'autres peuples. On raconte à l'égard des autres Dieux plusieurs circonstances semblables qu'il seroit trop-long de rapporter, ou qui sont connues de la plûpart de mes Lecteurs.

XLVII. Des Héros, & premiérement de Minos.

LA NAISSANCE des Dieux a été suivie après plusieurs générations, & toujours dans l'Isle de Créte, de la naissance de plusieurs Héros célébres dont les plus distinguez sont Minos & Rhadamanthe. On prétend qu'ils étoient fils de Jupiter & d'Europe fille d'Agénor, celle-la même que la providence des Dieux fit transporter en Créte sur un Taureau. Minos déja

---

(1) Pythien signifiant qui connoît, se rapporte principalement aux Oracles qu'Apollon rendoit à Delphes.

avancé en âge fut Roi de l'Isle & y bâtit plusieurs Villes assez grandes. Les trois plus considérables furent Cnosse sur la côte qui regarde l'Asie, Phæste sur le rivage méridional, & Cydonie vers l'Occident, & vis-à-vis le Péloponnése. Il donna à ses sujets des Loix importantes qu'il feignit d'avoir reçues de Jupiter son Pere par les communications qu'il avoit avec lui dans une caverne. Il eut toujours une puissante flotte avec laquelle il conquit un grand nombre d'Isles, & par-là il fut le premier des Grecs qui devint maître de la mer. Enfin après s'être acquis une grande réputation de courage & de justice, il mourut en Sicile dans la guerre qu'il y portoit contre Cocalus. Nous en avons parlé assez au long à l'occasion de Dédale qui avoit donné lieu à cette guere (1).

Rhadamanthe. RHADAMANTHE s'est distingué par la souveraine équité de ses Jugemens & par les chatimens irrémissibles dont il punissoit les impies, les brigans & toute espéce de malfaicteurs. Il tenoit sous sa domination de grandes Isles & presque toutes les côtes de l'Asie qui s'étoient données volontairement à

(1) Sur la fin du Livre IV.

lui sur la réputation de sa probité. On ajoute que Rhadamanthe remit à Eruthras un de ses fils le Royaume des Eruthriens nommez ainsi de son nom ; & l'Isle de Chio à Enopion fils d'Ariane fille de Minos. C'est celui-là même que quelques-uns croyent fils de Bacchus, & qui introduisit parmi les hommes l'usage de boire du vin. Il laissa enfin à chacun de ses Officiers une Isle ou une Ville, Lemnos, par exemple, à Thoas, Cyrne à Egie, Péparéthe à Pamphile, Maronée à Evamée, Paros à Alcée, Délos à Anion, & Andros à Andrée dont cette Isle a pris le nom. Mais le plus grand témoignage de l'opinion qu'on a eue de sa justice, est que les Mythologistes l'ont établi Juge dans les Enfers, pour décider du sort éternel des bons & des méchans, lui déférant ainsi les mêmes honneurs qu'à Minos le plus juste de tous les Rois, & qui a le plus travaillé pour la justice. On dit que Sarpedon leur troisiéme frere passa en Asie avec de grandes forces & y subjugua la Lycie. Qu'Evandre son fils lui succéda dans cet Empire nouveau ; & qu'ayant épousé Deidamie fille de Bellerophon, il en eut Sarpedon qui accompagna Agamemnon (1) à la guerre de Troye ; & que d'autres difent avoir été fils de Jupiter. Deucalion & Molus font deux fils de Minos dont le premier fut pere d'Idomenée, & le fecond de Mérion. Ceux-ci conduifirent quatre-vingts (2) vaiffeaux au fecours d'Agamemnon contre Troye. Après ce Siége ils revinrent heureufement dans leur patrie, où étant morts ils reçûrent une fépulture magnifique & les honneurs divins. On montre encore dans la Ville de Cnoffe leur tombeau avec cette infcription.

Ici gît Merion auprès d'Idomenée.

Les Crétois leur facrifient comme à des Héros ; & dans les guerres qu'ils ont à foutenir ils les invoquent comme leurs Protecteurs.

XLVIII. L'Ifle de Créte habitée dans la fuite des tems par différens peuples.

APRE's cette expofition affez étendue des traditions de Créte, il nous refte encore à parler des Nations qui

(1) C'eft ici un oubli de Diodore ou une différence de tradition Mythologiq e : Car dans Homére Sarpedon eft du parti des Troyens, ce que fon pays qui eft la Lycie rend plus vrai-femblable.

(2) Je prends ici, comme Rhodoman, le chiffre de la marge 80, préférablement à celui du texte 90 ; le premier étant plus conforme à Homére. *Il.* 2. *v.* 652.

se sont mêlées aves les Crétois. Nous avons déja dit que les premiers Habitans de l'Isle, crûs Autocthones, s'appelloient Eteocrétes. Quelques siecles après, les Pélasgiens réduits à mener une vie errante & vagabonde par les guerres & les révolutions qu'ils avoient essuyées, abordérent dans l'Isle de Créte & en occupérent une partie. Le troisiéme peuple établi dans l'Isle sont les Doriens qui y vinrent sous la conduite de Teutamus descendant de Dorus. On dit qu'une partie de cette colonie s'étoit formée des Habitans du pied de l'Olympe, & l'autre des Achaïens de la Laconie, où Dorus s'étoit jetté en venant des lieux voisins de Malée. Le quatriéme peuple sont les Migades barbares par eux-mêmes, mais qui s'accoutumérent avec le tems à parler la langue des autres Grecs habitans de l'Isle. Dans ces circonstances Minos & Rhadamanthe s'étant emparez de toute l'autorité du Gouvernement, ramenérent ces peuples différens aux mêmes coutumes & aux mêmes mœurs. Enfin après le retour des Héraclides, les Argiens & les Lacedæmoniens peuplérent de leurs colonies plusieurs autres Isles, où ils bâtirent des Villes dont nous parlerons dans les endroits de cette histoire qui leur seront propres (1). Au reste comme la plupart des Historiens de la Créte ne s'accordent point dans leurs rélations, il ne faut pas s'étonner que la nôtre différe de quelques - unes des leurs. Nous nous sommes attachez à ceux d'entr'eux qui se sont le moins éloignez de la vraisemblance, ou qui ont eu le plus d'autorité en cette partie; & nous avons emprunté certaines circonstances d'Epiménide (2) le Théologien, & quelques autres de Dosiade (3), de Sosicrate, ou de Laosthenide (4).

XLIX. De l'Isle de Lesbos.

APRÈS AVOIR parlé suffisamment de l'Isle de Créte, nous ne devons

(1) C'est sans doute dans quelqu'un des cinq Livres suivans qui sont perdus.

(2) Cet Epimenide qui n'est pas sans doute celui qui dormit 75 ans, est apparemment l'un des deux qui avoient écrit des Généalogies Vossius. l. 3. p. 363.

(3) Dosiade cité par Pline & par Athénée avoit écrit l'histoire de Créte. Vossius n'en dit pas davantage. p. 3.

(4) Sosicrate étoit de Rhodes; il avoit écrit l'histoire de la succession des Philosophes. Mais les anciens qui l'ont cité ne nous apprennent pas, non plus qu'à l'égard de Dosiade, dans quel siécle il a vécu. Et pour Laosthenide je ne l'ai trouvé nulle part.

pas oublier celle de Lesbos. Elle a été habitée autrefois par plusieurs peuples que diverses révolutions ont fait succéder les uns aux autres. Elle étoit encore deserte, lorsque les Pélasgiens s'en emparérent les premiers à cette occasion. Xanthus fils de Triope, Roi des Pélasgiens d'Argos (1), s'étant rendu maître d'un canton de la Lycie s'y établit d'abord, & y régna sur la colonie qu'il avoit amenée. De-là étant passé dans l'Isle de Lesbos, il en partagea le territoire entre ses compagnons, & changea le nom d'Issé qu'elle portoit auparavant en celui de Pélasgie. Au bout de sept générations le déluge de Deucalion ayant fait périr un grand nombre d'hommes sur la terre, dépeupla aussi l'Isle de Lesbos. Quelque tems après Macareus y abordant fut charmé de la beauté du lieu, & s'y établit. Ce Macareus étoit fils de Cricanus fils de Jupiter au rapport d'Hésiode & de quelques autres Poëtes ; & il habitoit auparavant dans Olénus, Ville du pays qu'on appelloit alors

(1) Ou qui étoient sortis d'Argos.

Iade, & qui s'eſt depuis nommé Achaïe. Sa colonie étoit compoſée d'hommes ramaſſez, les uns de l'Ionie, & les autres de divers cantons. Quand il fut bien affermi dans Lesbos, en augmentant les avantages du lieu par un Gouvernement juſte & ſage; il s'étendit dans les Iſles voiſines dont il diſtribua à ſa colonie les nouvelles poſſeſſions qui n'avoient point encore de maître. Environ ce même tems Lesbos fils de Lapithe, (1) fils d'Æole, fils d'Hippotès pour obéir à un Oracle aborda dans cette même Iſle avec ſa ſuite, & ayant épouſé Methymne fille de Macarée, les deux colonies habitérent enſemble. Le conducteur s'étant depuis rendu célébre, l'Iſle fut nommée Lesbos & les Habitans Lesbiens de ſon nom. Les deux principales villes de l'Iſle Methymne & Mityléne prirent le leur des deux filles que Macarée avoit eues entre pluſieurs autres. Macarée voulant ſe rendre maître des

---

(1) Rhodoman avertit ici que ce Lapithe eſt différent de celui qui a donné l'origine aux Lapithes & dont il eſt parlé dans le quatriéme Livre, Art. 26.

Isles voisines, envoya d'abord dans Chio une colonie, à la tête de laquelle il mit un de ses fils. Il en envoya un second nommé Cydrolaüs dans Samos: Celui-ci en ayant partagé le territoire entre les gens de sa suite, s'en réserva la Royauté. Cos la troisiéme de ces Isles reçut Néandre pour Roi, de la main de Macarée. Celui-ci envoya bien-tôt après à Rhode Leucippe accompagné de beaucoup de gens; & les Habitans de l'Isle réduits alors à un très-petit nombre, furent charmez de l'admettre parmi eux. Cependant le déluge dont nous avons parlé jetta dans de grandes calamitez la terre ferme voisine de ces Isles. L'inondation corrompit les fruits pour bien des années; de sorte que la famine se joignant à l'intempérie de l'air, porta la peste dans toutes les Villes d'alentour. Pendant ce même tems nos Insulaires respiroient un air pur, & recueilloient une grande abondance de fruits & toutes sortes de biens, qui firent appeller leur séjour les Isles Macarées ou Heureuses. Quelques-uns croyent pourtant que ce nom leur fut donné, à cause des descendans de Macarée & d'Ione qui y ont régné long-tems. Il n'en est pas moins vrai que leurs habitans ont joui d'une plus grande prospérité que tous ceux des Isles du voisinage, non-seulement dans les siécles passez mais encore de nos jours. En effet la douceur du climat & la fertilité des terres en font une habitation charmante & réellement digne du nom d'heureuse qu'elle porte. Macarée qui demeura toujours Roi de Lesbos, y fit un livre de Loix qui contient tout ce qui peut contribuer à la sureté & à la tranquillité publique. Il appella ce livre le Lion, par allusion à la force & au courage de cet animal.

L.
De l'Isle de Ténédos.

APRE'S QUE Lesbos eut été peuplée, l'Isle de Ténédos le fut aussi de la maniére que nous allons dire. Tennès fils de Cycnus Roi de Coloné dans la Troade, étoit un Prince recommandable par sa vertu. Ayant rassemblé un nombre d'hommes suffisant pour son dessein: il passa de la Terre Ferme dans l'Isle de Leucophris qui n'en étoit pas éloignée, & qu'il trouva déserte. Il en distribua au sort les campagnes à ceux qui l'accompagnoient ; & y bâtissant une Ville, il l'appella Ténédos de son nom. Il gouverna sagement son petit Royaume ; & comme il faisoit du bien à ses sujets, il s'acquit une grande réputation pendant sa vie, & s'attira les honneurs divins après sa mort. On lui bâtit un Temple dans le lieu même, & on institua en son honneur des sacrifices qui ont subsisté jusqu'à ces derniers tems. Nous rappellerons à cette occasion ce que les Mythologistes de Ténédos nous ont raconté touchant le Fondateur de leur ville. Cycnus, disent-ils, ayant écouté trop légérement les calomnies que sa seconde femme lui débitoit contre son fils, l'enferma dans un coffre qu'il fit jetter dans la mer. Ce coffre fut porté par les flots dans l'Isle de Ténédos. Tennès sauvé miraculeusement par la faveur de quelque Dieu, devint Roi de cette même Isle, où sa justice & ses autres vertus le firent mettre au rang des Dieux. Or comme c'étoit un joueur de flute que sa belle-mere avoit employé pour faux-témoin contre lui ; on fit une Loi qui interdisoit à tout homme de cette profession d'entrer dans son Temple. Outre cela Achille dans le tems de la guerre de Troye étant venu à Ténédos, & y ayant tué Tennès pendant que ses soldats ravagoient l'Isle ; les Habitans firent depuis une autre Loi qui défendoit de prononcer le nom d'Achille dans le Temple de leur Fondateur. Voilà ce qu'on trouve dans la Mythologie au sujet de Ténédos. Mais ayant assez parlé des grandes Isles nous devons dire quelque chose des petites.

LI. Des Cyclades.

LES CYCLADES étoient encore désertes, lorsque Minos Roi de Crète fils de Jupiter & d'Europe assembla de fortes armées de terre & de mer, & envoya des colonies en divers endroits. Il peupla ainsi plusieurs des Cyclades, & en fit distribuer les terres entre ceux qu'il choisit pour les habiter. Il se rendit maître ensuite d'une grande partie des côtes de l'Asie, & nous voyons aussi que plusieurs ports tant des Isles que de l'Asie portent des noms de Crétois & surtout celui de Minos. Mais on ajoute que Minos devenu plus puissant, & ayant associé au Throne son frere Rhada-

manthe, conçut enfin quelque jalousie de ce que la réputation de sa justice l'égaloit à lui (1).; & que voulant
l'éloigner par cette raison il chercha
des prétextes pour l'envoyer aux ex-
trémitez de son Empire. Rhadamanthe s'arrêta dans les Isles qui sont vis-
à-vis l'Ionie & la Carie. Il fit de-là
inviter Erythrus à bâtir sur les côtes
de l'Asie une ville qu'il appelleroit de
son nom ; & il donna le Gouvernement de Chio à Ænopion fils d'Ariane
fille de Minos. Tout cela se passa avant
la guerre de Troye. Mais après la ruine de cette Ville, les Cariens devenus
puissans se rendirent maîtres de la mer
& s'emparérent des Cyclades. Ils en
habitérent eux-mêmes quelques-unes
après en avoir chassé les Crétois qui
les occupoient auparavant, & ils voulurent bien partager avec eux l'habitation de quelques autres. Ensuite les
Grecs prenant le dessus, s'établirent à
leur tour dans les Cyclades, après en

(1) Quoi que l'Auteur ne donne tout ceci que comme de la pure My-thologie ; il me semble qu'il devoit défendre ici la réputation de Minos, comme il l'a fait quel-ques pages plus haut con-tre les Mythologistes qui accusoient ce Roi d'a-voir attenté à l'honneur d'une Déesse.

avoir dépossedé les Cariens qui n'étoient pour eux que des Barbares. C'est ce que nous verrons en détail en suivant l'ordre des tems.

Fin du Livre V.

Les Livres, six, sept, huit, neuf & dix ont été perdus.

FRAGMENS

337

FRAGMENS
DES LIVRES PERDUS
ENTRE LE CINQUIE'ME LIVRE
DE DIODORE
ET LE ONZIE'ME.

PREMIER FRAGMENT PRIS dans le sixiéme livre de Diodore, & cité par Eusébe (1) de Pamphile dans la préparation Evangélique Livre 2.

Ce Fragment a été employé par H. Etienne & par Rhodoman, & il contient une distinction faite par les Payens entre les Dieux Eternels & les Héros que leurs bienfaits ont fait mettre au rang des Dieux, avec une description de l'Isle Panchaïe, abregée de celle qui a déja été faite au Livre V.

LEs Anciens ont laissé à la posté- rité une distinction des Dieux en

_____

(1) Eusébe Evêque de Cesarée en Palestine a vé- | cu dans le qua[tr]iéme sié- cle. On le surn[om]moit de

Tome II.   P

deux classes. Les uns, selon eux, sont éternels & immortels, comme le Soleil, la Lune, & les autres Astres. Ils y joignent les vents, & tous les êtres qui tiennent de leur nature. Ils croyent que ceux-là ont été de tout tems, & qu'ils doivent toujours durer. Les Dieux de la seconde classe sont nez sur la terre, & ne sont parvenus au titre & aux honneurs de la Divinité que par les biens qu'ils ont faits aux hommes. Tels sont Hercule, Bacchus, Aristée & autres semblables. Les Historiens d'une part, & les Mythologistes de l'autre, nous font des recits fort différens au sujet de ces Dieux terrestres. L'historien Euhemerus (1), par exemple, nous a donné

Pamphile, à cause de l'amitié qu'il avoit toujours euë pour le saint Martyr Pamphile, mort dans la persécution qui avoit précédé le tems où la Religion Chrétienne monta sur le trône en la personne du grand Constantin. Entre plusieurs ouvrages d'Eusébe qui se sont perdus ou qui nous sont restez, & dont il ne s'agit pas ici : Nous avons encore de lui la préparation Evangélique dans laquelle il travaille principalement à découvrir dans les traditions & dans les croyances du Paganisme, des preuves de la véritable Religion dont les Juifs avoient été les dépositaires.

(1) Euhemerus d'Agrigente ou de Messine, car les sentimens sont partagez. Plusieurs anciens ont parlé de lui. Diodore dans ce Fragment même en dit plus que nous n'en mettrions dans une remarque.

leurs vies en particulier dans un ouvrage qu'il intitule Histoire sacrée. A l'égard des Mythologistes tels qu'Homére, Hésiode, Orphée, & autres Poëtes, ils leur ont fait faire des actions prodigieuses & surnaturelles: Nous parcourrons en abregé ce qu'en ont dit ces deux ordres d'Ecrivains, que l'on pourra comparer entr'eux.

Euhemerus devenu ami de Cassander (1) & obligé par cette raison de remplir des commissions de confiance, jusques dans des pays éloignez, vint, dit-on, dans les parties Méridionales de l'Arabie heureuse. De-là s'embarquant sur l'Océan (2) même, il y fit une assez longue navigation, & aborda en plusieurs Isles de cette mer. Il en rencontra une entr'autres qui s'appelloit l'Isle Panchaïe. Tous les Habitans vivoient dans une piété extraordinaire, faisant sans cesse de grands sacrifices aux Dieux & apportant souvent dans leurs temples des offrandes d'or & d'argent. L'Isle entiére sembloit n'être qu'un temple. Euhemerus admira ce qu'on lui dit de

(1) Le second des successeurs d'Alexandre en Macédoine.
(2) C'est l'Océan Oriental, ou qui borde les côtes Orientales de l'Afrique.

l'ancienneté & ce qu'il vit lui-même de la magnificence de leurs édifices. Nous en avons fait le détail dans les livres précédens (1). Il y a surtout au sommet d'une colline fort élevée un Temple de Jupiter Triphylien. On prétend qu'il a été bâti par le Dieu même ; lorsque n'étant encore qu'un homme, il régnoit sur toute la terre. Dans ce Temple est une colomne d'or, sur laquelle sont gravées en caractères Panchaïens les principales actions d'Uranus, de Saturne & de Jupiter. Il y est marqué qu'Uranus le plus ancien Roi du monde avoit été un homme juste, bienfaisant, très-versé dans la connoissance des Astres, & le premier qui ait fait des sacrifices aux Dieux du Ciel, ce qui lui fit même donner le nom d'Uranus. Il eut pour fils de sa femme Vesta, Pan & Saturne, & pour filles Rhéa & Cerès. Saturne régna après Uranus, & ayant épousé Rhéa, il en eut Jupiter, Junon & Neptune. Jupiter qui succéda au Thrône de son pere épousa Junon, Cerès & Thémis. La première lui donna les Curétes, la seconde, Proserpine, & la troisiéme, Minerve.

---

(1) Voyez ci-dessus Livre .ar̃t. 39.

Étant allé ensuite à Babylone, il y fut reçû par Bélus. De-là il passa dans l'Isle de Panchaïe sur l'Océan, & il y dressa un Autel en l'honneur d'Uranus son ayeul. A son retour il vint en Syrie chez Cæsius qui pour lors en étoit Roi, C'est celui-ci qui a donné le nom au mont Cæsius. Jupiter alla ensuite dans la Cilicie, où il vainquit en bataille rangée Cilix qui en étoit le Souverain. Il parcourut encore plusieurs autres Villes, & partout il fut respecté & regardé comme un Dieu.

Diodore ayant rapporté ainsi ce qu'avoit dit Euhemerus au sujet des Dieux qui n'avoient été que des hommes, continue & dit : Nous nous contenterons de ce passage d'Euhemerus tiré de son histoire sacrée. Et en faveur de ceux qui sont curieux de sçavoir ce que les Mythologistes Grecs ont pensé de ces mêmes Dieux ; voici en abregé ce qu'on en trouve dans Hésiode, dans Homére, & dans Orphée.

Fin de la citation d'Eusébe.

SECOND FRAGMENT.

LE MOINE GEORGE, SYNCELLE (1) de Conſtantinople, qui a écrit en Grec une hiſtoire Chronologique, a emprunté ce qui ſuit de Diodore parlant du gouvernement des Corinthiens.

Ce Fragment a été employé par Rhodoman.

ROIS DES CORINTHIENS.

APRE'S ce que nous venons de rapporter, il nous reſte encore à parler de la Corinthie & de la Sicyonie. Ce ſont les Doriens qui ont fourni des habitans à ces deux contrées. Preſque tous les peuples du Peloponnéſe excepté les Arcadiens, furent dépoſſedez de leur pays au retour des He-

---

(1) Le moine George fut Syncelle ou Vicaire de Taraſius Patriarche de Conſtantinople au huitiéme ſiécle. Il a fait une Chronographie ou Chronologie qu'il a conduite depuis Adam juſqu'à Dioclétien, ou à l'an 278. de J. C. dont il place la naiſſance l'an du Monde 5500 ſuivant la Chronologie des Septante. *Voyez* la Préface du P. Goar Dominicain à la tête de George Syncelle. Edit. du Louvre 1652.

raclides. Ceux-ci donc ayant partagé entr'eux à leur arrivée le territoire qu'ils vouloient occuper, & n'ayant pas compris dans ce partage la Corinthie & la Sicyonie qui en est voisine, envoyérent des Députez à Aletès pour lui offrir ces deux Provinces. Ce nouveau maître (1) se rendit illustre, il augmenta considérablement la Ville de Corinthe, & régna 38 ans. Après sa mort les aînez de ses descendans se succederent toujours les uns aux autres, jusqu'à la Tyrannie de Cypselus, qui commença quatre (2) cens quarante-sept ans après le retour des Héraclides. Voici l'ordre de ces Rois de Corinthe.

Aprés Aletès Ixion régna aussi 38 ans : Agelas 37, Prumnès 35 & Bacchès autant. Ce dernier se rendit plus célébre qu'aucun de ses prédécesseurs : de sorte que les Rois de Corinthe qui s'appelloient auparavant Heraclides, ne s'appellèrent après lui que Bacchides. Son successeur fut un

---

(1) Il étoit sans doute Roi ou Chef des Doriens qu'il amena dans la Corinthie.

(2) Rhodoman écrit 427, mais je suis l'édition de Syncelle du Louvre qui porte 447 vmê. Il en est de même des chiffres suivans. Georg. Sync. p. 179.

autre Agelas qui régna 30 ans, ensuite Eudamus en régna 25, & Aristomede 35. Celui-ci laissa en mourant son fils Teleste encore enfant, ce qui donna lieu à Agemon son oncle & son tuteur de lui enlever sa Couronne qu'il garda 16 ans. Après celui-ci vient Alexandre qui régna 25 ans. Cependant Teleste alors homme fait le tua & se rétablit dans la succession de son Pere qu'il garda 12 ans ; au bout desquels ses cousins l'ayant tué à son tour Automenès régna un an. Enfin les Bacchides qui se trouvoient au nombre de plus de deux cens à la fois convinrent de régner en commun : Mais ils élisoient tous les ans un d'entr'eux qui commandoit au nom de tous : Ce Gouvernement dura 90 ans, jusqu'à l'usurpation de Cypselus, qui le détruisit.

Deux ou trois mots qui se trouvent ici dans Rhodoman sont le titre & les premiers mots d'une table où ces Rois sont arrangez dans le Syncelle.

REMARQUE.

J'AJOUTERAI ici en forme de remarque, que le régne de tous ces Rois en y comprenant le gouvernement des Rois affociez qui dura 90 ans, fait la fomme de 417 ans. Le Syncelle a dit plus haut, que la Tyrannie de Cypfelus commença 447 ans après le retour des Heraclides : fi conformément à Diodore dans fa préface, nous comptons 80 ans de la prife de Troye au retour des Heraclides; nous aurons 447 ans & 80, ou 527 ans de la guerre de Troye à Cypfelus. D'un autre côté, en nous en rapportant encore à Diodore, il y a eu 328 ans du retour des Heraclides à la premiére Olympiade. Joignant à ce nombre les 80 ans d'intervalle entre la guerre de Troye & le retour des Heraclides, nous aurons 408 ans de la guerre de Troye à la premiére Olympiade. Or nous avons eu 527 de la guerre de Troye à Cypfelus. La fuite des Rois de Corinthe prend donc fur les Olympiades 119 ans, différence de 408 à 527. Et ainfi chaque Olympiade comprenant 4 années ; ces Rois ont fini dans la 3 année de la 30 Olympiade bien avant le 11ᵉ Livre qui commence à l'Olympiade 75. Nous parlerons encore plus bas du calcul des Olympiades.

TROISIÉME FRAGMENT.

LE MESME AUTEUR GEORGE Syncelle a tiré du septiéme Livre de Diodore, le Fragment qui suit sur la premiére origine des Romains (1).

Il a été employé par Rhodoman.

QUELQUES Auteurs ont cru que Romulus né d'une fille d'Ænée avoit jetté les fondemens de la ville de Rome. Mais ces Auteurs se sont trompez, car c'est un fait vrai qu'il y a eu une longue suite de Rois entre Ænée & Romulus. Rome ne fut bâtie que vers la seconde année de la septiéme Olympiade plus de quatre cens trente ans après la ruine de Troye; au lieu qu'il n'y avoit que trois ans qu'Ænée étoit échapé de l'embrasement de cette Ville, lorsqu'il prit possession du Royaume des Latins. Au bout de trois années il disparut d'entre les hommes, & reçut les honneurs divins. Son fils Ascagne qui lui

(1) Georg. Sync. p. 194.

succéda, bâtit la ville d'Albe appellée aujourd'hui Longa. Son premier nom lui venoit du fleuve Alba, qu'on a depuis nommé le Tibre. Cependant Fabius (1) qui a écrit une histoire romaine nous conte fort différemment l'origine de ce premier nom (2). Il dit qu'un Oracle avertit Ænée qu'un animal à quatre pieds le conduiroit au lieu où il devoit bâtir une Ville. Comme il étoit sur le point d'immoler une Truye blanche qui étoit pleine, elle lui échapa des mains ; & ayant été suivie jusque sur une hauteur voisine, elle y mit bas trente cochons. Ænée surpris de cette merveille qu'il regarda comme une suite de l'Oracle, choisit là son habitation. Mais un songe qu'il eut ensuite retarda l'entreprise d'y bâtir, & la lui fit différer jusqu'après trente ans, suivant le nombre des cochons qu'il avoit vûs.

(1) Q. Fabius Victor qui a vécu dans le tems de la guerre contre Annibal. Comme il y a eu quatre Romains illustres dans les lettres, & même dans les arts, qui ont porté le même nom, Voyez sur leur sujet, Vossius *de Historicis Latinis.* l. 1. c. 3.

(2) C'est-à-dire du nom d'Alba qui signifie *blanche.*

QUATRIEME FRAGMENT

TIRE' DU MESME GEORGE Syncelle sur les Rois de Macédoine. Georg. Sync. *p.* 262.

AVERTISSEMENT.

CE Fragment n'a encore été employé par aucun des Editeurs de Diodore soit en grec soit en latin. En effet il est difficile de le démêler du texte même du Syncelle qui allégue seulement le nom de Diodore, sans qu'on soit assuré s'il rapporte ses propres paroles, ni jusqu'où va la citation. Il n'en est pas de même des autres Fragmens que l'on trouve détachez de tout dans le Syncelle & dans les autres Auteurs qui les fournissent. Ainsi renonçant ici à la curiosité d'avoir les termes mêmes de Diodore, je tâcherai d'y suppléer par une autre qui me paroit plus importante. C'est la liste de tous les Rois de Macédoine tirée de l'endroit même du Syncelle où il cite notre Historien. Le premier de ces Rois fut Caranus que le Syncelle place à l'an du monde 4700, c'est-à-dire selon son calcul 800 ans avant

J.C. Ce Caranus étoit frere de Phidon Roi d'Argos & descendant d'Hercule, suivant cette Généalogie rapportée de Diodore.

1 HERCULE.
2 HILLUS.
3 CLEODATES.
4 ARISTOMAQUE.
5 TIMENES.
6 CISSIUS.
7 THEOSTIUS.
8 MEROPS.
9 ARISTODAMIDAS.
10 CARANUS.

Il suit de-là qu'Hercule étoit le neuviéme Ayeul de Caranus ; mais Timenès qui est ici au 5e rang, est au 8e dans une autre Généalogie rapportée aussi, selon le Syncelle, par Diodore cité une seconde fois. Cette Généalogie est en remontant.

1 CARANUS.
2 POEAN.
3 CROESUS.
4 CLEODIUS.
5 EURYBIADAS.
6 DEBALLUS.
7 LACHARUS.
8 TIMENES.

Quoiqu'il en soit ce Timenès fut un de ces descendans d'Hercule dont l'arrivée dans le Peloponnése avec plusieurs autres guerriers de même sang que lui, fut appellée le retour des Heraclides, placé par Diodore dans sa préface, & par le Syncelle même (1) 80 ans après la guerre de Troye. L'objet de ce retour pour les Heraclides étoit d'entrer en possession de divers pays conquis par Hercule, & dont ce Héros n'avoit laissé en possession quelques Princes de son tems, qu'à condition de les remettre à ses descendans à mesure qu'ils viendroient les redemander, comme nous l'avons vû en plusieurs endroits du 4e Livre.

CARANUS qui vivoit assez longtems après ce retour & lorsqu'il ne restoit presque plus d'autres descendans d'Hercule que lui, voulut se faire un Royaume. Dans ce dessein il emprunta des troupes du Roi d'Argos son frere & de quelques villes du Péloponnése. Avec cette armée il se joignit à un Roi de certains peuples voisins de la Thrace nommez les Orestes. Après avoir fait ensemble dans les environs quelques conquêtes au nombre desquelles étoit la Macédoine,

(1) Page 261.

Caranus la demanda pour son partage & il l'obtint. Il y bâtit une Ville que le Syncelle ne nomme ni en cet endroit p. 261 ni à la p. 198 où ce même fait a déja été raconté. Il y a apparence que c'est Edisse; car Pella séjour ordinaire des derniers Rois de Macédoine ne fut bâtie que 400 ans après. Voici maintenant la liste dont il s'agit & la durée du regne de chaque Roi ; non pas tout-à-fait telles qu'on les trouve dans le texte du Syncelle, mais corrigées suivant le canon chronologique qui est à la fin de son Volume. Ces corrections sont conformes au discours qui continue dans la p. 262 & 263 du Syncelle & qui paroit être une suite de la citation de Diodore.

Liste des Rois de Macédoine.

1	CARANUS.	30 ans.
2	CŒNUS.	28
3	TYRIMNAS.	45
4	PERDICCAS I.	48
5	ARGÆUS.	34
6	PHILIPPUS.	37
7	ÆROPAS.	23
8	ALCETAS.	28

somme 273

9	AMYNTAS I.	42 ans.
10	ALEXANDRE I.	44
11	PERDICCAS II.	23
12	ARCHELAUS I.	14
13	ORESTES.	4
14	ARCHELAUS II.	4
15	AMYNTAS II.	1
16	PAUSANIAS.	1
17	AMYNTAS III.	5
18	ARGÆUS II.	2
19	AMYNTAS IV.	12
20	ALEXANDRE II.	1
21	PTOLEMÆE I.	3
22	PERDICCAS III.	6
23	PHILIPPE II.	23
24	ALEX. LE GRAND III.	12
25	PHIL. ARIDÆE III.	7
26	CASSANDER.	19
27	ANTIGONE & ALEX.	3
28	DEMET. POLIORCETE.	6
29	PYRRHUS.	7 mois.
30	LYSIMACHUS.	3
31	PTOLEM. II. fils de Lagus.	1
32	MELEAGER.	2 mois.
33	ANTIPATER.	45 jours.
34	SOSTHENES.	2
	Interregne.	2
35	ANTIGON. GONATAS.	44
	somme	284

36 DEMET. fils d'Antigonus. 10 ans.
37 ANTIGON. PHYSCUS. 12
38 PHILIPPE IV.   42
39 PERSEUS.   10
40 PSEUDO PHILIPPUS.   1

    somme 75

  Total — — 632 ou 633.

REMARQUE.

Les trois sommes rassemblées font 632 ou 633 ans qu'a duré le Royaume de Macédoine depuis Caranus jusqu'à la conquête qui en fut faite par les Romains 198 ou 197 ans avant J. C. selon ce qui résulte de la chronologie du Syncelle.

Il n'est pas de mon sujet de répondre aux difficultez qu'on peut faire sur cette liste toute corrigée qu'elle soit. Il me suffit d'avoir recueilli un morceau considérable de l'Histoire, où le nom de Diodore a été employé, & dont il est au moins le premier Auteur.

Je me contenterai de dire au sujet de Pseudo-Philippus, qu'après la défaite de Persée par les Romains, Andriscus surnommé Pseudo-Philippus fils d'un foulon, se fit passer pour un fils de Perſée à l'inſtigation de Démétrius I. Roi de Syrie ; & ſous ce nom les Macédoniens le reçûrent avec joye. Mais il fut vaincu au bout d'un an de régne par Q. Cæcilius Metellus qui le mena en triomphe dans Rome, comme Paul Emile y avoit mené Perſée dernier Roi de Macédoine. Voyez ſur Pſeudo-Philippus, *Reinerus Reineccius , ſyntagma de Familiis &c. de regno Macedonico*, où ſe trouve recueilli tout ce que les Auteurs anciens ont dit de cet impoſteur. Au reſte le commencement du regne de Caranus a précédé la premiére Olympiade, & appartient par conſéquent à l'intervalle du 5ᵉ au 11ᵉ Livre ; quoique la liſte entiére vienne juſqu'aux livres perdus depuis le 20 juſqu'au 40.

FRAGMENS
DE
DIODORE DE SICILE
TIREZ DU RECUEIL
DE
FULVIUS URSINUS.

AVERTISSEMENT.

FUlvius Ursinus qui vivoit à Rome sous le Pontificat de Grégoire XIII. avoit reçû d'Antoine Augustin Archevêque de Tarragone une quantité assez considérable de Fragmens de l'historien Polybe qu'il voulut donner au public. Ces Fragmens dans le manuscrit qu'on lui avoit envoyé portoient tous le même titre πει πρεσβειων, *de Legationibus*, des Ambassades. Il paroît qu'à cette occasion Fulvius Ursinus songea à recueillir des Fragmens d'autres Auteurs sur le même sujet, & il a joint à ceux de Polybe, quelques autres de Denys d'Halicarnasse, de Diodore de Sicile, d'Appien d'Alexandrie, & de Dion Cassius. Mais les Fragmens de ces quatre derniers pris ensemble font à peine le tiers de ce qui appartient à Polybe seul. Le titre même du livre d'Ursinus, ni sa dédicace au Cardinal de Granvelle, ne font aucune mention d'eux & il ne dit point où il a trouvé ce qu'il en produit. Quoiqu'il ait donné des notes & des corrections sur tous, il n'a pris la peine de traduire en latin aucun d'eux, ni Polybe même. Cependant comme on ne peut pas douter qu'il n'ait trouvé ces Fragmens ou dans la Bibliotheque du Vatican ou dans la Bibliotheque Palatine, que Grégoire XIII. faisoit embellir alors ; je n'ai pas cru devoir négliger cette indication au sujet de Diodore, dont Fulvius Ursinus nous présente 35 Fragmens. Il n'y a que les deux premiers qui conviennent à l'intervalle du 5e au 11e Livre. Ils vont voir ici le jour en françois avant que de l'avoir vû en latin : Ce que les soins des Sçavans qui ont vécu jusqu'à ce jour ont rendu assez rare à l'égard d'un texte Grec.

PREMIER FRAGMENT.

AU tems d'Hostilius Tullus Roi des Romains, les Peuples d'Albe auxquels les progrès de la grandeur Romaine commençoient à faire ombrage, supposérent que des coureurs qui appartenoient aux Romains, étoient venus faire du ravage sur leurs Terres. Ils envoyérent des Ambassadeurs à Rome pour demander justice & réparation de cette insulte, avec ordre de déclarer la guerre, si l'on ne leur donnoit pas satisfaction. Hostilius instruit qu'ils ne cherchoient qu'un prétexte pour rompre avec Rome, recommanda aux principaux & aux plus fidéles de ses amis de recevoir gracieusement ces Ambassadeurs & de les inviter à entretenir la paix & l'union avec Rome. Pour lui, il évitoit leur rencontre avec un extrême soin, & il dépêcha de son côté des Ambassadeurs aux Albains pour leur porter précisément les mêmes plaintes en les accompagnant d'une déclaration toute pareille. Il se conformoit en cela à une ancienne maxime selon laquelle nos Ancêtres n'avoient rien tant à cœur que de n'entreprendre que des guerres justes, & il craignoit beaucoup que ne pouvant découvrir ces coureurs prétendus, ni par conséquent les livrer aux Albains; il ne parut en guerre avec eux pour soutenir une injustice. Cependant les Ambassadeurs envoyez de sa part n'ayant point obtenu des Albains la demande qu'ils leur avoient faite, leur déclarérent la guerre pour le trentiéme jour suivant. On fit donc aux Ambassadeurs des Albains une réponse qui dans le fond étoit assez conforme à leurs desirs : savoir qu'ayant refusé les premiers la justice que les Romains leur avoient demandée, on leur déclaroit la guerre. C'est ainsi que ces deux peuples, qui avoient entretenu jusque-là une amitié cimentée entr'eux par des mariages réciproques, devinrent enfin ennemis l'un de l'autre.

SECOND FRAGMENT.

DEs que Cambyse se fut rendu maître de toute l'Egypte, les peuples de la Libye & de la Cyrenaïque qui avoient toujours pris les armes en faveur des Egyptiens, envoyérent des présens au Roi & l'assurérent qu'ils se conformeroient toujours à ses volontez.

Le troisiéme Fragment parle de Nabis tyran de Lacédémone du tems de T. Quintus Flaminius pacificateur de la Gréce pour les Romains, assez longtems depuis Alexandre. Ainsi ce troisiéme Fragment & tout ce qui suit appartient aux Livres perdus après le vingtiéme.

EXTRAITS
DE
DIODORE
FAITS PAR L'EMPEREUR
CONSTANTIN PORPHYROGENETE.

AVERTISSEMENT.

MOnsieur Henri de Valois fit imprimer à Paris en 1634 in-4°, avec une version latine, des Extraits que l'Empereur Constantin Porphyrogenete avoit faits de divers Historiens Grecs de l'antiquité. Ces Extraits étoient divisez en 35 Volumes dont il ne reste aujourd'hui que deux : l'un intitulé *de Legationibus*, des Ambassades, déja donné au Public par Fulvius Ursinus, & l'autre que donnoit actuellement M. de Valois & qui portoit pour titre dans l'original, *des Vertus & des Vices*. Il nous avertit dans sa Dédicace à M. de Peiresch, que
c'étoit

c'étoit ce fameux Conseiller au Parlement d'Aix qui en avoit trouvé le manuscrit dans l'Isle de Chypre, & qui l'avoit apporté en France & envoyé à Paris. Le Volume de M. de Valois contient les Extraits de Polybe, de Diodore de Sicile, de Nicolas de Damas, de Denys d'Halicarnasse, d'Appien d'Alexandrie, de Dion Cocceianus qu'il croit être Dion Chrysostome, & enfin de Jean d'Antioche. Je n'ai dû prendre de ces Extraits que ce qui appartient à Diodore; & je n'en dois joindre à cette première partie de ma traduction que ce qui est tiré des cinq Livres perdus depuis le cinquième jusqu'au onzième. Ce qui reste à mettre après les dix autres Livres que nous avons encore à donner sera beaucoup plus long.

FRAGMENS
DES
LIVRES VI. VII. VIII. IX. ET X.
DE DIODORE

EXTRAITS PAR L'EMPEREUR Constantin Porphyrogenete (1), & publiez par M. Henri de Valois.

La réputation de Castor & de Pollux appellez aussi les Dioscures, s'est soutenue jusqu'à notre tems. Elle nous apprend qu'ils ont surpassé les autres hommes en vertu, & qu'ils ont été d'un grand secours aux Argonau-

---

(1) Constantin Porphyrogenete fils de Leon le Philosophe & petit fils de Basile, monta sur le trône de Constantinople l'an de J. C. 911. âgé de 7 ans, & sous la tutelle de l'Impératrice Zoé sa mere. Par les conjonctures des tems & par la foiblesse de son âge, il laissa prendre toute l'autorité au Général de ses armées nommé Romain Lécapene, qui lui fit épouser sa fille Hélene, chassa l'Impératrice Mere & eut la hardiesse de faire nommer Augustes ses propres fils. Il en fut puni par l'un d'eux qui le chassa à son tour l'an 944. Il y a apparence que Constantin qui aimoit les Lettres employa le tems de son inaction involontaire, à l'étude & à la composition. Mais enfin il reprit courage pendant les troubles arrivez dans la famille de l'usurpateur de son pouvoir ; & il régna seul jusqu'à l'an 959 où il mourut.

tes dans leur expedition. Leur courage, leur capacité dans l'art militaire, & surtout leur réligion & leur justice leur ont acquis l'estime de tous les hommes dont ils ont visiblement secouru plusieurs dans les plus grands périls. C'est à ces titres qu'ils ont passé pour fils de Jupiter, & qu'après leur mort ils ont obtenu les honneurs divins.

EPOPEUS Roi de Sicyone défia les Dieux mêmes au combat, & profana leurs Temples & leurs Autels.

ON DIT que Sisyphe excella par son adresse & par son sçavoir, & que sur l'inspection des entrailles des victimes, il prédisoit aux hommes tout ce qui leur devoit arriver.

SALMONE'E homme impie & superbe parloit mal des Dieux, & élevoit ses actions au-dessus de celles de Jupiter même. Ce fut lui qui inventa une certaine machine par le moyen de laquelle il faisoit un bruit prodigieux & semblable à celui du tonnerre. Il n'offroit point de sacrifices aux Dieux, & il ne célébra jamais leurs fêtes.

Il eut une fille appellée Tyro, nom qui lui fut donné à cause de la blancheur & de la finesse de son teint (1).

Admete homme pieux & juste fut si chéri & si estimé des Dieux pour sa vertu ; que ce fut à son service qu'ils mirent Apollon, lorsque celui-ci tomba dans la disgrace de Jupiter. On ajoute que ce fut pour la même raison qu'on lui donna pour femme Alceste, la seule de toutes les filles de Pelias, qui n'eut point participé à l'entreprise de ses malheureuses sœurs contre leur pere ; *lorsqu'à la persuasion de Medés elles le coupérent en morceaux dans l'espérance de le voir rajeunir.*

Me'lampe par son extrême pieté devint ami d'Apollon.

A la prise de Troye, Ænée s'étant retranché dans un quartier de la Ville y soutint encore long-temps l'effort des ennemis. Ensuite les Grecs ayant relâché plusieurs des Citoyens sous certaines conditions & laissé même à quelques-uns toutes les richesses qu'ils pourroient emporter sur eux ; Ænée ne se chargea point comme les autres d'or, d'argent, ou semblables effets

(1) Peut-être par allusion à la beauté des teintures de Tyr ; à moins qu'on ne veuille s'en tenir à la comparaison plus simple du lait caillé; car le mot grec signifie les deux choses.

précieux ; mais prenant sur ses épaules son Pere cassé de vieillesse, il crut sauver son plus grand thrésor. Les Grecs charmez eux-mêmes de cet exemple de pieté lui permirent encore de choisir tout ce qu'il voudroit dans les richesses de son Palais. Il prit alors les Pénates & les Vases sacrez que lui avoient laissez ses ancêtres, & il augmenta encore par ce second choix le respect de ses ennemis. Ils ne pouvoient assez admirer un homme qui au milieu de la plus grande désolation faisoit passer avant toutes choses le culte des Dieux & la pieté envers son Pere : C'est pourquoi aussi ils lui fournirent les suretez qui lui étoient nécessaires pour sortir de Troye, accompagné du peu de Troyens qui subsistoient encore, & pour se retirer où il lui plairoit.

ROMULUS SYLVIUS *Roi des Albains* (1) qui avoit toujours été d'un orgueil insupportable, s'attaqua enfin à Jupiter même. Lorsqu'il entendoit tonner, il ordonnoit à ses soldats de frapper tous ensemble de leurs épées sur les boucliers les uns des autres ; & il disoit que ce bruit surpassoit celui

(1) Addition de la version latine.

du tonnerre, dont il fut enfin frappé lui-même.

Il y eut dans la ville de Cumes un Tyran nommé Malacus, qui s'étant acquis du crédit sur la populace par les déclamations continuelles qu'il faisoit contre les Citoyens les plus puissans, parvint ainsi à la Monarchie. Alors il fit étrangler les plus riches; & s'étant emparé de leurs biens, il en entretint une compagnie de gens armez, & se rendit redoutable à tous les habitans de Cumes.

Lycurgue avoit porté la vertu à un si haut degré qu'étant venu au Temple de Delphes, la Pythie lui dit ces vers. *L'Auteur grec ne les met pas ici, & renvoye pour les trouver, à son recueil de Sentences. Ils ont été alleguez par Herodote L. 1. au sujet du même Lycurgue; on l'y compare à un Dieu, ou on le prend pour un Dieu à cause de sa vertu.*

Les Lacedemoniens en suivant les Loix de Lycurgue, s'élevérent de très-petits commencemens, jusqu'à devenir les plus puissans de tous les Grecs; & ils conservérent cette supériorité plus de 400 ans (1). Mais ensui-

(1) On trouve dans les remarques de M. de Valois

te ayant négligé chacune de ces Loix l'une après l'autre, s'étant laissé aller insensiblement à l'oisiveté & aux plaisirs ; mais surtout l'usage de l'argent monnoyé leur ayant donné du goût & de la facilité pour amasser des richesses ; ils déchurent entiérement de la réputation & de l'autorité qu'ils s'étoient acquise.

Comme les Eléens gouvernoient très-sagement leur République & se multiplioient beaucoup ; les Lacedemoniens en conçurent quelque jalousie & cherchérent des moyens de les faire relâcher de leur discipline & de les amener à une vie plus commune ; afin que s'accoutumant aux douceurs de la paix ils s'éloignassent d'eux-mêmes de toute entreprise militaire. Dans cette vue & du consentement des autres Grecs, ils les consacrérent à Jupiter. Ainsi on les exempta de la guerre contre Xerxès comme des gens uniquement devouez au service divin. Les guerres particuliéres que les Grecs se faisoient les uns aux autres ne causoient jamais aucun trouble aux

---

fût cet endroit, un éclaircissement considérable sur le tems de Lycurgue qu'il prétend avoir précédé de 400 ans la premiére Olympiade.

Eléens. Au contraire les Grecs s'accordoient tous à défendre la ville & le territoire de l'Elide comme un pays sacré & inviolable. Mais dans la suite des tems cette pratique cessa ; & les Eléens firent la guerre pour leurs propres interêts, & prirent part aux guerres de la Gréce pour des interêts communs.

Romus (1) et Rémus qui avoient été exposez croissoient toujours, & surpassèrent bien-tôt en beauté & en force les hommes de leur tems. Ils étoient d'un grand secours à tous les Bergers qu'ils défendoient des voleurs, en tuant les uns dans l'attaque même & prenant les autres vivans. Indépendamment de ce service ils se faisoient aimer de tous les habitans du pays, en se trouvant à toutes les assemblées, & se montrant doux & officieux en toute occasion. Ainsi ces gens persuadez que leur sureté dépendoit de ces deux freres se soumirent à leur commandement ; ils exécutoient leurs ordres & ils les suivoient en quelque endroit qu'ils les conduisissent.

(1) Il est nommé ainsi dans le Grec au lieu de Romulus.

Polycharès de Meſſene homme diſtingué par ſa naiſſance & par ſes richeſſes fit une ſocieté de troupeaux avec Evæphne de Sparte. Celui-ci s'étant chargé de la direction des troupeaux & des Bergers fut tenté de s'enrichir aux dépens de ſon aſſocié, mais il fut bien-tôt découvert. Ayant vendu une partie de ces troupeaux & des Bergers mêmes à des Marchands qui devoient les conduire dans un pays éloigné, il ſuppoſa qu'ils avoient été enlevez de force par des voleurs. Cependant ceux qui les avoient achetez, faiſant voile pour la Sicile, cotoyoient le Peloponnéſe lorſqu'une tempête qui s'éleva les obligea de prendre terre. Auſſi-tôt les Bergers vendus, qui connoiſſoient le pays, s'enfuirent du côté de Meſſene, & ayant découvert la vérité à Polycharès leur maître; celui-ci, après les avoir fait cacher, manda auſſi-tôt au Spartiate ſon aſſocié de venir le voir. Le Spartiate ſoutint d'abord ſon premier expoſé, & dit que des voleurs avoient tué une partie de ſes Bergers & enlevé l'autre. Là-deſſus Polycharès fit paroître devant lui ceux qu'il avoit fait cacher. Evæphne convaincu & confondu eut

Q v

recours aux prieres & aux foumiſ-
ſions ; & pour obtenir ſa grace il
promit de reſtituer ſon larcin. Polycharès reſpectant l'hoſpitalité ſe
laiſſa fléchir, & ſe contenta d'envoyer ſon fils avec le Spartiate pour
recevoir cette reſtitution. Mais Evæphne violant ſa promeſſe porta encore la perfidie juſqu'à égorger ce jeune homme dès qu'il fut rentré dans
Sparte. Polycharès outré de douleur à cette horrible nouvelle envoya
demander juſtice aux Lacedemoniens.
Ceux-ci ne jugérent pas à propos de
la lui rendre comme il la demandoit : mais ils envoyérent à Meſſéne
le fils d'Evæphne chargé d'une lettre
de leur part, pour déclarer à Polycharès qu'il falloit qu'il vint lui-même porter ſon accuſation devant les
Ephores & les Rois. On dit que Polycharès indigné ſe vengea lui-même en
tuant ce jeune homme, & en ravageant les environs de Lacédémone.
*Diodore rapportoit cette hiſtoire comme la
cauſe de la premiére guerre Meſſenienne.
L'hiſtoire & la guerre ſe trouvent dans
les Meſſéniaques de Pauſanias. Voyez
la note de M. Valois ſur ce Fragment.*

ARCHIAS de Corinthe qui aimoit

éperdûment le jeune Acteon, essaya d'abord de le gagner par des présens & par des promesses magnifiques : mais cette voye ayant été rendue inutile par la vigilance du Pere & par la sagesse de l'enfant même ; il assembla un grand nombre de ses camarades pour enlever de force celui qui résistoit à ses insinuations & à ses prieres. S'étant donc ennivré un jour avec sa troupe, il s'abandonna à cet excès de fureur d'aller avec eux jusque dans la maison de Melissus pour en arracher son fils. Le Pere & tous ses gens se réunirent bien-tôt pour s'opposer à cette violence. Pendant la chaleur de la querelle & de l'action, l'enfant mourut, sans qu'on y prît garde, entre les mains de ceux qui le défendoient contre ses ravisseurs. Quand on apperçut ce malheur, on admira, en pleurant l'enfant, la conformité de sa fortune avec le sort de celui dont il portoit le nom ; car l'un & l'autre ont perdu la vie par ceux-mêmes qui étoient disposez à la défendre. *Il fait allusion à la Fable d'Acteon déchiré par ses chiens. Au reste Diodore rapportoit ce fait pour entrer dans l'histoire de la fondation de Syracuse qu'Ar-*

chias banni de Corinthe pour son crime, alla bâtir. Voyez les notes de M. de Valois sur cet endroit.

AGATHOCLE ayant été choisi à Syracuse pour présider à la construction d'un Temple qu'on élevoit à Minerve, fit à la vérité toute la dépense de son propre fonds ; mais il reserva les plus belles pierres pour s'en faire bâtir à lui-même une maison magnifique. La Divinité ne fut pas insensible à cet outrage, car un coup de tonnerre le fit périr dans sa maison embrasée. Les Geomores, *Magistrats de Syracuse*, jugérent que sa succession appartenoit à la République, quoique ses héritiers prouvassent qu'il n'avoit point détourné les deniers publics & sacrez. La malediction fut jettée sur sa maison & on en interdit l'entrée. C'est pour cela qu'on l'appelle encore aujourd'hui la maison du tonnerre. *Cet Agathocle doit être antérieur de beaucoup au fameux Tyran de Syracuse de même nom, dont il est parlé amplement dans les derniers Livres qui nous restent de Diodore.*

POMPILIUS (1) Roi des Romains entretint la paix durant tout son régne. On dit qu'il avoit été disciple de Py-

(1) Numa Pompilius.

thagore, duquel il tenoit plusieurs secrets qui concernoient les mystéres & les volontez des Dieux. C'est par-là qu'il s'etoit rendu illustre, & qu'il avoit même obtenu le Sceptre, quoiqu'il fût étranger.

Déjoces Roi des Médes au milieu des désordres & des crimes de son tems, cultiva la Justice & les autres vertus.

Les Sybarites sont esclaves de leur ventre & de toutes sortes de voluptez : c'est pour cela qu'ils preférent les Ioniens & les Tyrrheniens aux autres nations ; parce que ceux-là surpassent tous les Grecs & ceux-ci tous les Barbares dans l'abondance & l'usage des plaisirs.

Mindyride a été le plus somptueux des Sybarites. Car Clisthene Roi de Sicyone qui venoit d'être vainqueur à la course du char, ayant fait publier par des Hérauts que ceux qui recherchoient sa fille, Princesse d'une grande beauté, eussent à se trouver à Sicyone, un certain jour qu'il désignoit ; on vit arriver ce même jour Mindyride dans une Felouque à cinquante rames. Elles n'étoient servies que par ses Domestiques, dont les uns étoient

Pêcheurs & les autres Oiseleurs *pour l'usage de sa table*. Etant entré dans Sicyone il surpassa par la magnificence de son train non-seulement tous ses rivaux, mais le Roi même, quoique ses Sujets eussent contribué à l'envi les uns des autres à l'éclat de cette fête. Dans le repas qui se donna aux prétendans assemblez; l'un d'eux ayant voulu se mettre à côté de lui sur un des lits de la table : Il dit que se tenant aux termes de la publication, il vouloit coucher avec une épouse ou coucher seul.

Hippomene's Archonte d'Athenes tira une vengeance outrée & inouïe de sa fille qui s'étoit laissé corrompre. Il la fit enfermer dans une écurie avec un cheval, auquel ayant ôté toute nourriture; cet animal au bout de quelques jours fut contraint d'assouvir sa faim sur le corps de cette malheureuse. *D'autres, comme Dion Chrisostome, ont dit que cette fille aimoit le cheval, fable assez semblable à celle de Pasiphaé : On peut lire sur tous ces morceaux les remarques de M. de Valois. Je crois qu'il suffit à mon dessein de dire ici que son sentiment est qu'à l'exception de l'histoire du Sybarite que Diodore ne rapportoit que par occasion, tous les autres faits suivent assez l'ordre des tems dans ces extraits, comme ils le suivoient dans le texte.*

ARCESILAS Roi de Cyrene se voyant accablé de calamitez consulta l'Oracle de Delphes, qui lui répondit qu'elles étoient un effet de la colere des Dieux ; parce que les Rois successeurs du premier Battus s'étoient écartez de l'exemple de ce Prince. Content du titre de Roi, il avoit gouverné justement & populairement, & surtout il avoit entretenu avec une grande attention le culte divin ; au lieu que ses successeurs exerçant une puissance tyrannique, s'étoient approprié les biens publics, & avoient extrêmement négligé le service des Dieux. *Voyez ici dans M. de Valois une suite des Rois de Cyrene.*

DEMONAX de Mantinée appaisa par son équité & par sa prudence une guerre civile qui s'étoit élevée entre les Villes des Cyrenéens. S'étant embarqué à ce dessein pour Cyrène, il y fut reçû comme souverain arbitre de leurs différens, & il concilia leurs Villes entr'elles.

LUCIUS TARQUINIUS Roi des Romains avoit reçû une excellente éducation. Curieux des Sciences, il en avoit fait dans sa jeunesse un grand usage pour la vertu. Parvenu à l'âge d'homme il s'attacha au Roi des Romains Ancus Marcius ; il devint son ami, & prit de lui communication de beaucoup de choses qui concernoient le Gouvernement. Il employa ses richesses qui étoient grandes, à secourir les indigens. Il agissoit familiérement & en ami avec tout le monde. Non-seulement il fut irréprochable dans sa conduite, mais il s'acquit même beaucoup de gloire par sa sagesse.

SOLON (1) étoit fils d'Execestide, & né à Salamine Ville dépendante de l'Attique : il surpassa tous les hommes de son tems en sagesse & en connoissances. Mais ayant une disposition très-singuliére pour la vertu, il s'y livra tout entier. Il employa un très-long-tems à s'instruire de toutes ses régles, & il en devint lui-même un parfait exemple. Il avoit eu dès son enfance d'excellens maîtres ; & il ne fréquenta toute sa vie que les plus

---

(1) C'est M. de Valois qui a mis le nom de Solon à la tête de cet article, confondu dans le texte Grec avec le précédent.

grands hommes en ce genre de Philosophie. Auſſi fut-il admis dans le nombre des ſept ſages. Il ſe diſtingua même parmi eux, & on lui a deferé la premiére place entre tous ceux que la vertu a rendu illuſtres.

Le même Solon a éternifé ſa mémoire par l'inſtitution de ſes Loix; ſa ſageſſe le faiſoit paroître également admirable dans ſes entretiens, dans ſes réponſes, & dans ſes conſultations.

Enfin Solon ayant trouvé la ville d'Athénes plongée dans les mœurs Ioniennes, & ſes Citoyens efféminez par l'oiſiveté & par les plaiſirs; il vint à bout de les transformer en hommes vertueux, & de les piquer même d'émulation pour des entrepriſes courageuſes. Harmodius & Ariſtogiton, armez pour ainſi dire de ſes Loix, conçurent le deſſein d'abbattre la tyrannie des Piſiſtratides.

Un certain Myſon de Malie qui habitoit dans le village nommé Chene, *autour du mont Oeta*, avoit paſſé toute ſa vie dans ſon héritage & étoit connu de peu de gens. On le choiſit néanmoins pour le mettre au nombre des ſept ſages, à la place de Periandre tyran de Corinthe, qui déchu de sa première vertu devenoit tous les jours plus méchant.

Chilon mena une vie toujours conforme à ses préceptes, ce qu'on voit assez rarement : car la plûpart de nos Philosophes disent de très-bonnes choses & en font de très-mauvaises, condamnant ainsi par leurs discours leur propre conduite. Mais Chilon indépendamment des exemples de vertu qu'il a donnez pendant sa vie, pensoit très-juste, & a laissé plusieurs maximes dignes d'être retenues.

Pittacus de Mitylene n'étoit pas seulement un Philosophe, il étoit encore bon politique & tel que l'Isle de Lesbos n'en a point produit de semblable. Je crains même qu'elle n'en donne jamais d'aussi bons & en aussi grande abondance que ses vins. Celui-ci a été un Législateur sage. Il étoit humain en général & ami en particulier. Il a enfin délivré sa patrie de trois grands maux, la tyrannie, la sédition & la guerre.

Pittacus étoit en même tems secret & affable : Il cherchoit en lui-même l'excuse des fautes des autres : ce qui lui donnoit universellement la réputation d'un homme parfait. Il paroissoit dans ses loix politique & prévoyant. Il étoit fidéle à sa parole, très-courageux à la guerre, & d'un desintéressement au-dessus de tout soupçon.

Ceux de Priene racontent que Bias ayant délivré des mains des coureurs des filles de distinction de Messene, les traita comme ses propres filles : Leurs parens étant venus quelque tems après pour les reprendre, Bias ne voulut recevoir d'eux ni la rançon qu'il avoit donnée pour elles, ni même les frais de leur entretien : il leur fit au contraire de grands présens. Aussi ces filles le regardérent toujours comme leur Pere & pour le bienfait de leur délivrance & pour le soin qu'il avoit pris d'elles dans sa maison. Et le retour dans leur Patrie n'effaça jamais son image dans leur esprit.

Des Pêcheurs Messéniens ne tirérent d'un second coup de filet, qu'ils avoient jetté dans la mer, qu'un trépié d'airain qui portoit cette inscription : *Au plus sage*. Ils allérent aussi-tôt le présenter à Bias.

Bias surpassoit tous les hommes de

son siécle par la force de ses discours; mais il faisoit de son éloquence un usage tout différent de celui des autres Orateurs. Car il ne l'employoit point à gagner de l'argent, & à s'en faire un gros revenu : Il ne la faisoit servir qu'à défendre les indigens opprimez : Ce qui est extrêmement rare.

Cyrus fils de Cambyse & de Mandane fille d'Astyage Roi des Médes, surpassa en intelligence, en courage & en toute sorte de grandes qualitez tous les Princes de son siécle. Son Pere lui donna une éducation vraiment royale, & fit naître en lui une émulation héroïque. Aussi n'aspiroit-t-il qu'à de grandes choses ; & sa vertu parut bien-tôt au-dessus de son âge.

Astiage Roi des Médes ayant été vaincu, & réduit à une fuite honteuse, en conçut une colére furieuse contre ses Troupes. Il commença par casser tous les Officiers, & il en mit d'autres à leur place. Ensuite recherchant tous ceux qui ayant fui les premiers avoient été la cause de la déroute, il les fit égorger. Il croyoit que cet exemple redonneroit du courage à tous les autres : mais d'ailleurs il étoit naturellement cruel. Non-feulement les troupes furent étonnées d'une pareille exécution : mais y trouvant de la férocité & de la barbarie, elles en conçûrent des penfées de révolte. Les propofitions & les projets en couroient de bouche en bouche, & les foldats s'exhortoient les uns les autres à venger leurs camarades.

Cyrus, dit-on, n'étoit pas feulement brave à la guerre; il étoit encore humain, doux & bienfaifant à l'égard de fes Sujets. C'eft pourquoi les Perfes lui donnérent le fur-nom de Pere.

Un certain Adrafte de Phrygie tirant fur un fanglier à la chaffe, bleffa fans le vouloir un fils de Crœfus Roi de Lydie nommé Atys, & le tua. Il fe condamna lui-même, & fe jugea indigne de vivre après un pareil accident quoiqu'involontaire. Il conjura le Roi de ne point lui pardonner, & de le faire égorger fur le tombeau de fon fils. Crœfus dans les premiers mouvemens de fa douleur en avoit conçû le deffein, & même il avoit menacé de le faire brûler vif. Cependant touché enfuite de la réfignation de cet homme qui livroit lui-même sa vie pour appaiser le sang du mort; il revint entièrement de sa colère, & ne s'en prit plus qu'au destin & à son propre malheur. Mais Adraste ne s'en tint pas moins à sa première résolution, & s'alla étrangler lui-même sur le tombeau d'Atys.

Croesus Roi de Lydie faisant semblant d'envoyer consulter l'Oracle de Delphes par Eurybate d'Ephése, lui donna de l'argent avec un ordre secret de lui amener de la Gréce autant de soldats qu'il en pourroit enrôler à son service. Mais Eurybate se retirant chez Cyrus Roi de Perse lui revela sa commission. Cette trahison ayant été connue des Grecs, on a donné le nom d'Eurybate à ceux à qui l'on veut reprocher leur méchanceté & leur perfidie.

Cyrus s'étant persuadé que les Dieux protegoient Crœsus, sur ce qu'au moment qu'il alloit être exécuté par son ordre, il étoit tombé une grande pluye qui avoit éteint la flamme du bucher; se ressouvenant aussi de la réponse que Solon avoit faite à ce Prince (1), il le retint auprès de sa personne

---

(1) Personne ne doit être appellé heureux avant sa mort.

avec une confidération particuliére, & même il lui donna place dans fon Confeil: Il fit réfléxion que celui qui avoit eu un long commerce avec plufieurs hommes fages & éclairez, devoit avoir lui-même beaucoup d'intelligence.

SERVIUS TULLIUS Roi des Romains régna 44 ans; & fa vertu lui infpira un grand nombre de reglemens utiles au public.

Dans la 61e. Olympiade, Thericlès étant Archonte d'Athénes, le Philofophe Pythagore déja très-avancé dans la fageffe commença à être connu. Il a mérité une place dans l'Hiftoire, plus qu'aucun autre de ceux qui ont fait profeffion de Philofophie. Il étoit Samien d'origine, quoique d'autres le faffent Tyrrhenien. L'agrément du difcours & le don de la perfuafion lui étoient propres à un tel degré, que toute une ville s'affembloit autour de lui, comme pour jouir de la prefence d'un Dieu; & il avoit rendu les hommes avides d'inftruction. Mais ce n'eft pas feulement en paroles qu'il excelloit. Les bonnes mœurs fembloient lui être naturelles & faire l'effence de fon ame; fa vie étoit un parfait modéle à propofer à la jeuneffe, Il retiroit de la molleffe & de la volupté tous ceux qui avoient commerce avec lui ; quoique l'abondance qui régnoit de fon tems parût avoir fait tomber tous les hommes dans une diffolution extraordinaire, par rapport aux fentimens de l'ame & aux plaifirs des fens.

Pythagore ayant appris que Pherecyde qui avoit été fon maître, étoit griévement malade dans l'Ifle de Délos, s'embarqua auffi-tôt pour aller de l'Italie où il demeuroit, jufque dans cette Ifle. Pherecyde vécut néanmoins encore affez long-tems pour donner lieu à fon difciple, de le nourrir dans fa vieilleffe. Il avoit pris d'abord tous les foins imaginables pour fa guérifon: Cependant Pherecyde ayant enfin fuccombé fous le poids des années & des infirmitez, Pythagore le fit enfevelir avec tout le foin & tous les honneurs qu'un fils rendroit à fon Pere ; après quoi il revint en Italie.

Les Pythagoriciens faifoient part de leurs biens comme freres, à ceux qui tomboient dans l'indigence. Cette pratique n'étoit pas même renfermée entre ceux qui vivoient enfemble;
Elle

Elle s'étendoit à tous les Disciples de cette école.

Clinias de Tarente qui étoit de ce nombre, ayant appris que Prorus de Cyrene avoit perdu tout son bien dans une sédition populaire, & se trouvoit réduit à une extrême pauvreté, partit aussitôt d'Italie avec des richesses considérables. A son arrivée à Cyrene, il les fit accepter à Prorus quoiqu'il ne l'eût jamais vû, & qu'il ne sçût autre chose de lui sinon qu'il étoit Pythagoricien. On raconte un semblable trait de plusieurs autres d'entr'eux. Ils ne se bornoient pas même à des secours d'argent, mais ils partageoient les perils de leurs camarades dans les occasions les plus dangereuses : Un certain Phintias Pythagoricien sous Denys le Tyran, ayant conspiré contre lui, étoit sur le point d'être exécuté ; lorsqu'il lui demanda la permission d'aller mettre auparavant quelque ordre aux affaires de sa famille, en lui proposant en même tems un de ses amis pour être sa caution. Le Tyran demeura étonné qu'il y eût quelqu'un qui pût être ami jusqu'au point de se laisser mettre en prison pour un homme condamné à mort.

Cependant Phintias lui presenta un nommé Damon Pythagoricien, qui sans héfiter offrit sa perfonne en gage de celle de Phintias. Les uns admiroient cet excès & cet héroïfme d'amitié; & les autres n'y trouvoient que de l'extravagance & de la manie. Au jour marqué pour le fupplice le peuple s'affembla en foule pour voir fi le condamné feroit fidéle & viendroit dégager fa caution. Comme le tems s'avançoit perfonne ne l'attendoit plus; lorfque Phintias arriva en courant & rencontra Damon que l'on conduifoit déja à la place publique. Cet exemple réciproque ayant frappé tout le monde d'admiration, le Tyran prononça la grace du condamné; & les faifant venir tous deux devant lui, il les pria de le recevoir en tiers d'une amitié fi parfaite.

Les Pythagoriciens exerçoient extrêmement leur mémoire par une méthode qui avoit encore une autre utilité. Ils ne fe levoient point qu'ils n'euffent repaffé dans leur efprit tout ce qu'ils avoient fait la veille, en commençant par le matin & en finiffant par le foir. Si même ils avoient plus de loifir qu'à l'ordinaire, ils remontoient jufqu'au troifiéme & au quatriéme jour & même plus loin. Outre l'habitude (1) qu'ils acqueroient par-là de fe reffouvenir exactement de beaucoup de chofes ; ils y trouvoient l'avantage de fe rendre plus circonfpects & plus prévoyans.

Ils s'accoutumoient auffi à la tempérance par une épreuve finguliére. Ils faifoient fervir devant eux tous les mets qui peuvent entrer dans un repas magnifique; & ils les contemploient durant quelque tems. Enfuite lorfque les fens irritez par ces objets, étoient fur le point de faire fuccomber la nature, ils ordonnoient à leurs gens d'enlever tout cet appareil ; & s'en alloient fans avoir gouté de quoi que ce fut.

PYTHAGORE recommandoit à fes Difciples de jurer très-rarement; mais d'être d'une fidélité inviolable à l'égard des fermens qu'ils avoient faits.

Le même Pythagore confulté fur l'ufage du mariage le plus convenable pour la fanté; répondit que pendant l'Eté il ne falloit point s'approcher de fa femme ; & que pendant l'hyver il

---

(1) M. de Valois fupplée ici quelques mots qui femblent manquer dans la phrafe greque. Mais le fens eft complet dans la traduction.

falloit le faire avec beaucoup de modération. En général il regardoit les plaisirs charnels comme très-dommageables à l'homme ; & leur continuité lui paroissoit être une cause infaillible du déperissement de ses forces & de l'avancement de sa mort.

Pythagore vouloit aussi que pour sacrifier aux Dieux, on se présentât non avec des habits magnifiques, mais avec des habits décens & propres : & il exigeoit non-seulement que le corps fût purifié de toute action extérieure contraire à la justice & à l'honnêteté ; mais encore que l'ame fût innocente & sans tache. C'est ainsi qu'entretenant ses auditeurs de tout ce qui pouvoit contribuer à la pureté des mœurs, au courage, à la constance & à toutes les autres vertus, il reçut des honneurs semblables à ceux que l'on rend aux Dieux.

Un certain Crotoniate nommé Cylon, distingué parmi ses concitoyens par ses richesses & par son crédit, souhaita d'être admis dans l'école de Pythagore. Mais comme il étoit d'un naturel dur & violent, qu'il avoit excité des séditions, & qu'il paroissoit même aspirer à la tyrannie ; il fut refusé. Outré de cet affront il se déclara ennemi de toute la secte Pythagoricienne. Ayant même formé un parti contr'elle, il passa le reste de sa vie à la déchirer par ses discours, & à faire aux particuliers qui en étoient tous les torts dont il fut capable.

Lysis Pythagoricien étant venu à Thébes de Béotie pour être Precepteur d'Epaminondas, le rendit un homme accompli dans toutes les vertus, & devint en quelque sorte son Pere adoptif. Ainsi Epaminondas ayant puisé dans l'école Pythagoricienne les principes du courage, de la témpérance & de toutes les qualitez de l'ame qui caractérisoient les Philosophes de cette secte, devint non-seulement le premier homme de Thébes, mais le premier homme de son siécle.

Le récit des actions de la vie des grands hommes est un travail pénible pour les Ecrivains qui l'entreprennent : mais il est d'une grande utilité pour le public. Car l'histoire mettant à découvert les actions des hommes reléve les bons par ses éloges & avilit les méchans par ses reproches. La louange est pour ainsi dire un prix qui ne coute rien au peuple; & le blâme eſt une punition qui ne répand point le ſang. Il eſt bon que nos deſcendans ſoient perſuadez que la mémoire que l'on laiſſera après ſa mort ſera conforme à la vie que l'on aura menée. C'eſt en vain qu'ils eſſayeront de s'immortaliſer par des tombeaux ſuperbes qui ne ſortent jamais de leur place, & que le tems y fait même diſparoître : Ils ne doivent compter que ſur la réputation attachée à la vertu & qui a ſeule le privilege de s'étendre par tout. Le tems qui détruit les ouvrages matériels aſſure l'immortalité aux belles actions, & les rend même d'autant plus glorieuſes qu'elles ſont plus anciennes. Les hommes vertueux jouiſſent actuellement de la récompenſe qu'on leur avoit annoncée; & ils ſont auſſi préſens à notre eſprit que s'ils vivoient encore.

Le second (1) Cambyſe étoit né furieux & inſenſé; & ſon avénement à un grand empire le rendit encore plus orgueilleux & plus cruel.

Cambyſe Roi de Perſe, enivré de ſa proſperité après la priſe de Mem-

---

(1) J'ajoûte au texte l'épithéte du ſecond. Ce Cambyſe étoit fils de Cyrus, au lieu que le premier étoit ſon Pere. Il eſt clair par le ſeul ordre des matiéres que c'eſt du ſecond dont il s'agit.

phis & de Péluse, fit ouvrir le tombeau d'Amasis ancien Roi d'Egypte. Le trouvant embaumé dans son cercueil, il insulta son cadavre, & après avoir fait toutes sortes d'outrages à un corps inanimé & insensible, il le condamna au feu. Comme ce n'étoit point la coutume de brûler les morts en Egypte : il s'imagina qu'Amasis quoique mort depuis long-tems pourroit sentir quelque douleur ou quelque honte de son supplice.

Cambyse se disposant à porter la guerre en Egypte envoya auparavant un Corps de troupes au Temple de Jupiter Ammon. Il leur avoit donné ordre de brûler ce Temple après l'avoir pillé, & de lui amener les fers aux pieds tous les habitans des environs.

Quelques Lydiens pour se sauver de la tyrannie du Satrape Oritès vinrent se refugier dans l'Isle de Samos avec de grandes richesses; en demandant azile à Polycrate. Celui-ci les reçut d'abord avec amitié. Mais au bout de quelque tems il les fit égorger tous, & s'empara de leurs dépouilles.

Thessalus fils de Pisistrate & Philosophe renonça à la tyrannie de son Pere; & se réduisant à la qualité de

Citoyen; il s'acquit une haute estime parmi ses compatriotes. Mais ses deux freres Hipparque & Hippias hommes violens & injustes voulurent demeurer maîtres de la Ville. Ils donnérent différens sujets de plainte aux Athéniens: Hipparque surtout ayant conçû une passion désordonnée pour un jeune garçon parfaitement beau fut exposé à de grands périls. Les deux hommes dont nous avons parlé plus haut (1), *Harmodius & Aristogiton*, formérent entr'eux le dessein de remettre Athénes en liberté. Mais la constance inébranlable dans l'épreuve des tourmens ne demeura que du côté d'Aristogiton, qui conserva jusques dans le sein d'une mort violente la fidélité à sa patrie, & le désir de la venger de ses oppresseurs.

ZENON (2) d'Elée conspira contre Nearque pour délivrer sa patrie de la domination cruelle de ce Tyran. Mais ayant été découvert, & mis à la question pour la revélation de ses complices; il dit: Je souhaiterois pouvoir disposer du reste de mon corps, comme je puis disposer de ma langue.

(1) Page 377.
(2) Ce nom est supplée ici par M. de Valois.

A ces paroles le Tyran fit redoubler les tortures, Zenon les soutint quelque tems. Après quoi pour procurer quelque tréve à ses maux & pour en faire souffrir aussi à leur Auteur, il s'avisa de cet expédient. Dans un nouvel effort des bourreaux, il fit semblant de succomber à ses douleurs, & il cria: laissez-moi, je vais tout déclarer. Nearque les ayant fait cesser aussi-tôt; Zenon le pria de s'approcher de lui, afin qu'il pût lui parler bas, avant à lui dire des choses qui demandoient un profond secret. Le Tyran lui ayant presenté son oreille avec beaucoup de curiosité & d'empressement; Zenon la prit avec ses dents & la serra de toute sa force. Tout ce qu'il y avoit là d'exécuteurs & de domestiques se mirent aussi-tôt à tourmenter le patient de toutes les façons dont ils pouvoient s'aviser, pour lui faire quitter prise. Mais les tourmens ne servant qu'à lui faire serrer les dents encore davantage; ils furent obligez d'avoir recours aux priéres pour l'engager à relâcher leur maître. C'est ainsi que Zenon vint à bout de se donner quelque repos, & de se venger de son ennemi.

Sextus fils de Lucius Tarquinius Roi des Romains fit un voyage dans la ville de Collatie. Il vint loger chez L. Tarquinius parent du Roi son Pere, & qui avoit épousé Lucrèce femme très-belle & très sage. Son mari étant parti pour la guerre, Sextus se leva une nuit, & alla jusqu'à la chambre de cette femme. Enfonçant la porte tout d'un coup & tirant son épée; il lui dit qu'il menoit par la main un esclave qu'il alloit tuer; & qu'il la tueroit ensuite elle-même, comme l'ayant surprise en adultére avec cet esclave: chatiment qui seroit approuvé par son mari de la part de son parent & de son hôte. Qu'ainsi elle n'avoit point d'autre parti à prendre que de satisfaire à ses désirs en secret & en silence. Que pour prix de ses faveurs, non-seulement il lui feroit de grands présens, mais qu'il l'emmeneroit pour l'épouser, & qu'il changeroit sa fortune de particuliére en celle de Reine. Lucrèce épouvantée à cette vue & à ce discours: craignant surtout qu'il ne parut vraisemblable qu'elle avoit été surprise & tuée dans les bras d'un adultére, demeura interdite. Mais le lendemain dès que Sextus se fut retiré, elle appella tous ceux qui compoſoient ſa maiſon. Elle les conjura de ne point laiſſer impuni l'attentat d'un homme qui avoit violé en même tems tous les droits de la parenté & de l'hoſpitalité. Que pour elle, elle ſe croyoit indigne de voir le jour après avoir eſſuyé un ſi cruel affront. Auſſi-tôt prenant un poignard, elle ſe l'enfonça dans le cœur & mourut ſur le champ.

HIPPOCRATE Tiran de Gelas ayant vaincu les Syracuſains vint aſſiéger le Temple de Jupiter. Il y ſurprit le Prêtre avec d'autres Citoyens qui ſe hâtoient d'enlever des offrandes d'or maſſif, & ſurtout un manteau de Jupiter qui étoit tiſſu d'or. Il les traita comme des profanateurs & les renvoya dans la Ville. Dans le deſſein de s'attirer la bienveillance des peuples, il s'abſtint de toucher à aucune des richeſſes du Temple ; & jugea en même tems que dans la guerre qu'il avoit entrepriſe il ne devoit pas s'expoſer à la colere des Dieux. Son projet étoit auſſi de rendre odieux aux Syracuſains ceux qui avoient gouverné leur République; comme étant des gens intereſſez & qui ne ſongoient point à entretenir la liberté & l'égalité publique.

THERON d'Agrigente fut un homme distingué par sa naissance, par ses richesses, par son amour pour la patrie; non-seulement entre les citoyens de la Ville, mais encore entre tous les habitans de la Sicile.

CIMON fils de Miltiade ne pouvant ensevelir son Pere dont le corps demeuroit engagé pour dette, se mit lui-même en prison, & satisfit tous ses créanciers de son propre bien.

Cimon ayant commencé par une sage administration des biens de la République, devint encore un grand homme de guerre & fit des exploits glorieux, qui ne furent dûs qu'à son intelligence & à son courage.

Les Grecs qui combattoient aux Thermopyles sous Leonidas terminérent leurs jours de cette maniére. Et le reste qu'on trouvera dans le L. 11.

Fin des Extraits de Constant. Porph. à l'égard des Livres perdus entre le 5e & le 11e.

FRAGMENT
DE
DIODORE DE SICILE
CONTENANT LA DISPUTE de Cleonnis & d'Aristoméne pour obtenir le prix de la valeur.

AVERTISSEMENT.

CE Fragment seul mériteroit d'être précédé ici d'une longue Préface, si nous n'avions sur ce sujet une Dissertation complette de M. Boivin l'aîné, imprimée parmi les Mémoires de l'Académie des Belles Lettres & Inscriptions, tom. 2. p. 84. Je n'en rapporterai que ce qui est nécessaire pour mettre le Lecteur au fait. Henry Etienne imprima ce Fragment en Grec en 1567 avec quelques autres déclamations anciennes, comme une piéce détachée dont il ne connoissoit pas l'Auteur. Ce ne fut qu'en 1640 qu'Isaac Vossius le trouva sous le nom de Diodore de Sicile, dans un manuscrit de la Bibliotheque du Grand Duc à Florence. La premiére guerre Messénienne à laquelle donna lieu l'injure faite à Polycharès, qui a été racontée plus haut dans les Extraits de Constantin Porphyrogenete (1), fut l'occasion de cette dispute sur le prix de la Valeur. M. Boivin la place après la bataille d'Ithome la troisiéme année de la douziéme Olympiade (2) 730 ans avant J. C. Cette bataille fut gagnée sur Théopompe & Polydore Rois de Lacédémone, par Euphaès Roi de Messéne. Et c'est une circonstance remarquable que ce Roi présida à ce jugement quoique blessé de telle sorte qu'il en mourut peu de jours après. Son successeur fut ce même Aristoméne un des deux contendans que l'on va entendre. M. Boivin a traduit ce morceau curieux en latin & en françois. Je donne ici la seconde de ces deux versions, quoique son Auteur avoue lui-même qu'il a eu plus d'égard à la fidélité qu'à l'élégance.

(1) Page 369.
(2) Voyez la Remarque qui est à la fin de ce Fragment.

Version Françoise & littérale par M. Boivin.

Après cela le Roi, sentant un peu moins ses blessures, proposa d'adjuger le prix à celui qui avoit le mieux fait au combat. Deux se le disputérent, qui furent Cléonnis & Aristoméne ; l'un & l'autre avoit quelque chose de particulier en sa faveur : car Cléonnis, défendant le Roi renversé par terre, avoit tué sur la place huit Spartiates qui l'entraînoient, entre lesquels il y en avoit deux qui étoient des Capitaines signalez ; & ayant dépouillé tous ces morts, il avoit mis leurs armes en garde entre les mains de ses soldats afin d'avoir des preuves de sa valeur devant les Juges. Il avoit reçû plusieurs blessures, & elles étoient toutes de front ; marque certaine qu'aucun des ennemis ne lui avoit fait lâcher le pied. Pour ce qui est d'Aristoméne en combattant dans la même occasion pour sauver le Roi, il avoit tué cinq Lacédémoniens, & avoit aussi emporté leurs dépoüilles malgré tous les ennemis : il avoit outre cela paré tous les coups, & sçû s'exemter d'être blessé. Il avoit depuis cela fait encore une action loüable, en retournant à la Ville après la bataille. Car Cléonnis, à cause de ses blessures, ne pouvant marcher, ni de lui-même, ni avec le secours de ceux qui lui donnoient la main ; Aristoméne, sans vouloir quitter ses propres armes, le chargea sur son corps, & le porta à la Ville, quoique Cléonnis fût d'une taille & d'une corpulence plus haute & plus forte qu'un autre. Chacun d'eux apportant ces raisons de recommandation pour le prix de la bravoure, le Roi présida au conseil avec les Officiers de guerre suivant la loi. Cléonnis parla le premier & tint ce discours.

Il n'y a pas grande harangue à faire touchant le prix. Car ceux qui sont les Juges, ont vû eux-mêmes les belles actions de chacun. Je veux seulement les faire souvenir que quand nous avons combattu l'un & l'autre contre les mêmes hommes, dans le même tems & dans le même lieu, c'est moi qui en ai tué le plus. Or il est manifeste que dans les mêmes circonstances, celui qui a tué un plus grand nombre d'ennemis, a le plus de droit au prix : mais d'ailleurs les corps de l'un & de l'autre font des preuves très-évidentes de celui qui a été le plus brave. Car l'un est sorti de la bataille tout couvert de playes reçûës de front : l'autre en revient comme d'une fête & non pas comme d'une mêlée si sanglante. Il n'a seulement pas éprouvé ce que peut faire le fer des ennemis. On doit juger de-là qu'Aristoméne peut avoir été plus heureux, mais non pas plus brave que moi. Il est indubitable qu'un homme qui s'est fait hacher le corps en tant d'endroits, n'a pas craint de s'exposer pour sa patrie : mais quiconque au milieu de tant d'ennemis & de tant de dangers s'en est pû tirer sans blessure, doit avoir été merveilleusement attentif à la conservation de sa personne. Ce seroit donc une étrange chose, si par le Jugement de ceux qui ont vû l'action, celui qui a tué moins d'ennemis & qui a moins souffert en son corps, remportoit le prix sur un autre qui le surpasse en ces deux points. Au reste ce n'est point une action de valeur d'avoir emporté sur ses épaules, lorsqu'il n'y avoit plus *d'ennemis ni de péril*, un homme qui ne pouvoit marcher à cause de ses blessures: Cela peut seulement prouver la force du corps. Voilà tout ce que j'avois à représenter devant vous. Car il n'est pas question ici de paroles, mais d'actions.

Alors Aristoméne se défendant à son tour: J'admire, dit-il, que le prix de la valeur doive être en contestation entre celui qui a été sauvé & celui qui l'a sauvé. Car c'est une nécessité que mon adversaire croye, ou que les Juges ne sont pas de bon sens, ou qu'ils vont juger sur ce qui se dit présentement & non pas sur ce qui s'est passé au champ de bataille. On va faire voir que Cléonnis a eu non-seulement moins de valeur, mais qu'il est tout-à-fait ingrat. Car il a *moins songé* à raconter les actions qu'il a faites, *qu'à* donner aux miennes un mauvais tour. Il fait voir plus d'ambition qu'il n'est permis; car enfin c'est par envie qu'il a privé de la louange dûe aux belles actions, un homme à qui il a de très-grandes obligations de l'avoir sauvé. J'avoue que j'ai été heureux au milieu de ces périls, mais je soutiens qu'avant toutes choses j'aye été brave. Car si j'avois évité les ennemis venant à la charge pour m'exemter d'être bleſſé, je ne devrois pas être appellé heureux, mais lâche ; & je ne ſerois reçû à prétendre le prix, mais j'aurois encouru la peine des loix. Mais puiſqu'en combattant aux premiers rangs, & tuant ceux qui faiſoient face, je n'ai pas ſouffert ce que j'ai fait ſouffrir aux autres, il faut dire que j'ai été non-ſeulement heureux, mais outre cela vaillant. Car ſoit que les ennemis étonnez de ma valeur, n'ayent oſé me réſiſter, ce m'eſt une grande louange de m'être fait craindre d'eux : Soit que quand ils ont combattu, j'aye eu tout enſemble & la force de les tailler en piéces & la ſage précaution de me préſerver d'être bleſſé ; j'aurai été tout à la fois & vaillant & prudent. Car quiconque dans la chaleur même du combat, s'expoſe aux hazards avec précaution, poſſéde les vertus & du corps & de l'eſprit. Mais ces raiſons me pourroient ſervir auprès d'un homme qui auroit plus d'équité. Cependant je ſuis perſuadé que dans le tems que j'emportois Cléonnis mourant, du champ de bataille dans la Ville, ſans avoir pour cela quitté mes armes ; je ſuis perſuadé, dis-je, qu'alors Cléonnis me rendoit justice. Et peut-être même, que si vous eussiez marqué alors *moins de considération pour lui*, il ne songeroit pas aujourd'hui à me disputer le prix de la valeur ; & pour diminuer le mérite d'un si grand bienfait, il ne diroit pas que c'est une action peu considérable, parce qu'alors les ennemis avoient quitté le champ de bataille. Qui ne sçait pas que souvent ceux qui s'étoient retirez du combat en desordre, sont revenus à la charge & ont remporté la victoire par cette conduite ! Voilà tout ce que j'avois à vous dire, & je ne crois pas que vous ayez besoin d'un plus long discours.

Après ces paroles les Juges tout d'un avis prononcérent en faveur d'Aristoméne.

Fin de la dispute de Cléonnis & d'Aristoméne.

REMARQUE

Sur le tems de cette dispute, avec une méthode pour le calcul des Olympiades.

CETTE datte de la 3ᵉ année de la 12ᵉ Olympiade 630 ans avant J. C. fait conclure à M. Boivin que ce Fragment est tiré du 6ᵉ Livre de Diodore : parce que la dispute dont il s'agit arriva à l'occasion de la premiére guerre Messenienne, qui eut pour cause l'injure faite à Polycharès, dont il est parlé dans les extraits de Constantin Porphyrogenéte qu'on a vûs ci-dessus. Mais cette même datte me feroit rapporter ce Fragment à quelques-uns des Livres suivans qui sont perdus, par exemple au 7ᵉ Livre. Car bien que M. de Valois à la tête de sa traduction latine écrive *E Libro VI*. Il est clair par la fin même qu'ils conduisent jusqu'au Livre 11ᵉ. Ainsi l'Histoire de Polycharès qui n'est pas au commencement de ces extraits peut fort bien avoir été mise plus loin que le Livre 6 dans le texte perdu. Il y a plus: Diodore dans les 5 premiers Livres n'a parlé hiftoriquement ou de deffein formé d'aucun perfonnage ou d'aucun fait qui n'ait precedé la guerre de Troye, Lui-même faifant dans fa Préface le plan de fon hiftoire, borne non-feulement les cinq mais les fix premiers Livres aux tems qui ont precedé cette guerre. Il eft donc impoffible que la guerre Meffenienne poftérieure de près de trois cens ans à la guerre de Troye fe foit trouvée dans le 6e Livre. Ainfi le plûtôt qu'on puiffe placer la difpute de Cleonnis & d'Ariftoméne arrivée en la troifiéme année de la 12e Olympiade, c'eft dans le 7e Livre. Comme le 11e Livre le premier qui fe remontre après une lacune de 5. Livres entiers, commence à la 75e Olympiade; le 8e le 9e & le dixiéme auront à parcourir 63 Olympiades qui multipliées par quatre, fuivant le nombre d'années dont chacune étoit compofée, donneront 252 ans.

J'ajouterai même ici pour la commodité de ceux qui ne font pas encore accoutumez à cette forme de calcul chronologique, que l'on place communément la naissance de J. C. au commencement de la 195ᵉ Olympiade ou après la fin de la 194ᵉ. La dispute de Cléonnis & d'Aristoméne étant arrivée en la 12ᵉ Olympiade; je retranche 12 de 194 reste 182 que je multiplie par quatre, je trouve 728 ans. Mais comme cette dispute n'arriva pas à la fin de la quatriéme année, mais qu'elle arriva après la fin de la seconde année de la 12ᵉ Olympiade, j'ajoute encore deux ans; & j'ai 730 ans avant J. C. comme dans l'Avertissement.

Ou bien encore; si l'on veut se ressouvenir que la premiére année de la premiére Olympiade tombe en l'année 776 avant J. C. puisque ce nombre est le quadruple de 194. Pour avoir la datte de la dispute de Cléonnis & d'Aristoméne arrivée à peu-près au commencement de la 3ᵉ année de la 12ᵉ Olympiade; je prendrai 4 fois 11 Olympiades ou 44 ans; & ajoutant deux années, j'aurai 46, que je retrancherai de 776; & j'aurai 730 avant J. C. comme ci-dessus.

L'Auteur n'ayant employé aucune Chronologie dans les cinq premiers

Livres de son Histoire ; cette derniére remarque n'a encore eu d'usage qu'à l'égard de ces Fragmens ; mais elle en aura beaucoup à l'égard des Livres qui viendront ensuite, & que j'espere donner dans peu de tems.

Fin du second Tome.

TABLE
DES MATIERES
PAR ORDRE ALPHABETIQUE.

MOn premier deſſein a été de conſerver exactement l'ortographe des noms Grecs employez dans cette Hiſtoire. J'ai cru que cette méthode convenoit à une traduction, par la facilité qu'elle donneroit aux Lecteurs de trouver ces mêmes noms quand ils voudroient conſulter les ſources, ou les tables ajoûtées aux Editions des anciens Auteurs. Si cette pratique n'a pas été conſtante dans le cours de cet Ouvrage, c'eſt par la difficulté de maintenir toujours les Imprimeurs dans une ortographe qui n'eſt pas abſolument uſitée dans des livres originairement François. Mais on ne s'en eſt guéres écarté dans cette Table qu'à l'égard des mots *Egypte* & *Ethiopie* qui devroient commencer par la Diphtongue *Æ* ; mais qui ſont aujourd'hui trop connus pour ne pas les écrire en ortographe commune & françoiſe. Les chiffres Romains I. II. indiquent les Volumes ; & les chiffres Arabes les pages de chacun d'eux.

A.

ABeilles. La diſtinction & les avantages que Jupiter leur procura ſur le Mont Ida : II. 309.

Acaste, fils de Pelias Roi de Theſſalie, ſuccéde à ſon pere : II. 115.

Tome II. S

TABLE

ACHELOÜS: Fleuve qu'Hercule fait passer dans un nouveau lit; & que la Fable a changé en un Taureau auquel Hercule rompt une corne: II. 80, 81.

ACHILLE, fils de Pélée & de Thétis: II. 159. Les habitans de Ténédos défendirent par une Loi qu'on prononçât le nom d'Achille dans le Temple de Tennès leur fondateur qu'il avoit tué: II. 334.

ACRIDOPHAGES, ou Mangeurs de Sauterelles: I. 381. & suiv.

ACTEON, fils d'Aristée & d'Autonoé. Son histoire: II. 176. & suiv.

ACTEON, fils de Melissus: la conformité de sa fortune avec le sort d'Actéon fils d'Aristée: II. 371.

ACTISANES, Roi d'Ethiopie, détrône l'ancien Amasis: I. 129, 130, 131.

ADMETE, mari d'Alceste, auprès duquel Apollon disgracié de Jupiter est mis en service: II. 364.

ADRASTE Roi d'Argos, donne ses deux filles en mariage, l'une à Polynice & l'autre à Tydée, qui s'étoient retirez chez lui: II. 142 & suiv.

ADRASTE, de Phrygie, blesse à la chasse un fils de Crœsus, & s'immole sur son tombeau: II. 381, 382.

ADULTERE. Comment puni chez les Egyptiens: I. 168.

ÆACUS, fils de Jupiter & d'Ægine fille d'Asope: intercéde auprès des Dieux en faveur des Grecs & obtient la cessation d'une grande secheresse: II. 134, 157, 158, 159.

ÆETES, Roi de la Colchide. II. 98. Il épouse Hecate fille de Persès: 99. Prédiction sur le tems de sa mort: 102. Il périt dans un combat contre les Argonautes: II. 104, 105.

ÆGEE, fils de Pandion Roi d'Athénes

& pere de Théſée: II. 121 & ſuiv.

ÆGIALE'E, fils d'Æetès & frere de Médée: II. 99.

ÆNE'E. Sa naiſſance. II. 167. Il n'eſt point l'Ayeul immédiat de Romulus né 400 ans aprés lui. 346. Sa piété dans la chute de Troye. 364.

ÆOLE fils d'Hippotès, aborde dans l'Iſle de Lipare où il épouſe Cyane fille du Roi Auſon: II. 200, 201. Il inventa l'uſage des voiles dans la navigation: Ibid. La Fable lui attribue l'empire des Vents: 201.

ÆOLIDES. Iſles entre la Sicile & l'Italie: II. 199. & ſuiv.

ÆOLIENS; Peuples de l'Æolide, leur origine: II. 148. & ſuiv.

ÆSCULAPE, fils d'Apollon & de la Nymphe Coronis, a perfectionné la Médecine qu'il avoit apriſe de ſon pere: II. 156, 157, 316.

ÆTHALIE, Iſle de la mer de Toſcane; II. 124. Pourquoi ainſi nommée: 208. Son terroir produit cette terre nommée Siderite, dont on tire beaucoup de fer: 208, 209.

AFRIQUE. Deſcription de ce pays du côté de l'Egypte: I. 428. & ſuiv. Phenoméne étonnant dans un deſert d'Afrique: 431, 432.

AGATHARCHIDES de Gnide, Hiſtorien: I. 92. Son ſentiment ſur les débordemens du Nil, admis par les Naturaliſtes modernes: Ibid. note.

AGATHOCLE l'ancien puni: II. 372.

AGENOR Roi de Phœnicie envoye ſon fils Cadmus à la recherche d'Europe ſa fille: II. 4.

AGROSTIS. Herbe qui ſervoit de nourriture aux Egyptiens & à leurs troupeaux: I. 96. Elle ſe trouve auſſi en Arabie au pays des Nabathéens: 415.

AJAX, Roi de Salamine, fils de Telа-

S ij

mon & d'Eribœc, II. 159.

AIR. L'un des V. Elémens selon les Egyptiens : I. 27.

ALCE'E fils d'Alcméne ; le dernier des Hercules. I. 49.

ALCESTE, femme d'Admète, la seule des filles de Pélias qui ne contribua point à la mort de son pere : II. 114, 364.

ALCME'NE : I. 49. II. 20, 21, 34, 128.

ALCMEON, fils du Devin Amphiaraüs ; tue sa mere par ordre de son pere ; & devient furieux : II. 144. & suiv.

ALCYONE sœur d'Eurystée violée par le Centaure Omade & vengée par Hercule quoique persécuté par ce Roi. II. 30.

ALUN. Mines d'Alun dans l'Isle de Lipare : II. 204, 205.

AMALTHE'E, Nymphe d'Afrique, eut Bacchus du Roi Ammon. La province qu'elle gouverna fut nommée *Corne d'Amalthée* suivant les traditions Africaines: I. 472. Selon les traditions Gréques, ce fut une Chévre nommée *Amalthée* qui nourrit Jupiter sur le Mont Ida : II. 308.

AMASIS l'ancien, Roi d'Egypte, mauvais Prince, vaincu par Actisanes Roi d'Ethiopie : I. 129.

AMASIS, dernier Roi de l'ancienne Egypte : I. 147, 148. L'un de ses Législateurs : 200.

AMAZONES. Leur origine : I. 302, 303. Leur destruction : 305, 306, 440. Défaites par Hercule : II. 37, 38. Par Thésée : II. 62, 63.

AMAZONES d'Afrique, plus anciennes que celles du Royaume de Pont : I. 433. & suiv. Leurs mœurs & leurs exploits les plus remarquables : 434, 435. Combattent les Gorgones & les vainquent, 439, 440,

DES MATIERES.

AMBRE des pays du Nord: son origine vraye & fabuleuse: II. 225. 226.

AMMON. *Voyez* Jupiter Ammon.

AMMON Roi de Libye en Afrique; amoureux d'Amalthée, il en a un fils qu'il fait élever secrettement dans la ville de Nyse en Afrique: I. 472, 473. Il est vaincu en bataille rangée par Saturne: 477. Il se retire en l'Isle de Créte dont il est reconnu Roi: 478.

AMPHIARAÜS, devin; trahi par sa femme & vengé par son fils: II. 143. *& suiv.* Son origine: 152.

AMPHINOME, mere de Jason, se tue elle-même dans la persécution que Pélias Roi de Thessalie faisoit à ceux de sa famille qu'il croyoit prétendre à son trône: II. 109.

ANAXAGORE, Philosophe surnommé *le Physicien*; son sentiment sur le Nil: I. 82. *V. la note de la p.* 16.

ANAXAGORE fils de Mégapenthe & Roi des Argiens: II. 152.

ANCHISE, fils de Capys, petit-fils d'Assaracus, & pere d'Ænée: II. 164.

ANDROCLE's, fils d'Eole & de Cyané, regna en Sicile: II. 200, 201.

ANDROME'DE, fille de Cephée Roi d'Ethyopie, bisaïeule d'Hercule: II. 20, 21.

ANGLETERRE. Description du pays; mœurs des habitans, &c. II. 221. *& suiv.*

ANIMAUX sacrez d'Egypte: I. 175. *& suiv.*

ANIMAUX de l'Ethiopie: I. 293. *& suiv.* 411, 415.

ANIMAUX du Nil: I. 71.

ANTE'E, Géant de Libye, défait par Hercule: II. 40, 41.

ANTIMACHUS, Poëte Grec: I. 466. *Voyez la note.*

ANTIOCHUS, fils

d'Hercule & d'une fille de Phylas Roi des Dryopes sa prisonniére de guerre: II. 83.

ANTIOPE, Amazone captive dont Hercule fit présent à Thesée II. 38.

ANTIPHATE'S, fils de Mélampe Roi d'Argos, & d'Iphianire: II. 152.

ANTRE des Nymphes en Afrique: description de ce lieu: I. 473, 474.

ANUBIS, fils d'Osiris. Il fut un de ceux qui l'accompagnérent dans ses voyages: I. 36.

APIS & MNEVIS, deux Taureaux consacrez à Osiris & qui le representent, sont en vénération singuliére chez les Egyptiens: I. 44, 179. & suiv.

APOLLODORE. Sa Bibliotheque Mythologique & Chronologique: I. 11. note.

APOLLON, frere d'Osiris: I. 35, 37. Trouva le Laurier: Ibid.

APOLLON Pythien. Sa statue de deux piéces, dont l'une a été faite à Samos & l'autre à Ephése est un chef-d'œuvre: I. 210.

APOLLON particuliérement revéré chez les Hyperboréens: I. 307.

APOLLON fils de Jupiter & de Junon: II. 313. Inventeur de la Lyre, de la Médecine, &c. 316. Il a séjourné à Delos, à Delphes, & en Lycie: 322. Disgracié de Jupiter, il fut mis au service du Roi Admête: II. 357, 364.

APRIES Roi de l'ancienne Egypte, attaque l'Isle de Cypre & la Phenicie, & s'en rend maître: I. 146, 147. Mais devenu odieux à ses sujets, ils l'abandonnérent & se rangérent du parti d'Amasis, qui fut déclaré Roi: Ibid.

APYRE. Or très-pur qui se trouve en Arabie & qui sort des mines gros comme des

DES MATIERES.

châtaignes : I. 313. On trouve encore de cet Or au pays des Arabes Alilæens: 420, 421.

ARABES ALILÆENS. Peuples de l'Arabie heureuse : 420 *& suiv.* Ils échangent poids pour poids l'or qu'ils tirent de leurs mines, contre du fer & du cuivre dont ils manquent : I. 421.

ARABES surnommez *Débes.* Description de leur pays : I. 419, 420. Ils élevent des Chameaux qui leur tiennent lieu de tout : *Ibid.* Un fleuve qui traverse ce pays y roule du sable d'or en grande abondance : 420.

ARABES NABATÉENS. Leur pays est presque entiérement desert : ce sont des brigands qui ne vivent que de pillage : I. 309. 414, 415. Le Baume qui y croît dans un vallon, fait la plus grande richesse du pays : 311.

ARABES THAMUDÉENS, ou THAMUDENES. Ils habitent la côte voisine du Golfe Arabique : I. 418.

ARABIE. Ce pays est défendu par des déserts arides ; & les Arabes, jaloux de leur liberté, n'ont jamais voulu recevoir un maître étranger : I. 214, 309, 310. *& suiv.* Il est habité par divers peuples : 414. *& suiv.* Isles voisines : II. 260, 261. *& suiv.*

ARABIE HEUREUSE. Pourquoi ainsi nommée : I. 311. Ce pays renferme des mines d'or très-pur : I. 313. II. 420, 421. Il produit des bestiaux de toute espéce, & en grande abondance : I. 313. 321. Les Lions & les Léopards y sont plus hauts & plus forts que ceux de la Libye : 313. On y trouve aussi des Tigres qu'on nomme *Babyloniens* ; des Autruches, des Chameaux, & des Chameaux-Léopards:

S iiij

313, 314, 315. Toutes ces productions sont des effets de la chaleur du Soleil ; & il en faut dire de même des Palmiers de l'Arabie, dont les Dattes sont les plus exquises : 318, 319.

ARBACE'S, Gouverneur des Médes pour Sardanapale, conspire avec le Chaldéen Bélésis pour renverser l'Empire d'Assyrie : I. 262. Sa tête est mise à prix par Sardanapale : 265. Il est blessé dans un combat : 266. Il surprend le Roi dans son camp, l'attaque, & le poursuit jusqu'à Ninive : 267. & suiv. Après la mort de Sardanapale, il est proclamé Roi : 270. Il donne dès le commencement de son régne un grand exemple de générosité : 270, 271. Il a régné 28 ans : 282.

ARCESILAS, Roi de Cyréne : II. 375.

ARCHIAS de Corinthe, veut enlever le jeune Actéon : II. 370.

ARCHIME'DE de Syracuse, dans son voyage en Egypte, inventa l'ingénieuse roue qui porte son nom : I. 69, 70. II. 252.

ARCHITECTURE. Invention de Minerve : II. 314.

ARGO. Origine de ce nom : II. 92. 124. Jason consacre le Navire Argo à Neptune : 116.

ARGONAUTES. Leur voyage : II. 89. & suiv. Ils vengent les enfans de Phinée Roi de Thrace : 95, 96, 97. Ils abordent dans la Colchide, où Médée errante se joint à eux : 101. Médée les conduit dans le Temple de Mars, où ils se saisissent de la Toison d'Or : 104. Ils se remettent en mer & arrivent au pays de Byzance où ils accomplissent leurs vœux : 106. Ils se signalent dans un combat contre le Roi Laomédon : 107. Ils entrent l'épée à la main dans le Palais de Pélias Roi de Thessalie, que Médée venoit de faire mourir par ses artifices : 114, 115. Prêts à se séparer, ils s'obligent par serment sur le conseil d'Hercule de se prêter un secours mutuel : 116. Ils passent dans la Méditerranée : 123. & suiv.

ARGOS, ville de Gréce des plus anciennes, bâtie par Danaüs : I. 56, 57.

ARIADNE, fille de Minos : II. 133, 135, 179.

ARIEüs Roi d'Arabie : I. 214. Il entre dans la conjuration contre Sardanapale, à la sollicitation de Bélésis son ami Chef des troupes Babyloniennes : 262, 263, 264.

ARIMASPES, peuples sortis de la Nation Scythe : I. 302.

ARISTE'E, son Histoire : II. 175 & suiv. Il disparoît sur le Mont Hæmus : 178.

ARISTOME'NE, en dispute avec Cléonnis pour le prix de la valeur : II. 397. & suiv.

ARISTON, envoyé par Ptolemée à la découverte des côtes de l'Arabie, y consacra un Autel à Neptune : I. 412.

ARMENIE. Ce pays, dont Barzanès étoit Roi, se soumet à la puissance de Ninus Roi d'Assyrie : I. 214, 215.

ARNE', fille du second Æole, & mere du troisième qu'elle prétendit avoir eu de Neptune. Sa fuite : II. 149, 150.

AROMATES en abondance dans l'Arabie heureuse : I. 422. & suiv.

ASCALON, Ville de Syrie : I. 219.

ASPHALTITE : Lac en Arabie, qui produit beaucoup de Bitume : I. 310.

ASSARACUS : Roi de Dardanie : II. 164.

ASSYRIENS : I. 213. & suiv. Fin de cette

S v

Monarchie par la mort de Sardanapale: 272.

ASTERIUS, Roi de Créte, fils de Teutame, époufe Europe: II. 131. 132.

ASTRONOMIE. Les Thebains d'Egypte prétendent que l'Aftronomie & la Philofophie ont pris naiffance chez eux : I. 109. Cette fcience a été particuliérement cultivée par les Chaldéens : I. 273. & fuiv. Les Egyptiens s'en font attribué l'invention : II. 285.

ASTU. Voyez *Athénes*.

ASTYAGE, Roi des Médes: II. 580.

ATALANTE, fille de Schœnée, étant de la partie de chaffe formée contre le fameux fanglier de Calydon, Méleagre fon amant, qui avoit tué l'animal lui fit préfent de fa peau: II. 78, 79.

ATHENES; feule ville de la Gréce qui ait été appellée Aftu (ou *Afty*) preuve que les Athéniens font une Colonie des Egyptiens : I. 57.

ATHENIENS : feuls de tous les Grecs qui jurent par le nom d'Ifis : I. 59. Leurs mœurs très-conformes à celles des Egyptiens : 59, 60.

ATLANTES : Peuples d'Afrique, les premiers qui ayent été attaquez par les Amazones : I. 437, 453. Leur fentiment fur la naiffance des Dieux : 444. & fuiv.

ATLANTIDES, filles d'Atlas ; leurs noms : I. 454. II. 60, 61, 62. Voyez *Atlas*.

ATLAS, Roi de Mauritanie, fils d'Uranus, partage le Royaume avec fes freres : I. 453. & fuiv. Il donne fon nom à la plus haute montagne de fon pays, & appelle fes fujets Atlantes:*Ibid*. Il eft l'inventeur de la Sphére: *Ibid*. Il eut de fon mariage avec Hefperis fille d'Hesperus son frere, sept filles qui furent nommées *Atlantides*: 454. II. 60. *& suiv.*

ATRE'E s'empare du Royaume de Mycênes après la mort d'Eurysthée: II. 127.

ATYS: jeune Phrygien, autrement nommé *Papas*, dont Cybéle causa la mort pour l'avoir trop aimé: I. 449. *& suiv.*

ATYS, fils de Crœsus, tué malheureusement à la chasse: II. 381, 382.

AUGE', fille d'Alée Roi d'Arcadie, violée par Hercule, qui en eut un fils nommé *Telephe*: II. 76, 77.

AUGE'E, Roi d'Elide: le nétoyement de ses Etables; l'un des XII. travaux d'Hercule: II. 32. Il est tué par Hercule dans un combat: 74.

B.

BABYLONE, ville d'Egypte; ainsi nommée, à ce que l'on croit, par des Captifs amenez de Babylone d'Asie par Sésostris, & qui s'étoient échapez de leurs fers: I. 122.

BABYLONE d'Asie bâtie par Semiramis. Ample description de ses murailles & de ses palais: I. 227. *& suiv.* Le fameux Jardin suspendu n'est pas de Semiramis selon l'Auteur. 234.

BABYLONIE: Province: I. 227.

BACCHANALES: Fêtes que les femmes célébroient de trois en trois ans en l'honneur de Bacchus: II. 7.

BACCHE'S, Roi de Corinthe. *Voyez* Bacchides.

BACCHIDES, Rois de Corinthe, nommez auparavant *Heraclides*: II. 343.

BACCHUS: I. 29, 48. Les Fêtes de Bacchus & d'Osiris ne different que de nom: I. 203. Elles ont été apportées d'Egypte en

Gréce par Mélampe: 206. Origine de la Fable qui dit que Bacchus a été conservé dans la cuisse de Jupiter: 294. Sa naissance selon les Crétois: II. 318. & suiv.

BACCHUS & HERCULE ayant subjugué la Terre entiére, épargnérent les seuls Ethiopiens: I. 339. Différentes opinions même parmi les Grecs, sur la naissance de Bacchus: I. 457. & suiv. jusqu'à 485. Il vainquit Lycurgue Roi de Thrace: I. 465. Plusieurs villes Grecques se disputent l'honneur de sa naissance: I. 467, 468. Les Africains Occidentaux soutiennent aussi qu'il est né chez eux: 467. & suiv. Les belles actions de sa vie selon les Africains: 477. & suiv. Les Egyptiens prétendent que leur Osiris est le Bacchus des Grecs: II. 4. L'histoire de Bacchus suivant les traditions Grecques: *Ibid.*

Il nâquit long-tems après Bacchus fils de Proserpine: 9. Il inventa les Farces & les Théâtres: 12.

BACTRES, ville capitale de la Bactriane, & jadis le séjour de ses Rois; assiégée & prise par Ninus: I. 223, 226.

BACTRIANE, Royaume dont la ville de Bactres est la capitale: I. 217, 218. Entreprise de Ninus contre ce pays: 221. & suiv.

BAGISTAN: Montagne de Médie consacrée à Jupiter. Ce fut au pied de cette montagne que Semiramis forma son camp pour son entreprise contre les Mèdes: I. 240. & suiv.

BALEARES. Isles de la mer Méditerranée (aujourd'hui *Majorque* & *Minorque*) II. 216. & suiv.

BARATHRUM: Marais dangereux borne de l'Egypte: I. 62.

BARDES: Poëtes Gaulois: II. 238.

DES MATIERES.

BARSANES, Roi d'Arménie se soumet volontairement à Ninus: I. 215.

BASILEA (Basilée) fille d'*Uranus* & de *Titea*: I. 445, 446. & *suiv.*

BAUME. Cette plante se trouve en abondance dans un canton de l'Arabie deserte, & en fait la richesse: I. 311.

BELESIS: Prêtre Babylonien & Chef des troupes Babyloniennes: I. 262. Sa tête est mise à prix par Sardanapale: 265. Il obtient du nouveau Roi des Médes les cendres du Palais de Sardanapale où il y avoit beaucoup d'or sans qu'on le sçût, & les transporte à Babylone: 271.

BELUS. Voyez *Jupiter*.

BERECYNTHE, Montagne de Créte: II. 299.

BIAS, frere de Melampe: II. 152. Voyez *Melampe*.

BITUME. Cette matiére se trouve en abondance dans la Babylonie: I. 238, 239, 310, 311.

BLE'. Dispute entre différens peuples sur les premiers qui ont eu l'usage du blé: II. 305, 306.

BOCCHORIS, Roi d'Egypte: I. 137, 139, 199.

BRITOMARTIS, fille de Jupiter & de Carmé: II. 320. Pourquoi surnommée *Dictynne*: *Ibid.*

BROMIUS, épithéte de Bacchus: II. 11.

BUCOLIQUE. Origine de la Poésie Bucolique: II. 182.

BUSIRIS. Il y a eu deux Busiris; l'un Gouverneur pour Osiris: I. 35. L'autre fondateur de Thébes: I. 100.

BUSIRIS Roi d'Egypte, tué par Hercule: II. 41, 61, 62. Nom d'un tombeau: I. 187.

BUTES, fils de Borée: II. 276. & *suiv.*

BYZANCE. Ville qui

a tiré ce nom de Byfas Roi du pays : II. 106.

C.

CADIX. Ville bâtie par les Phéniciens : II. 220.

CADMUS, originaire de Thébes en Egypte, fondateur de Thébes en Bœotie : I. 46. & suiv.

CADMUS fils d'Agenor Roi de Phénicie, son Histoire : II. 4. & suiv. Cherchant Europe il passe en Samothrace où il épouse Harmonie sœur d'Iasion : II. 274. Il débarque à Rhodes, & y accomplit le vœu qu'il avoit fait de bâtir un Temple à Neptune : II. 289. Il porta le premier les Lettres de Phénicie en Gréce : II. 287.

CADUSIENS. Leur révolte contre Arbacès premier Roi des Médes : I. 282, 283. Ils ont toujours été ennemis des Médes : I. 284.

CALLIOPE, l'une des IX. Muses : Son éloge : II. 17, 18.

CALYDNE & NISYRE, Isles Gréques : II. 281, 282.

CALYDON, ville d'Etolie, où Meléagre tua le fameux Sanglier envoyé par Diane : II. 78.

CAMBYSE Roi de Perse, ayant attaqué les Ethiopiens, son armée y périt, & il y courut risque de sa vie : I. 339. Ses cruautez : II. 390, 391.

CANELLE, fort commune en Arabie, ainsi que le Cinnamome & autres aromates : I. 312.

CAPANE'E, Capitaine Argien, périt au siége de Troye : II. 143. & suiv.

CARBES. Peuples qui avec les Sabéens occupent cette partie de l'Arabie qu'on nomme l'*Arabie heureuse* : I. 421.

CARON, conducteur de la barque qui porte les morts de

l'autre côté du Lac Acheruse près de Memphis : I. 194. 205.

CARTHAGINOIS : Leur avarice & leur politique du tems qu'ils étoient les maîtres de l'Espagne : II. 253, 254.

CATARACTES DU NIL. La principale sépare l'Egypte de l'Ethiopie : I. 66.

CASTOR & POLLUX, autrement dits les *Dioscures* : II. 92, 362.

CAVALES de Dioméde, qu'on ne nourrissoit que de chair humaine : II. 36.

CEDRE : Arbre très-commun en Arabie : I. 312.

CELTES : II. 123. Leur origine : II. 226. *& suiv.* Confondus par les Romains avec les Gaulois : 240.

CELTIBERIENS. Origine de ce nom : II. 242 *& suiv.*

CENTAURES. Leur histoire : II. 153. Leur combat avec Hercule; à quelle occasion :

II. 28. *& suiv.*

CEPHREN, IX. Roi d'Egypte : I. 136.

CEPUS : Animal d'Ethiopie : I. 394, 395.

CERASTE. Serpent d'Afrique très-dangereux : I. 431.

CERBERE, tiré des Enfers par Hercule : II. 57.

CERES, fille de Jupiter & de Junon : I. 29, 30. Ses mystéres établis à Eleusine par Erectée Roi d'Athénes : 59. Révérée particuliérement en Sicile : II. 195, 196.

CERES fille de Saturne & de Rhéa, a enseigné à cultiver les blés : II. 304. 322.

CERES & ISIS, selon les Egyptiens ne font qu'une même Divinité : II. 305.

CETES, que les Grecs nomment Protée, élû Roi d'Egypte après un interrègne de 150 ans : I. 152. *& suiv.*

CEYLAN, ou la Taprobane, Isle de la Mer des Indes : I.

TABLE.

322, 323. *note.*

CHALDE͑ENS de Babylone, Prêtres & Devins : I. 273. *& suiv.* Ils paſſoient pour les plus habiles Aſtrologues du monde : I. 280.

CHAMEAUX. Il y en a de pluſieurs eſpéces dans l'Arabie : I. 321, 322.

CHARMUTE : Port très-commode ſur le bord Oriental du Golfe Arabique : I. 418.

CHEMMIS Roi d'Egypte, qui fit élever la plus haute des Pyramides : I. 134.

CHERINUS. Voyez *Micerinus.*

CHERSONE͑SE de Carie : origine de ce nom : II. 292. *& ſuiv.*

CHILON, Philoſophe, ſon éloge : II. 378.

CHLORIS, fille d'Amphion & mere de Neſtor : II. 152.

CIBORION, Fêve d'Egypte : I. 70.

CIMON fils de Miltiade, ſon éloge : II. 396.

CINNAMOME, & autres aromates, fort communs en Arabie : I. 312.

CIMBRES : II. 245. *& ſuiv.*

CIRCE͑ fille d'Æetès & d'Hecate, fit de grandes découvertes ſur la nature & les différentes propriétez des herbes : II. 99.

CLEOPATRE, femme de Phinée ſecourue & délivrée par Hercule : II. 95, 96.

CLINIAS de Tarente, étoit un de ces Pythagoriciens qui ſecouroient de leurs biens ceux de la même ſecte qui tomboient dans l'indigence : II. 385.

COCALUS Roi de Sicile : II. 168, 170, 171, 172. 324.

COCHLEA : Vis d'Archiméde inventée pour puiſer les eaux : I. 70.

COÏUS ou COEUS, un des Titans pere de Latone : II. 303.

COLONIES des Egyptiens par toute la

DES MATIERES.

Terre: I. 56.

COLONNES en l'honneur d'Isis & d'Osiris: I. 54. & *suiv.*

COLONNES d'Hercule: II. 42, 43.

COQUILLAGES: Il y en a en Ethiopie qui pésent jusqu'à quatre livres: I. 361.

CORINTHE. Rois des Corinthiens: II. 342, 343.

CORNE d'Amalthée: II. 81.

CORSE, Isle: II. 209. *& suiv.*

COULEURS. Raison physique de leur variété: I. 317, 318.

CREON, Roi de Corinthe: II. 24, 116, 118. Il exile Médée: 118, 119. Il est brulé dans son Palais avec sa fille Glaucé: *Ibid.*

CRETE. Origine des Rois de Créte: II. 132. *& suiv.* L'Isle de Créte purgée par Hercule de quantité de bêtes sauvages: II. 40. *Créte* ou *Candie*: 197. *& suiv.* Habitée par différens peuples: 326. *& suiv.*

CRIME. Sévérité des Loix de l'Egypte en matiére criminelle: I. 164. *& suiv.*

CROCODILE: I. 71, 72. Détruit par l'Ichneumon: I. 184. C'est l'extrême chaleur du climat qui produit en Egypte les Crocodiles & les Hippopotames: I. 315, 316.

CROCOTE. Animal d'Ethiopie dont on conte des choses incroyables: I. 396.

CROESUS Roi de Lydie: II. 381, 382.

CTESIAS de Cnide dit que les villes de Babylone & de Troye en Egypte ont été bâties par des naturels de Babylone & de Troye, & non par Sesostris: I. 123, 281. *& suiv.*

CULTURE des fruits; invention d'Osiris: I. 29, 30. Des blés; invention d'Isis: I. 30.

CURETES: Leur origine: II. 292. 299. *& suiv.* Leur intelligence & leurs inventions: 300. Rhéa leur tonfie Jupiter naiſſant: 308.

CYAXARES, homme recommandable par ſes vertus, fut choiſi par les Médes pour leur Roi; & il leur ſoumit les peuples voiſins: I. 281. Diodore différe en ce point d'Hérodote qui nomme le premier Roi des Médes, Dejocès. *Voyez la note Ib.*

CYBELE: Son hiſtoire ſuivant les Phrygiens: I. 448. *& ſuiv.* Elle épouſe Iaſion: II. 274.

CYCLADES, Iſles Gréques: II. 276, 277, 335.

CYNAMYNES; nation d'Ethiopie: I. 385. Ils font avec leurs chiens la chaſſe à des bœufs qui tous les ans leur viennent des Indes: 286.

CYNOCEPHALE; animal d'Ethiopie: I. 394.

CYRNUS, ville de Carie; ſon origine: II. 293.

CYRUS, fils de Cambyſe & de Mandane; ſon éloge: II. 381. *& ſuiv.* Défait & mis en croix par une Reine des Scythes: I. 302. 303.

D.

DACTYLES IDÆENS; origine de ce nom: II. 298, 299.

DÆDALE. *Voyez* Dédale.

DAMON, Pythagoricien, ſe rend priſonnier pour cautionner un ami condamné à mort: II. 386.

DANAÜS, fondateur d'Argos: I. 56, 57. Fuyant de l'Egypte il aborde dans l'Iſle de Rhodes: II. 288, 289.

DAPHNÉ, fille du Devin Tiréſias, ſacrifiée à Delphes par les Epigones: II. 146, 147. Elle a écrit un grand nombre d'Oracles: 147.

DAPHNIS, Auteur de la Poëſie Bucolique: II. 178, 181, 182.

DARDANUS, fils de Jupiter & d'Electre: II. 163, 164. Il passa le premier en Asie sur un petit vaisseau, & y bâtit la ville de Dardane: II. 273. Dardanus, Cybéle, & Corybas, portérent en Asie les Mystéres de la Mere des Dieux. 275.

DARIUS, vainqueur des Egyptiens, ayant voulu placer sa statue au-dessus de celle de Sesostris, en fut empêché par les Prêtres: I. 127. Il fut estimé en Egypte par sa sagesse & sa piété & mis au nombre des Législateurs. I. 201.

DÆDALE, inventeur du Labyrinthe de Créte: I. 131, 206, 207. II. 164. & suiv. jusqu'à 171.

DE'JANIRE, fille d'Oenée, seconde femme d'Hercule: II. 78, 81, 82, 85, 86.

DE'JOCE'S, Roi des Médes, Prince vertueux: II. 373.

DELTA: espéce d'Isle formée en Egypte par le partage du Nil en plusieurs canaux: I. 68, 69.

DELUGES: de Deucalion: I. 22. En Bœotie: II. 43, 44. En l'Isle de Samothrace: 271, 272. En l'Isle de Rhodes: 284, 285.

DEMETER, ou Guemeter, la Terre: I. 26, 27, 29.

DEMOCRITE, Philosophe: Ses conjectures sur le Nil: I. 84, 85. *Voyez la note.* 203, 208, 209.

DEMONAX de Mantinée, rétablit la paix entre les villes des Cyrenéens: II. 375.

DENYS Tyran de Sicile: I. 212. II. 385, 386.

DERCE'TO, Déesse fameuse en Syrie: I. 219.

DEUCALION: fils de Minos: II. 132. Devient Roi de Créte: 137.

DIADEME; son origine: II. 10.

TABLE

DIANE, fille de Jupiter : II. 313, 314. 322, 323.

DICTYNNE, ou Britomartis. *Voyez* Britomartis.

DIEUX ; les Egyptiens les distinguent en Célestes & Terrestres : I. 28. II. 337, 338. Leur histoire selon les Atlantes : I. 443 *& suiv.* Leurs divers voyages : II. 322.

DIEUX fils de Jupiter & du Junon : II. 315. *& suiv.*

DIOME'DE Roi de Thrace, tué par Hercule : II. 36.

DIONYSUS ; surnom de Bacchus : I. 24, 32, 51. II. 5, 8, 9.

DIOSCURES ; fils de Jupiter & de Leda : II. 106, 123. *& suiv.* 140. 362.

DIOSPOLIS, ou ville de Jupiter : I. 31.

DISCIPLINE militaire des Egyptiens : I. 167.

DROMADAIRES, animaux d'Arabie : I. 322.

DRUIDES ; Philosophes Gaulois : II. 238. *note.*

E.

EACUS : *Voyez* Æacus.

EAU : l'un des cinq Elémens selon les Egyptiens, qui l'ont nommé *Ocean* : I. 26.

ECBATANE ; ville capitale de la Médie : 241, 242.

ECHENUS, Roi des Tegeates, accepte le défi proposé par Hyllus, & le tue : II. 128.

EDUCATION des enfans chez les Egyptiens : I. 171. L'Arithmétique, & la Géométrie sont les premiéres Sciences qu'on leur enseigne : 172.

EETES. *Voyez* Æétes.

EGE'E. *Voyez* Ægée.

EGYPTE : Description de l'Egyte : I. 60. 95. Nourriture & habitation des Egyptiens, 96. L'Egypte tombe sous la puissance des

DES MATIERES.

Ethiopiens, 129. Les Egyptiens, après la mort d'Actisanes, élûrent un Roi de leur Nation, 131. Loix & mœurs des Egyptiens, 148, 164. Ils s'attribuent l'invention des Mathematiques & de la plûpart des Arts, 149. Leurs premiers Rois : 99, 148. Leurs Rois n'étoient pas libres comme chez les autres Nations ; les heures de tous leurs exercices étoient marquées, 150, 151. & suiv. Deuil public à la mort des Rois, 154. & suiv. Distribution de l'Egypte en diverses Provinces appellées Nomes, 156. Autre distribution de l'Etat en trois portions ; la premiere pour le Collége des Prêtres ; la seconde pour le Roi ; la troisiéme pour l'état militaire, 156, 157, 158. Distribution du peuple en trois Classes ; les Laboureurs, les Pasteurs, & les Artisans, 159. Les Egyptiens respectent jusqu'à l'adoration certains animaux, comme chats, chiens, &c. 176.

EGYPTIENS. Ils croient avoir été les premiers hommes : 21. Leurs opinions sur le Soleil, la Lune, & les Elémens : 23... 25. Sur la Chronologie : 52, 53. Ils regardent leurs Rois comme des Dieux : 191. Comparaison des Egyptiens & des Ethiopiens pour l'ancienneté : 337.. 341.

ELEMENS. Opinions Egyptiennes sur les Elémens : I. 23. & suiv. Ils en admettent cinq : l'Esprit, le Feu, la Terre, l'Eau, & l'Air : 25. & suiv.

ELEPHANS. L'Inde en produit en grand nombre ; & surtout le pays des Gandarides en a d'une grandeur extraordinaire : I. 287 & suiv. 291. 316. L'Arabie en nourrit aussi des troupeaux : 321. Ptolémée Philadelphe qui aimoit la chasse de ces animaux, en amassa un grand nombre, & s'en servit à la guerre : 397, 398.

ELEPHANTOMA-QUES ; Ethiopiens chasseurs d'Eléphans : I. 377. & suiv.

ELEUSINE, ville d'Attique où se célébroient les Mystéres de la Déesse Cérès : I. 59.

ENE'E. Voyez Ænée.
EOLE. Voyez Æole.
EOLIDES & Eoliens. Voyez Æolides & Æoliens.

EPAMINONDAS ; son Eloge : II. 389.

EPHORE ; sa conjecture sur le Nil : I. 86, 87. Il est peu exact dans ses narrations : 88. Eloge de son stile : II. 187. Disciple d'Isocrate : I. 20. Voyez la note.

EPIGONES. Voyez Thébes.

EPOPEUS, Roi de Sicyone, Prince impie : II. 363.

ERECTE'E fait Roi d'Athénes, pour y avoir apporté du blé : I. 58, 59.

ERGAME'NE's Roi d'Ethiopie ayant reçu ordre de mourir, secoua le joug de l'autorité Sacerdotale, fit égorger tous les Prêtres, & institua un culte nouveau : I. 344, 345.

ERREUR des Grecs sur divers Héros Egyptiens qu'ils s'attribuent : I. 46. & suiv.

ERYCINE, surnom de Vénus : II. 179.

ERYX, fils de Vénus : II. 178, 179.

ESCULAPE. Voyez Æsculape.

ESPRIT. L'Esprit, le Feu, la Terre, l'Eau & l'Air, cinq Elémens selon les Egyptiens : I. 25. & suiv.

ETEOCLE & POLY-NICE, fils d'Oedipe & de Jocaste : II. 142, 143.

ETHIOPIE. Singularitez de ce pays :

DES MATIERES.

I. 243. & suiv.

ETHIOPIENS : Ils se disent les premiers de tous les hommes : I. 337. Ils s'attribuent l'institution du culte des Dieux, des Fêtes, &c. 338. Ils n'ont jamais été subjuguez, Ibid. Ils disent que les Egyptiens sont une de leurs colonies, & que l'Egypte n'étoit autrefois qu'une mer, qui depuis a été comblée par le limon que le Nil y a laissé dans ses débordemens : 339, 340. Ils allèguent encore d'autres preuves de leur ancienneté, 340, 341. Ils ont des caractères Hiéroglyfiques communs avec les Egyptiens, 341, 342. Lois des Ethiopiens, sur tout pour l'élection de leurs Rois, 342. Les Prêtres leur ordonnoient de mourir : 344, 345. Un de leurs Rois secoue ce joug & institue un culte nouveau, 344, 345. Ethiopiens Sauvages, le long du Nil, leurs mœurs & leurs manières de vivre : 346. & suiv. Ils révèrent Isis, Pan, Jupiter, & Hercule : 348. Quelques-uns croyent qu'il n'y a point de Dieux, Ibid. Leurs coutumes à l'égard des morts : 348, 349. Ils sont continuellement en guerre avec les Africains : 350.

ETHIOPIENS de la partie Méridionale, 352. & suiv. Les Ichthyophages, ou mangeurs de poisson : 357. & suiv. Leur genre de vie. 358. Comment ils prennent & préparent les poissons, 358, 359. Ils n'ont point d'armes faites de main d'homme, 359. S'ils manquent de poisson, comme il arrive quelquefois, ils se nourrissent de coquillages, qu'ils mangent crus comme nous mangeons les huîtres, 361. Si les coquillages leur manquent, ils ont recours aux arrêtes de poisson qu'ils ont gardées pour le besoin, *Ibid*.

EUDOXE, Mathématicien & Astronome: I. 203, 209.

EUEPHNE, Spartiate, associé de Polychares Messénien, abuse de sa confiance: II. 369, 370.

EUHEMERUS: Sa description de l'Isle Panchaïe: II. 339.

EUMOLPIDES, Prêtres de la Déesse Cérès: I. 59.

EUPHAES, Roi de Messène: II. 398.

EUPHRATE, fleuve d'Asie: I. 227, 237. Un débordement de ce fleuve cause la perte de la ville de Ninive: 269, 270.

EURIPIDE, Poëte & disciple d'Anaxagore, a été de même sentiment que son maître sur le Nil: I. 82.

EURYBATE: Sa perfidie à l'égard du Roi Crœsus: II. 382.

EURYSTHE'E Roi d'Argos: Il impose à Hercule douze travaux dont il regardoit l'éxecution comme impossible: II. 21. & *suiv.* 25, 27, 30, 31, 32, 36, 38, 39, 57, 60, 105, 126, 127.

EUROPE, enlevée par Jupiter: II. 132.

F.

FAUX-MONNOYEURS; Faussaires; Vendeurs à faux poids & fausse mesure, avoient les deux mains coupées en Egypte: I. 167.

FEMMES guerrières & courageuses chez les Saces: I. 285. Et chez les Scythes: 302.

FERTILITE' des terres arrosées par le Nil: I. 74, 75.

FE'VE d'Egypte: I. 70.

FLEURS. D'où vient la différence de leurs couleurs: I. 317.

FROID. Etranges effets d'un froid excessif dans quelques contrées: I. 391.

FUNERAILLES des Egyptiens;

DES MATIERES.

Egyptiens : 192. & *suiv*. Des Ethiopiens: 244, 245.

G.

GALATIE, où Gaule a tiré son nom de Galatès fils d'Hercule & d'une Princesse Celtique : II. 227.

GANDARIDES; Peuple Indien sur les bords du Gange : I. 291. Ce pays est plein d'éléphans d'une grandeur extraordinaire. *Ibid.*

GAULES : II. 227. *& suiv.* On y trouve des mines d'or : 231.

GAULOIS ; leurs mœurs : II. 231. *& suiv.* Confondus par les Romains avec les Celtes : 240, 241.

GEANS ; en quel tems ils ont paru : I. 53. Leur défaite par Jupiter : II. 310, 311. Par Hercule : II. 35. 49. Leur destruction : I. 476.

GEOMETRIE : invention des Egyptiens : I. 149.

GERYON. Les Vaches de Geryon enlevées par Hercule : II. 39.

GLAUCE', fille de Creon. *Voyez* Creon.

GLAUCOPIS, nom de Minerve prise pour l'Air : 27.

GLAUCUS, dans une tempête, apparoît aux Argonautes: II. 105, 106. Il annonce à Hercule la fin de ses travaux : 106.

GOLPHE. Description du golphe (ou sein) Arabique : I. 403. *& suiv.*

GORGONES ; nation de Femmes guerriéres en Afrique : I. 434. 439. *& suiv.* Cette nation fut détruite par Hercule : 440.

GRECS. Leur erreur sur divers Héros Egyptiens qu'ils s'attribuent : I. 46. *& suiv.*

GRECS illustres qui ont voyagé en Egypte : I. 202. *& suiv.*

Tome II. T

TABLE

H.

HALCYONE, sœur d'Eurysthée, violée par le Centaure Omade : II. 30.

HARMODIUS & Aristogiton forment le dessein d'abbatre la tyrannie des Pisistratides : II. 377. 392.

HECATE, fille de Persès, femme d'Aëtès ; ses cruautez : II. 98, 99.

HECATE'E. Deux Auteurs de ce nom : I. 78. *note*.

HELE'NE. Son enlévement par Thésée & Pirithoüs : II. 139. Elle est délivrée par ses freres : 140.

HELIADES ; sept freres fils du Soleil : II. 285, 286. Ils partagérent l'année en saisons : 286. Ils bâtirent la ville d'Achaïe : 288.

HELIUS, ou le Soleil : I. 28, 29.

HELLANICUS. Deux Philosophes de ce nom : I. 78. *note*.

HEMITHE'E ; son temple : II. 294, 295.

HERACLIDES : enfans d'Hercule : II. 125. *& suiv*. Bannis de la Grèce par ordre d'Eurystée, les seuls Athéniens oférent leur donner azyle : 126. Les Heraclides défont Eurysthée en bataille rangée : 127. Ils entrent dans le Péloponnése : 128. Les anciens Rois de Corinthe qui s'appelloient d'abord *Heraclides*, ont été depuis nommez *Bacchides* : 343.

HERCULE, Général des troupes d'Osiris qui le laissa en cette qualité auprès d'Isis en partant pour ses voyages : I. 35. Il tue l'Aigle qui rongeoit le foie de Promethée : I. 38. Origine de cette Fable : II. 35, 36. Erreur des Grecs qui s'attribuent ce Héros : I. 48, 49. On compte trois Hercules ; l'un né en Egypte ; un autre en Crè-

DES MATIERES.

te, qui fut un des Dactyles Idéens ; & un troifiéme, fils de Jupiter & d'Alcméne, peu avant la guerre de Troye : c'eſt à ce dernier qu'on attribue les actions des deux autres, & des trois Hercules on n'en fait qu'un : I. 485, 486. II. 319, 320. Son hiſtoire : II. 18. Pourquoi foûmis à Euryſthée : II. 20, 21. Encore au berceau il étrangle deux ſerpens qui venoient pour le dévorer : 22. Sur le bruit de cette action, les Grecs changérent le nom d'*Alcée* qu'on lui avoit donné en naiſſant, & le nommérent *Hercule*. Les exploits de ſon adoleſcence ; Ses XII. travaux : 26, 27, 31, 32, 36, 38, 57, 59. Particularitez de ſa naiſſance : 34. Il combat les Géans & les extermine : 35, 49, 50. Il tue Dioméde Roi de Thrace : 36. Il détruit les Amazones : I. 305, 306. II. 36. *& ſuiv*. Ses Colonnes : I. 48. II. 42, 43. Il purge l'Iſle de Créte de ſerpens & de bêtes ſauvages : 40. Il étouffe entre ſes bras le Géant Antée : 40, 41. Il tue le Roi Buſiris : 41. Il paſſe en Italie : 45. Il entre dans la Sicile : 52. *& ſuiv*. Il deſcend aux Enfers, & en tire Theſée, & Pirithoüs : 58, 59. Il devient eſclave d'Omphale qui l'ayant connu le remet en liberté & l'épouſe : 70, 71. Il punit Laomédon, & le tue : 71. *& ſuiv*. 107. Il combat Acheloüs ; explication de cette Fable : 80, 81. Il tue le Centaure Neſſus : 82. Il bat les Lapithes : 84, 85. Sa mort : 85. Son Apotheoſe ; 87. Il accompagne Jaſon dans l'expédition des Argonautes : 90. Il délivre Heſione fille du Roi Laomédon, expoſée à un monſtre marin : 94. Il y les enfans de Phinée, & délivre de prison Cléopatre leur mere : 95, 96, 97, Glaucus surnommé *le Marin*, lui annonce la fin de ses travaux & sa Divinité prochaine : 105, 106. Il institue les Jeux Olympiques: 116. *& suiv.* On dit que ce fut un des Dactyles Idéens nommé *Hercule* qui institua ces Jeux : 299.

HERMAPHRODITE, fils de Mercure & de Venus ; son origine presque semblable à celle de Priape : II. 15.

HERMES, ou Mercure, honoré par Osiris pour ses belles qualitez : I. 33. Il inventa les premiers caractéres : *Ibid.* Confident d'Osiris : 34, 35. Inventeur de tous les Arts : 97. Sa naissance, ses talens ; ses emplois : II. 313, 314. *& suiv.*

HERODOTE. Le plus ancien des Auteurs profanes en prose qui nous reste : I. 78. *note.* Son sentiment sur les eaux du Nil : 84. Sur l'empire des Médes : 280.

HEROS célébres qui sont nez dans l'Isle de Créte : II. 323. *& suiv.*

HESIONE, fille de Laomédon : II. 93, 94, 107.

HESPERIDES. Variété d'opinions sur les fruits de leurs jardins : II. 59, 60. *& suiv.*

HESPERUS, frere d'Atlas : II. 60, 61.

HIEROGLYPHES. Caractéres hiéroglyphiques communs aux Ethiopiens & aux Egyptiens : I. 341.

HIPPARQUE & HIPPIAS, fils & successeurs de Pisistrate tyran d'Athénes : II. 392.

HIPPEUS, surnom de Neptune : II. 307.

HIPPOCENTAURES. Diversité d'opinions sur l'origine de ce nom : II. 155.

HIPPOCRATE, tyran de Gela en Sicile;

DES MATIERES.

II. 395.

HIPPODAMIE, fille d'Oenomaüs, femme de Pirithoüs : II. 138, 155, 160, 161.

HIPPOLYTE fils de Thesée, refuse de satisfaire la passion amoureuse de sa belle-mere : II. 137. Sa mort : 138.

HIPPOLYTE, Reine des Amazones, vaincue deux fois par Hercule : I. 305. II. 37, 38.

HIPPOMEDON, l'un des Chefs de l'armée des Argions devant Thébes : II. 143, 144.

HIPPOMENES, Archonte d'Athénes, punit d'une maniére inouïe sa fille qui s'étoit laissée corrompre : II. 374.

HIPPOPOTAME: l'un des animaux du Nil : I. 71, 73.

HISTOIRE. Etude de l'Histoire ; ses avantages sur celle des autres sciences : I. 3. & suiv. Combien il est difficile d'écrire l'Histoire des premiers tems : II. 1. & suiv.

HOMERE, le plus célébre des Poëtes & le plus ancien auteur Grec : I. 23. note. 2. Il a voyagé en Egypte : 102. Voyez la note. Il a orné ses Poésies de beaucoup de traits qu'il a empruntez de la Sibylle Daphné : II. 147.

HORUS, fils d'Osiris & d'Isis, aide sa mere à venger la mort d'Osiris : I. 42. Opinions fabuleuses sur Horus, &c. 51. Il est le dernier des Immortels qui ait régné en Egypte : 52, 98.

HYDRE de Lerne, le second des travaux d'Hercule : II. 27.

HYLLUS, fils d'Hercule & de Déjanire : II. 82. Il fut tué par Echemus Roi des Tégeates dans un combat particulier auquel il l'avoit défié : 128.

HYLOGONES, & HYLOPHAGES, Ethiopiens sauvages, ainsi

T iij

nommez, parceque les premiers sont nez & vivent dans les bois ; on les appelle autrement *Chasseurs*; & les seconds parce qu'ils ne vivent que des sommitez tendres des arbres : I. 374, 375. & *suiv.*

HYPERBORE'ENS. Peuples de l'Asie voisins du Nord : description de leur Isle : I. 307, 308.

HYPE'RION, le second des Titans, que Basilea sa sœur épousa par prédilection : I. 446, 447. II. 301. C'étoit un grand Astronome : 301. Sa mort funeste : I. 447.

I.

IAMBULE, découvre l'Isle de la Taprobane dans l'Océan Oriental : I. 322, 323. Ses avantures : 323. & *suiv.* Description de cette Isle ; mœurs des habitans, &c. 325. 326. La température de l'air y est excellente : 326. Distribution des habitans en plusieurs Tribus : 327. Ils vivent communément jusqu'à 150 ans: 328. Autres particularitez très-singuliéres de cette Nation : 329. jusqu'à 335.

IASION, fils de Jupiter & d'Electre fille d'Atlas : II. 272. Il épouse Cybéle dont il eut Corybas : 274, 275.

IBERIENS, ou Espagnols : II. 247. Leurs mines : 250. & *suiv.*

IBIS : l'un des oiseaux du Nil. C'est le plus utile de tous les Oiseaux contre les Serpens, &c. I. 185.

ICARE, fils de Dédale, s'enfuit de l'Isle de Créte avec son pere, & se noya dans la mer, qui depuis fut nommée *Icarienne* : II. 168, 169.

ICHNEUMON. Petit animal du Nil, ennemi des Crocodiles, dont il détruit les œufs : I. 72, 73, 184, 185.

DES MATIERES.

ICHTHYOPHAGES. Ethiopiens sauvages, ainsi nommez parcequ'ils ne vivent que de poisson : I. 357. & suiv. Ils boivent rarement, & c'est une fête chez eux que d'aller ensemble chercher à boire : 363, 364.

ICHTHYOPHAGES d'Arabie : I. 363. Leurs mœurs singuliéres : 364, 365.

IDOMENE'E, fils de Deucalion, & petitfils de Minos ; méne un puissant secours à Agamemnon au siége de Troye : II. 326.

INDE. Description de ce pays : I. 286. & suiv. Il produit quantité d'Eléphans : 287. & suiv. Les hommes y sont plus grands & plus forts qu'ailleurs : 288. La terre y produit toute sorte de fruits, & renferme en son sein des mines de toute sorte de métaux : Ibid. Il s'y fait deux recoltes par an : 289. Chez les Indiens les Terres labourables sont sacrées & inviolables : 290. Un Laboureur travaille tranquillement à son champ auprès de deux armées qui se battent : 290, 297. Abregé de l'Histoire de ce pays : 293. Lois & mœurs des Indiens : 296. & suiv. La Nation est divisée en sept classes, dont celle des Philosophes est la premiére & la plus révérée : Ibid. Il n'est pas permis de prendre une femme dans une autre classe que la sienne ; ni de quitter sa profession pour en prendre une autre : 299.

INITIEZ. Leurs vertus, leurs prérogatives ; les anciens Héros aspiroient tous à cet honneur : II. 273, 276.

IOLAÜS, neveu d'Hercule : II. 27, 53, 56, 64, 65. & suiv. 74, 126, 126, 212, & suiv.

IPHIGE'NIE, Prêtresse de Diane : II. 98.

Isis, surnommée *Demeter* ou *Cerès* : I. 29. Invente la culture des Blés : 30. Donne les premiéres loix aux hommes : *Ibid.* Venge la mort d'Osiris son frere & son mari : 42. Victorieuse dans un combat, elle retrouve le corps de son mari que le parricide Typhon avoit partagé en 26 piéces & distribué à ses complices : 42, 43. La suite de son régne fut heureuse, par les Loix qu'elle fit observer, & par ses bienfaits : 44. Son corps fut enseveli à Memphis : *Ibid.* Diversité d'opinions touchant sa sépulture & celle d'Osiris : *Ibid.* Elle est revérée par les Ethiopiens sauvages : 348. Elle a inventé plusieurs remédes : 51.

Isle fameuse dans la mer des Indes découverte par Iambule ; I. 322, 323. jusqu'à 335.

Isles Gréques de la Mer Egée : II. 271. *& suiv.*

Isles voisines de la Sicile : II. 207.

Ister. Il y a deux Fleuves de ce nom, que l'on a confondus mal-à-propos : II. 125.

Ixion, fils d'Antion & de Periméle, & pere de Pirithoüs ; fait périr cruellement son beau pere, en le faisant jetter dans une fournaise ardente ; II. 154, 155.

J.

Jardin de Semiramis : I. 234, 235. *Voyez* Semiramis.

Jason, fils d'Æson & neveu de Pélias Roi de Thessalie. Son expédition pour la conquête de la Toison d'or : II. 89, 90. *& suiv.* Il est blessé dans un combat : 105. Il punit Pélias de ses cruautez : 108, 109. *& suiv.* Il console les filles de Pélias, & donne à Acaste le Royaume de son pere : 115. Il retourne dans le Péloponnése ; il offre des sacrifices au Dieu Neptune, & lui consacre le navire Argo : 116. Pendant son séjour à Corinthe il eut de Médée trois enfans : 118. Devenu amoureux de Glaucé fille de Créon, il l'obtient & répudie Médée : *Ibid.* Sa mort : 119, 120.

JEUX Olympiques instituez par Hercule : II. 33.

JOCASTE, fille de Créon Roi de Corinthe, femme de Laïus Roi de Thébes : II. 140. *& suiv.*

JUNON : I. 29, 233, 234. II. 304, 313.

JUPITER : I. 26, 28, 29, 31. Révéré par les Ethiopiens sauvages : I. 348. L'union de Jupiter & de Junon, imaginée par Homere selon quelques-uns sur certaines Fêtes de l'Egypte : I. 208.

JUPITER TRIPHYLIEN. Son temple : II. 264, 265, 340. Son commerce avec Electre fille d'Atlas. : 273.

JUPITER nommé *Bélus* par les Babyloniens : I. 56, 232, 233. Son temple à Babylone : 233. Fils de Saturne & de Rhée : 455. II. 304, 307. Son éducation : 308, 309. Les belles actions de sa vie : 310. Ses nôces avec Junon : 313. Ses enfans : 315, 318.

JUSTICE. Comment administrée chez les Egyptiens : I. 161.

L.

LABYRINTHE d'Egypte, bâti par ordre du Roi Mendès pour lui servir de tombeau : I. 131, 189. Dédale, à bâti le Labyrinthe de l'Isle de Créte sous le Roi Minos, sur le modéle de celui d'Egypte : 206.

LAC de Mœris, *Voyez* Mœris.

LACEDEMONIENS :

T v

II. 366, 367.

LAÏUS Roi de Thébes, mari de Jocaste & pere d'Oedipe : II. 140.

LAOMEDON, Roi de Troye, est puni par Hercule pour lui avoir manqué de parole : II. 71, 72, 73, 93, 94. Il est tué dans un combat : 107.

LAPITHES, habitans du Mont-Parnasse ; leur origine : II. 153. & suiv. Leur guerre contre les Centaures, & leur ruine : 84. 153.

LATONE, mere d'Apollon ; est née dans l'Isle des Hyperboréens : I. 307. Elle est fille de Coeus & de Phœbé : II. 303.

LAURIER. Cet arbre est consacré à Apollon : I. 35.

LEGISLATEURS d'Egypte ; leurs noms : I. 197. & suiv.

LESBOS : Isle de la mer Egée : II. 329. & suiv.

LETTRES : par qui inventées : II. 315.

LIERRE : découvert par Osiris : I. 35. qui le planta à Nysa, ville qu'il avoit fait bâtir dans les Indes : 39, 40.

LIGURIENS. Description de la Ligurie & mœurs des Liguriens : II. 255. & suiv.

LINUS, Poëte Thebain très-ancien, inventeurs des Vers & de la Musique : I. 469, 470, 471. Voyez la note 2. Il eut pour disciples Hercule, Thamyris, & Orphée : 470. Il fut tué par Hercule : qui apprenoit la musique sous lui : 470.

LIPARE, ou Lipari : la plus célèbre des Isles Eolides : II. 198. & suiv. 204, 205.

LOIS de l'Egypte en matière Civile : I. 168. & suiv. En matière Criminelle : . & suiv.

LOTOS (ou Lotus) plante commune en Egypte, qui porte un fruit dont on fait un pain excellent : I. 70. 97.

LUCRECE, Dame Romaine, violée par Sextus fils de Tarquin le superbe: II. 394, 395.

LUTTE. La lutte & la Musique étoient des Arts défendus chez les Egyptiens: I. 174.

LYCURGUE, Roi de Thrace: tué par Osiris: I. 40, 465, 466.

LYCURGUE, Roi & Législateur de Lacédémone: II. 366, 367.

LYSIS, Pythagoricien, précepteur d'Epaminondas: II. 389.

M.

MACAREE, fils de Crinacus fils de Jupiter, aborde en l'Isle de Lesbos avec une Colonie, & s'y établit: II. 329, 330. Il envoye des colonies dans Chio, Samos, & autres Isles: 331. Ces Isles furent nommées Macarées, c'est-à-dire heureuses: Ib. Macarée, toujours Roi de Lesbos, y composa un livre de Lois: 332.

MACEDOINE. Voyez Macédon. Liste des Rois de Macédoine: II. 348.

MACEDON, fils d'Osiris: I. 36. Son pere le laisse Roi d'un pays qui de son nom a été appellé Macédoine: 40.

MACHAON, fils d'Esculape: II. 157.

MAJORQUE & MINORQUE. Voyez Baleares.

MALACUS, tyran à Cumes: II. 366.

MALTE: Isle de la mer Méditerrannée voisine de la Sicile: II. 207.

MARBRE. Celui de Paros n'est point comparable à celui de l'Arabie: I. 318.

MARIAGE des freres avec leurs sœurs, autorisé en Egypte: I. 54.

MARON, expert pour la culture de la vigne: Voyez Osiris. Osiris lui donna le

Royaume de Thrace, & voulut qu'il y bâtit une Ville, & qu'il la nommât *Maronée* : I. 40.

MARONE'E. *Voyez* Maron.

MARRUS, (ou Mendès) Roi d'Egypte : I. 131. Fit bâtir un Labyrynthe : *Ibid.* & 206.

MARS, fils de Jupiter & de Junon : II. 313. 316.

MATRIS. Nom d'un Auteur inconnu cité par Diodore : I. 49. *Voyez la note.*

MEDE'E, fille d'Æetes & d'Hecate : II. 99. *& suiv.* Elle empoisonna le Dragon qui gardoit la Toison d'or : II. 104. Elle offre son ministére aux Argonautes pour faire mourir Pélias, &c, 110. *& suiv.* Exilée de Corinthe, elle se venge : 118, 119. Elle se réfugie chez Hercule : 120. Le trouvant furieux, elle le guérit : 121. Sa retraite à Athénes, & ensuite en Phénicie : 121, 122.

MEDES. Différentes opinions sur l'empire des Médes : I. 280 *& suiv.* Guerre sanglante entre les Médes & les Cadusiens, sous le régne d'Arbacès : I. 282. *& suiv. Voyez* Medus. Fin de cette Monarchie : I. 286.

MEDITERRANNE'E. Ses Isles : II. 198. *& suiv.*

MEDUS, fils d'Egée & de Médée devenu Roi, il donna à ses sujets le nom de *Médes* : II. 121, 122.

MELAMPE Devin, a raporté d'Egypte en Gréce les Fêtes de Bacchus, la Fable de Saturne, &c. I. 206. Anaxagore Roi d'Argos lui fait part de son Royaume, &c. II. 152 *&* 364.

MELEAGRE, fils d'Oenée & amant d'Atalante : II. 78. *& suiv.*

MEMNON, fils de Tithon & de l'Aurore, & frere de Priam. Il fut tué par Achille au siége de Troie : II. 164.

DES MATIERES.

MEMPHIS, Ville d'Egypte bâtie par Uchoreus : I. 110. & suiv. Devenue le séjour des Rois du pays : Ibid.

MENDE's, Roi d'Egypte. Voyez Marrus.

MENE's premier Roi d'Egypte & successeur des Dieux : I. 99, 100.

MENONE's, Favori de Ninus & Gouverneur de la Syrie, épouse Semiramis : I. 221. Sa fin malheureuse : 226.

MER Rouge : I. 238. Voyez la note. C'est aujourd'hui ce que les anciens Géographes apelloient le Sein Arabique : 357. Voyez la note 2.

MERCURE, fils de Jupiter & de Junon : I. 27, 28, 29, 33. II. 313, 317.

MEROE' ; la plus considérable des Isles du Nil : I. 64, 65. note. 67. & suiv. 344, 348.

MICERINUS, Roi d'Egypte : nommé par quelques-uns Cherinus : I. 137.

MIMAS, l'un des arriére petits-fils de Deucalion, devient Roi des Æoliens : II. 149.

MINDYRIDE : le plus somptueux des Sybarites : II. 373, 374.

MINERVE, fille du Fleuve Triton, eut soin d'élever l'enfant d'Ammom & d'Amalthée : I. 475. Son caractére & ses actions héroïques : 475, 476, 477. Sa naissance : II. 312, 313, 314.

MINES d'or & autres métaux dans l'Ethiopie Méridionale : I. 353. Le Roi y envoye quelquefois des prisonniers avec leurs familles : Ibid. Ces ouvriers sont enchaînez, & gardez à vûe par des soldats : 353, 354. Description de la maniére dont se font ces travaux, & comment on tire l'or : 355, 356.

MINOS Roi de Créte : II. 132, 133. & suiv. Sa mort : 171. Jaloux de son frere

Rhadamanthe : 334. note. 335.

Minos & Rhadamanthe : II. 323. & suiv. 327, 328.

Minotaure : II. 167, 168.

Mnemosyne; l'une des cinq Titanides. On lui attribue l'art du raisonnement, & de la mémoire : II. 303.

Mnevis. *Voyez* Apis.

Moeris Roi d'Egypte; fait creuser un Lac qui porte son nom : I. 112, 113, 188.

Molus fils de Minos : II. 326.

Monde. Diversité d'opinions sur son origine : I. 14. Sentiment d'Euripide : 16, 17. Vie des premiers hommes : 18, 19. Les Egyptiens croyent avoir été les premiers hommes : 21.

Moyse Legislateur des Juifs donnoit ses loix sous le nom du Dieu Jao ou Jehova : I. 198. *Voyez la note.*

Musée, Poëte : I. 202. Fils d'Orphée : II. 57.

Muses. Origine des neuf Muses : I. 37. Filles savantes qui accompagnoient Bacchus dans ses expéditions : II. 9, 15. & *suiv.* Leurs noms renferment autant d'allégories : 17.

Musique ; invention de Bacchus : II. 12. Elle étoit défendue chez les Egyptiens, aussi-bien que la lutte : I. 174.

Myrine, Reine des Amazones d'Afrique : I. 437, 442 & *suiv.* Elle est tuée dans un combat : 443.

Myson, de Malie, choisi pour remplacer Periandre l'un des VII. Sages : II. 377, 378.

Mythologie. Les Auteurs qui en ont écrit ne s'accordent nullement : II. 2, 97.

DES MATIÈRES.

N.

NELÉE, fils de Neptune & de Tyro: II. 151, 152.

NEPTUNE, fils de Saturne & de Rhéa: II. 284, 304. Il est le premier qui se soit embarqué sur la Mer: 307.

NESSUS. Le Centaure Nessus, qui veut forcer Déjanire est percé d'un trait mortel par Hercule: II. 82. Pour s'en venger il donne sur le champ à Déjanire un poison qui devoit faire mourir Hercule, comme un Philtre qui la feroit toujours aimer de lui, *Ibid.*

NESTOR. Ses ancêtres: II. 150. *& suiv.*

NIL, fleuve d'Egypte. Ses divers noms & ses débordemens: I. 38, 39, 74, 75, 76. Il produit un grand nombre de Rats & autres animaux: 17, 21, 71. Description particuliére de ce fleuve: 64. *& suiv.* Sa source inconnue du tems de Diodore, & aujourd'hui connue: 64. *note*. Ses Isles, dont le nombre est presqu'incroyable: 67. Fertilité des terres arrosées de ses eaux: 74, 75. Les Rois de Memphis ont fait élever une Tour pour observer ses débordemens: 77. *& suiv.* 80, 81. Conjectures diverses sur ce Phénoméne: 81. *& suiv.*

NINIAS, fils de Ninus & de Semiramis: I. 226, 243. Il succéde à sa mere: 257, 258.

NINUS, premier Roi des Assyriens: I. 213. Ses conquêtes: 214. *& suiv.* Il subjugua les Babyloniens: 214, 215. Il fit bâtir Ninive: 217, 218. Il entra dans la Bactriane, où il épousa Semiramis: 218, 219, 221. *& suiv.* Il en eut un fils qui fut nommé *Ninias*: 226. Sa mort: *Ibid.*

TABLE

NIOBÉ, fille de Tantale : II. 162, 163.

NOMADES : *Voyez* Troglodytes.

NOMARQUES ; c'est-à-dire, Gouverneurs, Nomes Gouvernemens de Provinces en Egypte : I. 156.

NYSA ou Nyse bâtie dans cette partie de l'Egypte appellée Arabie vis-à-vis la véritable Arabie : quoique l'Auteur dise la premiére fois qu'il en parle, *pag.* 32. que Nyse étoit dans l'Arabie heureuse d'où l'on ne pourroit pas voir le Nil : I. 32, 468, 353. *Voyez la note.*

NYSE. Ville des Indes bâtie par Osiris : I. 40.

O.

OCEAN : I. 26. Isles de l'Ocean : II. 218.

OEDIPE, fils de Laïus & de Jocaste : II. 141. Son histoire, ses fils le font enfermer, il n'est pas fait mention de l'aveuglement : 142.

OENOMAÜS : II. 159.

OENOPIDE, Astronome de Chio ; son sentiment sur les eaux du Nil : I. 91, 103, 209.

OLYMPIADES. Méthode pour en faire le calcul : II. 403.

OMPHALE, Reine de Lydie, rend la liberté à Hercule son esclave, & l'épouse : II. 70, 71.

OPHIODES : nom d'une Isle (autrefois impraticable à cause de la grande quantité de serpens dont elle étoit pleine) d'où l'on tire la Topaze : 406.

ORION a surpassé les plus fameux Héros par la hauteur de sa taille & par sa force : II. 182. Il a été l'Auteur & le conducteur de plusieurs ouvrages en Sicile : 183. Il y forma, par un grand transport de terres, le Cap Pelore pour la sureté des côtes ; & y bâtit ensuite le Temple de Neptune : 184. On lui a donné place au nombre des Constellations : *Ibid.*

ORPHE'E : Poëte Grec (fils d'Oeagre : II. 57, 58.) ayant vû en Egypte les cérémonies du pays pour la sépulture des morts, il bâtit sur cette idée sa description de l'Enfer, les Mystéres, ses Orgies : I. 194, 202, 203, 204. Il étoit disciple de Linus : I. 470, 471. Il tire Eurydice des enfers : II. 58.

OSTEODES : ou l'Isle des Os. II. 205.

OSIMANDUE', Roi d'Egypte : description de son tombeau : I. 103. *& suiv.*

OSIRIS & ISIS (c'est-à-dire le Soleil & la Lune) deux Divinitez principales, objet de la vénération des Egyptiens : I. 23, 24, 29. Osiris a eu différens noms : 24, 50, 51. Il abolit la coutume de se manger les uns les autres : 29. Il bâtit la ville de Thébes : 31. Il éleva un temple à Jupiter & à Junon : 31. Il régla le culte des Dieux, & établit des Prêtres : 32. Il aima l'agriculture, & cultiva le premier la vigne : 32, 33. Ses voyages & ses exploits : 34, 35. *& suiv.* Il est accompagné de ses fils Anubis & Macédon : 36. Il se fit suivre aussi par deux hommes experts en Agriculture, Maron, habile pour la culture de la vigne, & Triptoléme pour les blés & le labourage : *Ibid.* Il passa jusqu'aux confins de l'Ethiopie, & fit border le Nil de digues pour en arrêter l'impétuosité : 39. Il fit bâtir des villes dans les Indes : 39, 40. Il inventa une boisson composée d'orge, &c. 41. Sa mort : il est tué par Typhon son frere : 41, 42. Son tombeau, environné de 360 urnes, en grande vénération par toute l'Egypte : 45.

TABLE

OXYARTE's, Roi des Bactriens: I. 223.

P.

PALMIERS. Il en croît beaucoup aux environs du lac bitumineux des Arabes Nabatéens: I. 311. Il s'en trouve en abondance dans la Phénicie: 412. & suiv.

PAN, révéré par les Ethiopiens sauvages: I. 348.

PANARA, ville libre de l'Isle Panchaïe; sa description: II. 263.

PANCHAÏE, Isle d'Arabie: II. 263. & suiv. 339. Description du temple de Jupiter Triphylien: 265, 340.

PANDORE. Voyez Rhéa.

PARTHENOPE, fils d'Atalante; l'un des chefs des Argiens contre Thébes: II. 343.

PASIPHAE', femme de Minos Roi de Créte: II. 133, 167. & suiv.

PELIAS, Roi de Thessalie: II. 90. Ayant fait mourir tous les parens de Jason, il est puni par Jason même: 109. & suiv.

PELOPS, fils de Tantale: II. 159. & suiv.

PERSE'E; lieu de sa naissance: I. 50.

PHAETON: II. 225, 226.

PHALLUS: Idole révérée par les Initiez Grecs aux Fêtes de Bacchus: I. 45.

PHE'DRE, fille de Minos: II. 137. Sa mort: 138.

PHE'NICIENS, devenus puissamment riches, & comment: II. 249. Ils sont les inventeurs des Lettres: 315.

PHE'NOME'NES célestes dans la mer de l'Inde: I. 426.

PHERECYDE, Philosophe de Delos, étant malade, est visité & assisté par Pythagore qui avoit été son disciple: II. 384.

PHILOSOPHIE. Cette science est différemment cultivée par les Grecs & par les Chaldéens : I. 273. & suiv.

PHINÉE, Roi de Thrace : sa cruauté envers ses enfans, punie par Hercule : II. 95, 96. Il livre un combat aux Argonautes, où il est tué par Hercule, qui rendit le Royaume à ses enfans, & délivra Cléopatre leur mere : 96, 97.

PHINTIAS & DAMON, deux Philosophes Pythagoriciens : rare exemple d'une amitié parfaite : II. 385, 386.

PHOLUS, Centaure ami d'Hercule, en l'honneur de qui il perça un tonneau de vin qu'il gardoit depuis long-tems par ordre de Bacchus l'ancien, &c. Origine de la guerre contre les Centaures : II. 28, 29. Sa mort : 30.

PIERRES précieuses : comment elles se forment : I. 316.

PIRITHOÜS, fils d'Ixion, vient à Athènes chez Thesée : II. 138. Ils vont ensemble à Lacédémone, & enlévent Heléne fille de Jupiter & de Leda : 139. Pirithoüs oblige Thésée de l'accompagner aux Enfers, d'où il vouloit enlever Proserpine : 139, 140. Sa naissance, &c. 154, 155.

PITTACUS, de Mityléne, Philosophe, grand politique, & sage Législateur : II. 378, 379.

PLUTON, fils de Saturne & de Rhéa : II. 304. Auteur de l'usage d'ensevelir les morts : 307.

PLUTUS, fils de Cérès & d'Iasion : II. 321.

PODALIRE & MACHAON son frere, fils d'Esculape, accompagnérent Agamemnon au siége de Troye : II. 157.

POLYCHARE'S, Messénien; trahi par Euephne, Spartiate, son

associé: II. 369, 370. Sujet de la guerre Messénienne: II. 405.

POLYCRATE, tyran de Samos, se brouille avec Amasis Roi d'Egypte ennemi de ses vexations: I. 200, 201. Sa cruauté envers quelques Lydiens qui s'étoient réfugiez dans son Isle: II. 391.

POMPILIUS Roi des Romains: II. 372, 373.

PRIAM, fils de Laomédon Roi de Troye; Prince juste, vouloit qu'on tînt la parole donnée à Hercule: II. 107. Hercule lui rend le Royaume de son pere: 108. Ayant épousé Hécube, il en eut plusieurs enfans, & surtout Hector le plus grand défenseur de Troye: 164.

PRIAPE, fils de Bacchus & de Vénus: II. 13, 14. Diversité d'opinions sur son origine: 14, 15.

PROMETHE'E, fils de Japet. Explication de la Fable qui dit qu'il déroba le feu du Ciel: II. 303. Explication de la fable de l'Aigle qui lui rongeoit le cœur, & dont Hercule le délivra: I. 38.

PROSERPINE. Son enlevement fait le sujet d'une fête célébrée en son honneur en Sicile: II. 194, 195, 304, 305, 306.

PROTE'E. *Voyez* Cétès.

PTOLEME'E II. surnommé Philadelphe, Roi d'Egypte amateur des sciences & des beaux arts récompensoit aussi les chasseurs qui lui amenoient les bêtes les plus féroces: I. 398. *& suiv.* On lui fit présent d'un serpent furieux qu'on trouva le moyen d'apprivoiser, & qu'il nourrit dans son palais: 401, 402.

PYRAMIDES d'Egypte: la plus grande a été élevée sous le régne de Chemmis: I. 134.

PYRENE'ES: origine de ce nom: II.

248. & suiv.

PYTHAGORE, Philosophe originaire de Samos; son éloge: II. 383, 384, 387, 388. Il refuse d'admettre dans son école le Crotoniate Cylon, distingué par ses richesses & par son crédit: 388, 389. Il a voyagé en Egypte: I. 202, 203. C'est de là qu'il a tiré ses Théorêmes de Géométrie, ses Nombres, & sa Métempsycose: 208.

PYTHAGORICIENS. Leur méthode pour exercer leur mémoire: II. 386, 387.

R.

RACINES. Ethiopiens vivans de racines, nommez Rhizophages: I. 372. & suiv.

RATS d'Egypte. Voyez Nil.

REMPHIS, Prince très-avare, succéde à son pere Protée Roi d'Egypte: I. 132.

RÉPUBLIQUE. Sa division en trois classes empruntée des Egyptiens par les Athéniens: I. 57, 58.

RHADAMANTHE, né en Créte de Jupiter & d'Europe fille d'Agenor: II. 132, 323. Son équité pour l'administration de la Justice: 324. Les Mythologistes l'ont établi Juge dans les enfers: Ibid. Il donne à chacun de ses officiers ou une Isle ou une Ville: 325.

RHEA, fille d'*Uranus* & de *Titæa*, sœur & femme de Saturne: I. 28, 29. Quelques-uns la nomment aussi Pandore: 446. Sa statue d'or massif placée par Sémiramis sur le haut du Temple de Bélus: 233, 234.

RHINOCEROS; animal d'Ethiopie, toujours en guerre avec l'Eléphant: I. 393, 394.

RHINOCOLURE: nom d'une Ville bâtie par Actisanès Roi

d'Ethiopie, aux confins de l'Egypte & de la Syrie: origine de ce nom: I. 129, 130.

RHIZOPHAGES: Ethiopiens vivans de racines: I. 372. & *suiv.*

RHODES: l'une des Isles Gréques: II. 282, 283, 288.

ROIS. On ignore quels ont été les premiers Rois: I. 19, 20, 28, 29. Leurs mœurs en Egypte: 148. & *suiv.* Deuil des peuples à leur mort: 154.

ROMAINS. Leur origine: II. 346, 347.

ROMUS ou ROMULUS & REMUS se font aimer des Bergers parmi lesquels ils sont élevez: II. 368.

ROMULUS SYLVIUS: II. 365.

S.

SABA, ville capitale de l'Arabie heureuse: I. 424. Les Rois de Saba n'osent jamais sortir de leur Palais: *Ibid.* Description de cette Ville & de ses richesses: 425.

SABACON, Roi d'Egypte. Sa piété, & la douceur de son régne: I. 139, 140.

SALMONÉE, arriére-petit-fils de Deucalion, homme violent & impie, tué d'un coup de foudre: II. 150, 151. Il inventa une machine pour contrefaire le bruit du tonnerre: 363.

SAMOS: l'une des Isles Gréques de la mer Egée; dont la Ville capitale porte le même nom: II. 271.

SAMOTHRACE; l'une des Isles Gréques: Son histoire: II. 271. & *suiv.*

SARDAIGNE; Isle de la Méditerranée; II. 211. & *suiv.*

SARDANAPALE; dernier Roi d'Assyrie: I. 259, 260. & *suiv.* Conjuration contre lui: 262. & *suiv.* Il soutient avec avantage les deux premiers combats: 264, 265. Il met à prix les têtes du Méde Arbacès & du Babylonien Bélesis : 265. Surpris par Arbacès qui met son armée en déroute, il se renferme dans Ninive où il est abandonné de ses sujets ; 268. Sa mort : 270.

SARPEDON, frere de Minos & de Rhadamanthe : II. 325, 326.

SATURNE : I. 28, 29, 206. L'aîné des Titans : II. 301, 302. Il épouse Rhéa sa sœur ; leurs enfans ; Il les fait mourir. Rhéa sauve Jupiter : I. 29, 455. II. 304, 308. *& suiv.*

SCULPTEURS. Les plus fameux Sculpteurs des Grecs ont été élevez en Egypte : I. 209, 210.

SCYTHES. Idée de cette Nation : I. 300. *& suiv.* Les femmes y sont courageuses, & vont à la guerre comme les hommes : 302, 303.

SEMELE', fille de Cadmus : I. 46, 47. Ayant exigé de Jupiter qu'il l'allât voir armé du tonnerre & de la foudre, elle en mourut de frayeur : 462, 463. Tirée des enfers par Bacchus : II. 58.

SEMIRAMIS. Son histoire ; sa naissance, sa patrie, &c. I. 218, 219, 220. Elle vient au siége de Bactres, & s'empare de la Citadelle : 224. *& suiv.* Elle monte sur le trône d'Assyrie : 226. Elle fait bâtir la ville de Babylone : 227. *& suiv.* Elle fait construire un pont sur l'Euphrate, & deux Palais aux deux bouts du pont : 230. *& suiv.* Elle consulte l'Oracle sur le tems de sa mort : 243. Son retour à Bactres : 245. Ses desseins pour la conquête des Indes : 245, 246. Elle est vaincue par les Indiens : 254. *& suiv.* Son retour à Bactres, & sa mort : 255. A peine entrée dans l'Ethiopie, elle avoit senti que son entreprise échoueroit : 339.

SEPULTURE des morts en Egypte : I. 191. & suiv.

SERBONIS ou Serbon. Marais aux confins de l'Egypte fort étroit mais profond & très-dangereux : I. 61, 62. V. Barathrum.

SERPENS. Il en naît, dit-on, d'une grandeur extraordinaire dans l'Ethiopie sauvage, qui se battent contre les Eléphans : I. 351, 397. & suiv.

SERPENS rouges, dont la morsure est sans reméde, dans l'Arabie heureuse : I. 423.

SERVIUS TULLIUS: II. 383.

SESOSTRIS, I. du nom, Roi d'Egypte : I.114. Son éducation : 115. Sa première expédition, en Arabie, où il combat contre des bêtes féroces : 116. Il forme le dessein de conquérir toute la terre : 116, 117. Il tombe d'abord sur les Ethiopiens & les défait : 119. Son retour, ses édifices, ses réglemens, 121. & suiv. Echapé d'un grand péril, il consacra des temples à tous les Dieux : 122, 126. Sa mort : 127.

SESOSTRIS II. Roi d'Egypte, perd la vue comme son pere : I. 128.

SICANIENS : premiers habitans de la Sicile : II. 196. & suiv.

SICILE : II. 178. & suiv. Description de cette Isle : 188. Diane, Minerve, & Proserpine l'ont habitée : 191. Cérès l'a comblée de ses bienfaits : 195, 196.

SICILIENS, ont établi des fêtes en l'honneur de Cérès & de Proserpine : 196, 197.

SICYONIE. Province du Peloponnése voisine de la Corinthie : II. 342.

SILLA. Fleuve des Indes, qui sort d'une source

DES MATIERES.

source dont l'eau a cela de propre qu'elle ne soutient aucun corps, & que les matiéres les plus légéres s'y enfoncent : I. 292.

SISYPHE. II. 363.

SOLEIL, LUNE. *Voyez* Osiris & Isis.

SOLEIL. Sa chaleur a beaucoup de part aux odeurs, à la forme & à la grandeur des animaux, en un mot à toutes les productions de la terre & de l'eau qu'il rend fécondes par ses rayons: I. 318. Le Soleil, dans la mer de l'Inde, se leve subitement sans être précédé par l'Aurore : 426 427. A son coucher, il reste un crépuscule de deux ou trois grandes heures : 427. *Voyez la note.* 426.

SOLON ; l'un des VII. Sages de la Gréce ; sa naissance, son éducation, la Sagesse de ses Lois, &c. I. 376, 377, 382.

SPHE'RE. Atlas, qui excelloit dans la connoissance des Astres, a inventé l'usage de la Sphére : I. 455.

SPHINX : Cet animal se trouve en Ethiopie, & chez les Troglodytes : I. 394. La fable du Sphinx qui parut à Thébes du tems du Roi Laïus : II. 141, 142.

STABROBATE'S, Roi des Indes, vainqueur de Semiramis : I. 245, 249. *& suiv.*

STADE. Evaluation des stades avec nos lieues : I. 61. *note.*

STRUTHOPHAGES, Peuples d'Ethiopie ainsi appellez, parcequ'ils ne vivent que d'Autruches ; I. 380.

SYBARITES : Grecs adonnez à toute sorte de voluptez : II. 373.

SYME : l'une des Isles Gréques : II. 280, 281.

T.

TALENT Attique ; sa valeur : I. 133. *note.*

TANTALE, fils de Jupiter ; puni de son

Tome II.

insolence par les Dieux : II. 159. & suiv.

TAPROBANE. Voyez Ceylan.

TARQUINIUS (Lucius) Roi des Romains : II. 375, 376.

TARQUINIUS (Sextus) attente à l'honneur de Lucréce : II, 394.

TAUREAU carnacier : animal d'Ethiopie entiérement indomptable : I. 395, 411. Il ne vit que de la chair des animaux qu'il a vaincus : Ibid.

TEMPLE de Jupiter Belus à Babylone : I. 233, 234. De Jupiter Ammon dans la Libye : I. 243.

TENEDOS : Isle de la mer Egée : II. 332.

TEREBINTHE. Arbre fort commun en Arabie : I. 312.

TEUCER, premier Roi de la Troade : II. 163.

TEUTAMUS, Roi d'Assyrie, prête du secours à Priam Roi de la Troade ; I. 259.

THALES, l'un des VII. Sages de la Gréce : Son sentiment sur les débordemens du Nil : I. 82. Voyez la note.

THE'BES en Egypte, son ancienneté : I. 109. Les Thébains se croyent les plus anciens peuples du monde : Ibid.

THE'BES en Bœotie assiégée par sept Princes : II. 140. & suiv. Second siége par les Epigones : 145. & suiv.

THE'MIS, l'une des Titanides, a la premiére travaillé à établir la Divination, les loix de la Religion, l'administration de la Justice : II, 303, 304.

THEOPOMPE, disciple d'Isocrate : I. 79, note.

THERON d'Agrigente : II. 396.

THESE'E, fils de Neptune : II. 129, 130, 131. Il tue le Minotaure : 135. Il devient Roi d'Athènes : 136. Il épouse Phédre fille de Minos: 137. Sa mort : 138. Il enleve Heléne par le conseil de Pirithoüs : 139. Il accompagne Pirithoüs pour enlever Proserpine : 139, 140. Il est retenu aux enfers, mais ensuite relâché en considération d'Hercule : 140.

THESPIADES, fils d'Hercule; leur expédition en Sardaigne : II. 64. & suiv. 212, 213.

THESSALIENS. Voyez Thessalus fils de Jason.

THESSALUS, fils de Jason & de Médée : II. 120. & suiv.

THESSALUS, Philosophe, fils de Pisistrate tyran d'Athénes, renonce à la tyrannie de son pere : II. 391.

THOMIRIS Reine des Scythes : I. 305. note.

THUCYDIDE & XENOPHON, deux Historiens estimez, n'ont rien dit de ce qui regardoit l'Egypte : I. 79.

TIGRE, fleuve d'Asie, l'un des plus considérables après le Nil : I. 237.

TIRESIAS, Devin de Thébes, conseille aux Thébains d'abandonner leur Ville : II. 146. Sa mort : 147.

TITANS, la Fable du combat des Titans a été apportée d'Egypte en Gréce par Melampe : I. 106. La famille des Titans étoit composée de six Garçons, & de cinq Filles nommées aussi Titanides. Ils tiroient tous leur nom de leur mere Titæa : II. 301.

TLEPOLE'ME, fils d'Hercule : II. 73, 128, 129. S'exile volontairement d'Argos, & passe à Rhodes : 291, 292.

TOISON d'Or : II. 90, 102, 103.

TOPAZE, pierre précieuse : de quelle maniére on la découvre : I. 406, 407.

TORTUES de Mer :

I. 369. & *suiv.*

TOSCANE: II. 259, 260.

TOUR fameuse élevée à Memphis, pour observer les débordemens du Nil: I. 77.

TRIOPAS un des Heliades: II. 285, 287.

TRIPTOLEME, expert pour le labourage. *Voyez* Osiris. Il est chargé de cultiver le territoire d'Attique: I. 41.

TROGLODYTES, ou NOMADES: I. 386, 387, 404, 407. & *suiv.* Maniére singuliére d'enterrer leurs morts: 388, 389. Ils sont souvent en guerre les uns contre les autres: Leurs combats sont terminez par de vieilles femmes: 389, 390.

TROYE, ville bâtie en Egypte par des Troyens: I. 123.

TROYE, en Asie. Variété d'opinions sur la premiere prise de cette Ville: II. 108. Sa fondation: 164.

TYDE'E, fils d'Oenée: II. 142. & *suiv.*

TYPHON tue son frere Osiris: I. 41, 42.

TYRO, fille de Salmonée: II. 363.

TYRRHENIENS, ou Toscans: II. 258. & *suiv.*

U.

UCHOREUS, Roi d'Egypte, le VIII. des descendans d'Osymandué: I. 110. & *suiv.* Il a fait bâtir la ville de Memphis. *Ibid.*

URANIE, l'une des IX. Muses; pourquoi ainsi nommée: II. 18.

URANUS, le plus ancien Roi du monde: II. 340. Ses enfans: *Ibid.*

URINE. Les Celtibériens s'en lavent le corps, & même ils s'en frottent les dents: II. 244.

V.

VENTS Etésiens. Thalès attribue à

DES MATIERES.

ces Vents la cause des débordemens du Nil: I. 82. *Voyez la note*. 85, 86.

VENTS du Midi, inconnus en Ethiopie: I. 427. Il fait cependant dans l'Arabie des vents si chauds, qu'ils mettent le feu dans les forêts: 427, 428.

VENUS, fille de Jupiter: II. 315, 322.

VESTA, fille de Saturne & de Rhéa, a inventé l'art de bâtir les maisons: II. 304. Femme d'Uranus: 340.

VOIE lactée, son origine: II. 225.

VOLEURS. Loi singuliére chez les Egyptiens au sujet des voleurs: I. 170.

VULCAIN: I. 26, 28, 29. Son temple à Memphis: 207. Fils de Jupiter & de Junon: II. 313, 315. *&suiv*.

X.

XANTHUS fils de Triopas, premier maître de Lesbos: II. 329.

XENOPHON, Capitaine, Philosophe, & Historien célébre n'a rien dit de l'Egypte: I. 79. *Voyez la note*.

Z.

ZAMOLXIS Législateur des Gétes: I. 198.

ZATRAUSTE's Législateur des Arimaspes chez les Scythes: I. 198. *Voyez* Scythes.

ZARINE, Reine des Saces; son éloge: I. 285.

ZENON. Sa constance dans les tourmens: II. 392, 393.

Fin de la Table des Matiéres.

V iij

PRIVILEGE DU ROY.

LOUIS, par la grace de Dieu, Roy de France & de Navarre : A nos amez & feaux Conseillers les Gens tenans nos Cours de Parlement, Maîtres des Requêtes ordinaires de notre Hôtel, Grand Conseil, Prevôt de Paris, Baillifs, Sénéchaux, leurs Lieutenans Civils, & autres nos Justiciers qu'il appartiendra ; Salut. Notre bien amé JEAN DE BURRE l'Aîné, Libraire à Paris, Nous ayant fait remontrer qu'il lui auroit été remis un Ouvrage qui a pour titre *l'Histoire Universelle de Diodore de Sicile, traduit en François par le Sieur Abbé Terrasson*, qu'il souhaiteroit faire imprimer & donner au Public, s'il Nous plaisoit lui accorder nos Lettres de Privilege sur ce necessaires ; offrant pour cet effet de le faire imprimer en bon papier & beaux caracteres, suivant la feuille imprimée & attachée pour modele sous le contrescel des Presentes : A CES CAUSES, voulant traiter favorablement ledit Exposant, Nous lui avons permis & permettons par ces Presentes, de faire imprimer ledit Ouvrage ci-dessus spécifié, en un ou plusieurs volumes, conjointement ou séparément, & autant de fois que bon lui semblera, & de le vendre, faire vendre & débiter par tout notre Royaume, pendant le tems de *six années* consecutives, à compter du jour de la date desdites Presentes. Faisons défenses à toutes sortes de personnes de quelque qualité & condition qu'elles soient, d'en introduire d'impreſſion étrangere dans aucun lieu de notre obéiſſance ; comme auſſi à tous Libraires, Imprimeurs & autres, d'imprimer, faire imprimer, vendre, faire vendre, débiter, ni contrefaire ledit Ouvrage ci-deſſus expoſé, en tout ni en partie, ni d'en faire aucuns extraits ſous quelque prétexte que ce ſoit d'augmentation, correction, changement de titre, ou autrement, ſans la permiſſion expreſſe & par écrit dudit Expoſant, ou de ceux qui auront droit de lui, à peine de confiſcation des Exemplaires contrefaits, de trois mille livres d'amende contre chacun des contrevenans, dont un tiers à Nous, un tiers à l'Hôtel-Dieu de Paris, l'autre tiers audit Expoſant, & de tous dépens, dommages & interêts ; à la charge que ces Préſentes ſeront enregiſtrées tout au long ſur le Regiſtre de la Communauté des Libraires & Imprimeurs de Paris dans trois mois de la date d'icelles ; que l'impreſſion de cet Ouvrage ſera faite dans notre Royaume & non ailleurs, & que l'Impétrant ſe conformera en tout aux Reglemens de la Librairie, & notamment à celui du 10 Avril 1725. Et qu'avant que de l'expoſer en vente, le manuſcrit ou imprimé qui aura ſervi de copie à l'impreſſion dudit Ouvrage, ſera remis dans le même état où l'Approbation y aura été donnée ès mains de notre très-cher & feal Chevalier le Sieur CHAUVELIN Garde des Sceaux de France Commandeur de nos Ordres ; & qu'il en ſera enſuite remis deux Exemplaires dans notre Bibliotheque publique, un dans celle de notre Château du Louvre, & un dans celle de notre très-cher & feal Chevalier le Sieur CHAU-

VALIN Garde des Sceaux de France Commandeur de nos Ordres ; le tout à peine de nullité des Présentes. Du contenu desquelles vous mandons & enjoignons de faire jouir l'Exposant, ou ses ayans cause, pleinement & paisiblement, sans souffrir qu'il leur soit fait aucun trouble ou empêchement. Voulons que la copie desdites Présentes qui sera imprimée tout au long, au commencement ou à la fin dudit Ouvrage, soit tenue pour dûement signifiée, & qu'aux copies collationnées par l'un de nos amez & feaux Conseillers & Secretaires, foi soit ajoutée comme à l'original. Commandons au premier notre Huissier ou Sergent de faire pour l'execution d'icelles tous actes requis & necessaires, sans demander autre permission, & nonobstant Clameur de Haro, Chartre Normande, & Lettres à ce contraires : CAR tel est notre plaisir. Donné à Versailles, le septiéme jour de Decembre l'an de grace mil sept cens trente-six & de notre Regne le vingt-deuxiéme. Par le Roy en son Conseil,

SAINSON.

Regiſtré ſur le Regiſtre IX. de la Chambre Royale des Libraires & Imprimeurs de Paris, N°. 395. fol. 357. conformément aux anciens Reglemens confirmez par celui du 28 Fevrier 1723. A Paris ce 10 Décembre 1736.

G. MARTIN, Syndic.

De l'Imprimerie de QUILLAU, 1737.

www.ingramcontent.com/pod-product-compliance
Lightning Source LLC
Chambersburg PA
CBHW072102220426
43664CB00013B/1966